A FILOSOFIA DE MARX

da vinci

EDITOR
Daniel Louzada

TRADUÇÃO
Clóvis Marques

PREPARAÇÃO
Cássio Yamamura

CAPA
Maikon Nery

PROJETO GRÁFICO E DIAGRAMAÇÃO
Victor Prado

A FILOSOFIA DE MARX

Étienne Balibar

Clóvis Marques
TRADUÇÃO

da vinci

RIO DE JANEIRO, 2023.

© Da Vinci Livros, 2023.
© Éditions La Découverte, Paris, 1993, 2001, 2014.

Este livro, traduzido do original em francês, foi publicado pela Éditions La Découverte com o título *La Philosophie de Marx*.

Primeira edição, agosto de 2023.
Rio de Janeiro, Brasil.

É vedada a reprodução total ou parcial deste livro sem a autorização da editora.

Dados Internacionais de Catalogação na Publicação (CIP)
Vagner Rodolfo da Silva CRB — 8/9410

B186f   Balibar, Étienne
A filosofia de Marx / Étienne Balibar; traduzido por
   Clóvis Marques. — Rio de Janeiro: Da Vinci
   Livros, 2023. 296 p.; 13,8cm x 21cm.

Tradução de: *La philosophie de Marx*
Inclui índice

ISBN 978-65-9959-769-5

1. Filosofia marxista.
I. Marques, Clóvis. II. Título.

	CDD 320.5312
2023-753	CDU 330.85

Índice para catálogo sistemático:
1. Filosofia marxista 320.5312
2. Filosofia marxista 330.85

DA VINCI LIVROS
Livraria Leonardo da Vinci
Av. Rio Branco, 185 – subsolo – lojas 2-4
Centro – Rio de Janeiro – RJ – 20040-007
davincilivros@leonardodavinci.com.br
www.davincilivros.com.br
www.leonardodavinci.com.br

PREFÁCIO À EDIÇÃO BRASILEIRA *11*

ADVERTÊNCIA DA NOVA EDIÇÃO *15*

PREFÁCIO DA NOVA EDIÇÃO
DO MARXISMO ALTHUSSERIANO
ÀS FILOSOFIAS DE MARX?
VINTE ANOS DEPOIS *19*

A FILOSOFIA DE MARX

1 FILOSOFIA MARXISTA OU FILOSOFIA DE MARX? *37*

Filosofia e não filosofia *41*
Corte e rupturas *45*

2 MUDAR O MUNDO: DA *PRÁXIS* À *PRODUÇÃO* *59*

As *Teses sobre Feuerbach* *60*
Revolução contra filosofia *68*
Práxis e luta de classes *70*
As duas faces do idealismo *75*
O sujeito é a prática *78*
A realidade da "essência humana" *80*
Uma ontologia da relação *86*
A objeção de Stirner *88*

A ideologia alemã   *90*
Reviravolta da história   *93*
A unidade da prática   *98*

3   IDEOLOGIA OU FETICHISMO: O PODER E A SUJEIÇÃO   *101*

Teoria e prática   *102*
Autonomia e limitação da consciência   *107*
A diferença intelectual   *112*
As aporias da ideologia   *119*
O "fetichismo da mercadoria"   *122*
Necessidade da aparência   *128*
Marx e o idealismo (*bis*)   *134*
A "reificação"   *138*
A troca e a obrigação: o simbólico em Marx   *143*
A questão dos "direitos humanos"   *145*
Do ídolo ao fetiche   *150*

4   TEMPO E PROGRESSO: AINDA UMA FILOSOFIA DA HISTÓRIA?   *155*

A negação da negação   *157*
As ideologias marxistas do progresso   *162*
A integralidade da história   *168*
Um esquema da causalidade (dialética I)   *174*
A instância da luta de classes   *178*
O "lado mau" da história   *182*
A contradição real (dialética II)   *185*
A verdade do economicismo (dialética III)   *191*

5 A CIÊNCIA E A REVOLUÇÃO *205*

Três percursos filosóficos *207*
A obra em construção *210*
A favor de e contra Marx *212*

ANTROPOLOGIA FILOSÓFICA OU ONTOLOGIA DA RELAÇÃO? QUE FAZER DA "VI TESE SOBRE FEUERBACH"? *221*

GUIA BIBLIOGRÁFICO *283*

Para François Gèze.
À memória de Jean-Paul Piriou.

PREFÁCIO
À EDIÇÃO BRASILEIRA

Alysson Leandro Mascaro

Étienne Balibar despontou, na década de 1960, como o discípulo mais expressivo de Louis Althusser no plano da filosofia, tendo sido um dos coautores de *Para ler "O capital"*. Sua leitura do marxismo, rigorosa e avançada, legou, na década de 1970, obras fundamentais como *Cinco estudos do materialismo histórico* e *A ditadura do proletariado*. Nos anos 1990, Balibar publica outro texto decisivo: *A filosofia de Marx*, agora em nova edição revista e ampliada. No arco que vai de *Para ler 'O capital'* até *A filosofia de Marx*, Balibar constituiu um conjunto de obras incontornáveis do marxismo contemporâneo.

Tanto as obras iniciais de Balibar como *A filosofia de Marx* operaram a contrapelo de seus tempos históricos. Mas, enquanto *Cinco estudos do materialismo histórico* e *A ditadura do proletariado* buscavam uma intervenção filosófica e política direta num movimento comunista francês e internacional relativamente pujante – que, embora bastante alheio a uma transição socialista efetiva, ainda assim era administrador de Estados como o soviético e tinha chances de ganhar eleições em países como a Itália –, *A filosofia de Marx* trabalha com os escombros desse contexto. O fim da URSS acarretou o refluxo das lutas socialistas pelo mundo, de tal sorte que o marxismo foi rechaçado tanto do contexto político como da universidade e da intelectualidade.

Seguindo a esteira do projeto de Althusser, os primeiros livros de Balibar trabalhavam para realizar uma grande intervenção na luta socialista e na teoria marxista, corrigindo suas tendências reformistas, liberais, humanistas ou vagamente ontológico-existenciais. Esperava-se, com isso, uma retomada de fôlego dos propósitos originais do marxismo: ciência e revolução.

A filosofia de Marx também opera contra correntes majoritárias de seu tempo. Mas estas, por sua vez, agora são outras. Não se trata de corrigir um processo de lutas e teorias equivocadas, mas sim de enfrentar aquilo que já se tem por morto. Para tanto, de modo bastante contrário ao senso comum, Balibar afirma: se as experiências práticas soviéticas ou ditas de "socialismo real" chegaram ao seu estertor, o marxismo estava vivo no âmbito de sua filosofia. E não é só uma filosofia viva, mas, acima disso, é cada vez mais importante. Nas palavras do próprio autor, "a importância de Marx para a filosofia é maior que nunca".

Para Balibar, o empreendimento filosófico de Marx não se deu como aqueles do rol tradicionalmente assentado. O que fez, na verdade, foi uma não filosofia ou uma antifilosofia. Mas, empreendendo rupturas e deslocamentos, Marx impacta a própria filosofia, podendo ser considerado então, de modo peculiar e bastante especial, filósofo. Os próprios cortes epistemológicos na obra de Marx, conforme a conhecida proposição de Althusser, revelam uma filosofia não necessariamente sistemática, fechada em seus próprios termos, mas uma filosofia forjada na conjuntura, ainda que sem exclusão da "paciência do conceito".

Neste *A filosofia de Marx*, seguindo o feitio althusseriano, Balibar percorre o trajeto da obra de Marx desde os tempos de sua juventude até sua maturidade, analisando tanto os textos que se ocupam do problema da práxis como aqueles outros de maturação quanto, ainda, os de maturidade, nos quais se levanta a ciência sobre a sociabilidade. Ao capítulo no qual desenvolve sequencialmente a obra de Marx, Balibar confere o título "Mudar o mundo: da *práxis* à produção", dando dimensão da transformação das preocupações de Marx de jovem até alcançar a cientificidade a respeito do modo de produção.

No capítulo "Ideologia ou fetichismo: o poder e a sujeição", Balibar reconstitui então as problemáticas centrais da filosofia de Marx a partir dos mais avançados debates surgidos no terço final do século xx. Trata-se, aqui, de demonstrar o trajeto do conceito de ideologia, resgatando-o de um histórico contraditório e muitas vezes alheio às próprias exigências teóricas ensejadas por Marx. O mesmo se dá com o conceito de fetichismo, ao qual conecta à questão da reificação. Partindo de György Lukács e chegando a Althusser, Balibar se permite deslindar um trajeto de distintas acepções de termos centrais surgidas no século xx em torno da filosofia marxista.

E, neste livro, quando traz a filosofia de Marx aos debates contemporâneos, Balibar dá grande importância ao tema da subjetividade. Dentre outros, desponta aqui então o pensamento de Evguiéni Pachukanis, alcançando uma reflexão acerca do sujeito que, no capitalismo, é constituído simetricamente como sujeito de direito. Desse conjunto teórico, Balibar extrai consequências para questões como a dos direitos humanos, antecipando horizontes temáticos de uma nova fase de seu próprio pensamento, relativamente distinta da sua trajetória anterior e que se concentra em assuntos de teoria política como o do sujeito cidadão.

Expondo um rigor conceitual advindo da tradição althusseriana, *A filosofia de Marx* avança também em temas como o tempo – tratando aqui tanto de Ernst Bloch como de Althusser – ou, ainda, o progresso, desmontando idealismos ainda persistentes em setores de esquerda de que a luta socialista adviria inexoravelmente de um motor histórico baseado nas contradições do capitalismo. A luta – e seu caráter aberto – é um elemento central da filosofia de Marx que Balibar repõe decisivamente. Dessa forma, este livro se conclui com uma divisa fundamental que permite alcançar a totalidade do saber científico, filosófico e de luta do marxismo: ciência e revolução.

A filosofia de Marx é tanto uma obra de introdução e sistematização como, além disso, um texto de avanço dos debates teóricos em busca de posições de alto rigor e mesmo de vanguarda e fronteira. O "Prefácio da nova edição" (do próprio autor), por sua vez, permite vê-lo em avaliação retrospectiva, posicionando-se em face de sua trajetória. Ler este livro é poder caminhar por vias que podem ser novas ou, quiçá a alguns, já conhecidas. Mas tanto pelo primeiro aprendizado como pelo aprofundamento de um saber já dado, estas páginas retificam e forjam passos que podem ser então decisivos para enfrentar o capitalismo em nosso tempo presente.

ALYSSON LEANDRO MASCARO é jurista e filósofo. Doutor e livre-docente em Filosofia e Teoria Geral do Direito pela Universidade de São Paulo. (USP), é autor de livros como *Crítica do fascismo* (Boitempo) e *Filosofia do Direito* (Atlas).

ADVERTÊNCIA DA NOVA EDIÇÃO

Hugues Jallon, sucessor de François Gèze na direção da Éditions La Découverte, me propôs uma nova reedição do meu livrinho *A filosofia de Marx*, de 1993, a ser apresentado de uma forma diferente em sua coleção de bolso, e eu me perguntei se não seria conveniente então rever ou transformar o texto da edição anterior. Pelos motivos que assinalo adiante, no prefácio desta nova edição, isso não me pareceu possível nem, na verdade, desejável. Em compensação, pareceu-me que a utilização deste trabalho nas condições de hoje se beneficiaria de dois acréscimos, que à sua maneira também são atualizações.

O primeiro é representado pelo prefácio: "Do marxismo althusseriano às filosofias de Marx? Vinte anos depois". Trata-se de uma adaptação do texto que eu acabava de escrever como posfácio à edição alemã da obra, feita por meu amigo Frieder Otto Wolf, ele próprio marxista militante e filósofo, que me pedira que aproveitasse a oportunidade para tentar situar comparativamente o texto de 1993 em relação às minhas concepções atuais. E de fato me pareceu que a resposta que lhe dava podia se dirigir tanto a leitores franceses quanto aos alemães. Sinto-me tanto mais grato pelo seu pedido por podermos assim reconstituir à nossa maneira o espaço translinguístico e transfronteiriço em que foi elaborada a obra de Marx.[1] Nessas condições, eu muito naturalmente quis também completar esta reedição incluindo um ensaio sobre "Antropologia filosófica ou ontologia da relação? Que fazer da VI Tese sobre Feuerbach?", produto de uma jornada de estudos realizada na Universidade de Albany, em 2011. O estilo, como verão, não é de uma "introdução", mas sim de uma discussão meio filológica e meio filosófica de um ponto específico de interpretação do *corpus* marxiano (ligado à "querela do humanismo" e aos novos debates sobre a ontologia social). Espero que, com base nas explicações fornecidas no corpo da obra, ele seja acessível a todos os leitores do livro — ou à maioria. Entretanto, além da fama do texto que comento, tenho outro motivo para querer fornecer aqui este complemento. Os trechos de *A filosofia de Marx* em que eu mencionava a presença em Marx — justamente na "VI Tese sobre Feuerbach" — de uma filosofia da "transindividualidade" (comparável, sob certos aspectos, às de Spinoza e

---

[1] O livro, traduzido e prefaciado por Frieder Otto Wolf, foi publicado com o título *Marx' Philosophie. Mit einem Nachwort des Autors zur neuen Ausgabe, übersetzt und eingeleitet von Frieder Otto Wolf*, b books, Berlim, 2013. Frieder Otto Wolf, ex-professor da Universidade de Coimbra, em Portugal, e deputado dos *Grünen (Verdes)* no Parlamento Europeu, é atualmente professor honorário (filosofia) na Freie Universität em Berlim. Traduziu para o alemão vários textos de Althusser. É autor, em particular, de *Radikale Philosophie. Aufklärung und Befreiung in der neuen Zeit*, Verlag Westfälisches Dampfboot, Münster, 2009. Agradeço à editora b_books pela amável autorização. [Exceto quando indicado, as notas pertencem à edição original.]

Freud) e de uma "ontologia da relação" que inverte (logicamente e politicamente) o primado dos indivíduos sobre suas "relações" despertaram interesse e provocaram questionamentos. Haveria melhor oportunidade do que uma nova edição do livro para tentar fornecer uma resposta, ou pelo menos precisar o sentido da hipótese?[2] Por fim, gostaria de observar que, em acordo com o editor, a atual edição reproduz o "Guia Bibliográfico" que constava da anterior, em 2001, já então revisto e ampliado em relação ao que fora preparado levando em conta as referências e publicações de 1993. Ele precisaria hoje de uma total reformulação (e certamente de uma expansão), para a qual não estou preparado, indispensável a uma utilização diretamente pedagógica. Existem muitas excelentes introduções a Marx e sites dedicados ao estudo de sua obra e do marxismo, capazes, espero, de compensar as ausências.[3] Tal como se apresenta, então, o Guia constituirá simplesmente, de acordo com a tradição, o sistema de referências utilizado na redação da obra. Mantivemos também o sistema de "encartes" característicos da coleção *Repères*, oferecendo resumos históricos e biográficos ou trechos de textos úteis à compreensão da exposição principal.

---

2   O mesmo texto foi publicado em tradução na coletânea de ensaios *Il transindividuale. Sogetti, relazioni, mutazioni*, sob a direção de *Étienne Balibar e Vittorio Morfino, Mimesis Edizioni, Milão, 2014*.

3   Na edição alemã mencionada acima, o próprio Frieder Otto Wolf assumiu a tarefa de fornecer uma bibliografia comentada de introdução a Marx e ao marxismo, levando em conta debates atuais em várias línguas, e que não tem equivalente, que eu saiba. Mas ela não pode ser diretamente transposta para o francês.

PREFÁCIO DA NOVA EDIÇÃO

DO MARXISMO ALTHUSSERIANO ÀS FILOSOFIAS DE MARX? VINTE ANOS DEPOIS

Escrevi este livrinho sobre "A filosofia de Marx" em 1993, a pedido de dois amigos: François Gèze, presidente e diretor geral da Éditions La Découverte, e o economista e sindicalista Jean-Paul Piriou, meu colega na Universidade de Paris-I, hoje falecido. Juntos, haviam fundado a coleção "Repères" para servir à formação dos estudantes de ciências humanas, num espírito de crítica das ortodoxias dominantes e abertura das fronteiras entre disciplinas. Naturalmente, a ideia do editor era que esses livros, escritos na medida do possível num estilo acessível, sem jargão, mas sem simplificação exagerada, também pudessem ser úteis a um leitorado mais amplo. Vinte anos depois, julgo poder afirmar sem pretensão que esses diferentes objetivos foram razoavelmente alcançados, tanto no mundo de língua francesa (onde o volume foi reimpresso várias vezes) quanto no exterior (onde continuam em circulação várias traduções). Não lamento, assim, o esforço em que me empenhei durante algumas semanas de trabalho intensivo para reunir e resumir, num espaço *a priori* estritamente limitado, o que considerava ter aprendido ao longo dos trinta anos anteriores a respeito dos "objetos" do pensamento filosófico de Marx, suas modalidades e os problemas que envolve. Ao que parece, esse esforço permitiu a vários grupos de leitores, iniciantes ou não, a entrar no universo intelectual de Marx por uma porta definida, fornecendo-lhes meios de discutir sua pertinência. E a mim permitiu formular chaves de interpretação que havia longamente investigado, confrontando-as com as de outros leitores da minha época.[4]

Mas vinte anos são um longo período. O mundo mudou — esse mundo social que a famosa XI tese de Marx sobre Feuerbach exigia "transformar", e não apenas "interpretar". Eu mesmo mudei (para não falar dos outros filósofos da minha geração). Será que hoje escreveria este livrinho da mesma maneira? Foi esta, resumindo, a pergunta que Frieder Otto Wolf me fez em nome dos futuros leitores do livro no mundo de fala alemã, e que também pode valer, creio, para os leitores franceses.

---

[4] Foi com emoção que encontrei no site dedicado à divulgação *online dos arquivos de Daniel Bensaid uma nota sobre "Étienne Balibar, La Philosophie de Marx", datada de 1993, chamando a atenção para nossos pontos de concordância e discordância. Ver www.danielbensaid.org/etienne-balibar-la-philosophie-de?lang.fr*

A resposta, naturalmente, é não. Eu não o escreveria mais assim. Mas a resposta também é que não estou certo de ser capaz, hoje, de produzir uma síntese dessa natureza, embora não tenha deixado de retornar sempre aos textos de Marx desde a década de 1990: para testar sua eficácia no tratamento de diversas questões filosóficas e políticas (citando, em nenhuma ordem específica: a economia da violência e a ambivalência de seus efeitos; as transformações da subjetividade e da capacidade de agir decorrentes da globalização capitalista; os conflitos internos do universalismo; a função administrativa e ideológica das fronteiras; as perspectivas da cidadania transnacional; a crise do secularismo europeu e de sua variante francesa, a *laicidade*...) e para investigar, em sentido inverso, que virtualidades essas questões atuais podem nos levar a descobrir no pensamento do autor do *Manifesto comunista* e de *O Capital*... Eu certamente poderia proceder a muitos enriquecimentos e retificações, mas é provável que o efeito resultante fosse uma dispersão muito maior dos temas e problemas, e que hoje eu não conseguisse mais criar, como em 1993, um fio condutor que permitisse interligá-los a serviço de uma questão única.

Entretanto, embora não pense que a "gordura" que produzi então careça de significado, sou tentado a considerar que ela reflete uma certa necessidade no ponto de convergência de uma grande virada histórica com a experiência de escrita filosófica coletiva à qual eu estava estreitamente ligado. E como estou convencido no íntimo de que o uso "teórico" e "prático" dos filósofos deve comportar permanentemente uma dimensão autocrítica (e mesmo autodesconstrutora, como diria Derrida), que requer a consciência da historicidade desses filósofos, assumo *hoje* o risco de afirmar que a inteligência desse "encontro" de *ontem* é uma das condições dos nossos pensamentos de *amanhã*, "a favor de e contra Marx". Devo, portanto, dizer algo a respeito, e para isso preciso pedir ao leitor que imagine o que era a conjuntura política e intelectual do início da década de 1990, especialmente na Europa (voltarei num instante às implicações desse eurocentrismo).

Poderíamos dizer muito simplesmente que o que então está desmoronando, no caráter repentino das revoluções democráticas dos países do "socialismo real" sob hegemonia soviética, é a própria ideia de *revolução social*, e que o que também começa a se manifestar é o caráter altamente problemático (na Europa e fora dela) do "círculo virtuoso" no qual a articulação entre a economia de mercado e o parlamentarismo liberal garantiria, em sentido inverso, uma transformação da política em seu contrário: aquilo que então mal se começa a designar como "governança" ideal.[5] De certa maneira, essa mudança no quadro é uma ilusão de ótica, pois se baseia na inversão termo a termo do discurso da revolução, sem verdadeira análise da história do socialismo nem das transformações do capitalismo (e de sua interação). Mas também contém um convite para repensar as categorias da filosofia da história que, no Ocidente, desde o início da modernidade, permitiu articular os conceitos de progresso, emancipação e revolução, propiciando diferentes "grandes narrativas" de direita e de esquerda (entre as quais, no plano especulativo, a narrativa "dialética" do progresso pela "força do negativo", ou pela

---

5 O documento interno (*discussion paper*) do Banco Mundial, "*Managing development: the governance dimension*", no qual se costuma identificar o início do emprego sistemático dessa expressão em sua acepção contemporânea, é de agosto de 1991.

PREFÁCIO DA NOVA EDIÇÃO

conversão da violência em instituições e formações sociais, é certamente uma das mais eficazes).[6] Aqueles que, como eu, tinham compartilhado a esperança de emancipação contida no conceito de comunismo (e que — cabe aqui confessar — ainda a compartilham, mesmo sem nenhuma ilusão quanto ao fato de que ela corresponda a uma *necessidade* da história, ou de que contenha em si mesma a garantia do seu *bom uso*) deviam mostrar-se particularmente sensíveis a esse convite. Se se pretendiam filósofos, precisavam entender *teoricamente* e *historicamente* o que havia bloqueado a capacidade autocrítica do marxismo (e, no terreno prático, o que havia tornado inoperantes ou fadadas à catástrofe as tentativas de "revolução na revolução" — segundo a expressão inventada por Régis Debray a propósito da revolução cubana no seu início, mas que também se aplicava à revolução cultural chinesa, ou pelo menos à sua ideia, e à "Primavera de Praga").[7] Também precisavam determinar se, no *complexo familiar* constituído pelas teleologias do progresso histórico na época burguesa (Turgot, Kant, Hegel, Comte, Spencer...), o marxismo comportava ou não uma *diferença específica*, e mesmo uma *diferença irredutível*, que garantiria a perenidade de sua função crítica, para além da "decadência da ideia de progresso" (Georges Canguilhem).[8]

---

6   Tratei da questão em vários dos ensaios reunidos no volume publicado em 2010 pela editora Galilée, *Violence et Civilité*. Wellek *Library Lectures et autres essais de philosophie politique*.

7   Régis Debray, *Révolution dans la révolution? Lutte armée et lutte politique en Amérique latine*, François Maspero, Paris, "Cahiers libres", 1967.

8   Georges Canguilhem, "La décadence de l'idée de progrès", *Revue de métaphysique et de morale*, volume 92, n° 4, 1987, pp. 437-454. Ver também, sobre as origens do "complexo", Bertrand Binoche,

O marxismo "althusseriano", para o qual eu tentara contribuir da melhor maneira, desde os textos escritos em comum com Althusser na década de 1960 (*Lire le Capital*),[9] acaso estaria em condições de enfrentar esse tipo de questão e suas implicações filosóficas? Sim e não.

Sim, porque, a exemplo de outros grandes marxistas do século XX, como Benjamin e Bloch (e na ignorância quase completa, devemos reconhecer, de suas contribuições: seus interlocutores privilegiados, à parte Marx, Engels e os grandes filósofos clássicos, além de Freud, eram Lenin, Stalin, Mao, Gramsci, Brecht e Lukács), o que Althusser buscava (e nós depois dele) em sua reformulação do "conceito de história" e suas tentativas de construção de uma "tópica" para o materialismo histórico (combinando diferentes "práticas" no contexto de uma mesma causalidade sobredeterminada) era essencialmente uma maneira de arrancar a historicidade das lutas de classe à linearidade, à predeterminação ou ao profetismo, para lhe devolver seu caráter de imprevisível sucessão de acontecimentos e perpétuo "começo".

Sim, também, porque, ao custo de muitas oscilações e contradições, o obstinado uso que ele fazia do conceito de

---

Les Trois Sources des Philosophies de l'Histoire (1764-1798), PUF, Paris, *1994 (2ª edição, Presses de l'Université Laval, Quebec, 2008).*

9 Não resisto ao prazer (auto)irônico de informar aqui ao leitor que a obra coletiva *Lire le Capital*, de Louis Althusser, Jacques Rancière, Pierre Macherey, Étienne Balibar e Roger Establet, publicada em *1965 pela editora François Maspero, foi incluída pela comissão ad hoc do Ministério da Cultura da França na lista das "comemorações nacionais" de 2015. Aceitei inclusive, engolindo todo pudor, escrever uma introdução, pois é necessário enfrentar a "lição" do tempo que passa, da qual também fazem parte os reconhecimentos institucionais, nos quais, naturalmente, alguns verão a confirmação de seus prognósticos menos indulgentes.*

ciência, remetendo-o a uma *análise* da objetividade das relações sociais e das situações históricas "concretas", tendia cada vez menos a *aplicar* ao marxismo um modelo preestabelecido de cientificidade (fosse o da *mathesis* axiomatizável, do "racionalismo aplicado" das ciências experimentais ou daquilo que Foucault chamava de "contraciências" estruturalistas: linguística, psicanálise, antropologia), e cada vez mais a *transformar o conceito de ciência*, incorporando ao processo do conhecimento — de maneira reflexiva, mas aberta e mesmo aporética — a própria *conflitualidade* de que procurava dar conta. O que também era uma maneira de prolongar a ideia leninista de uma "ciência de partido", com a ressalva de que a posição de partido não comportava mais, nessas condições, nenhum critério *a priori* de verdade ou legitimidade.[10]

Mas não, contudo, porque Althusser, de maneira perfeitamente deliberada, continuava sendo um *marxista* — heterodoxo em certos pontos e muito ortodoxo e mesmo dogmático em outros. O que acarretava várias consequências, talvez interligadas. Para começar, isso queria dizer, naturalmente, que ele não pretendia ceder quanto à *realidade das lutas de classes* na sociedade e na história (o que, na minha opinião, continua sendo um dos pontos fortes mais indiscutíveis do discurso marxista e de sua capacidade

---

10   Por um feliz achado de tradução, essa ideia, contida em particular no ensaio inédito "Sobre Marx e Freud", de 1976, tornava-se, na versão alemã realizada em 1977 por Rolf Löper e Peter Schöttler, a ideia de uma "ciência cismática", muito mais forte e clara que seus equivalentes franceses parciais (ver Louis Althusser, *Ideologie und ideologische Staatsapparate, Aufsätze zur marxistischen Theorie, Reihe Positionen 3*, VSA, Hamburgo-Berlim Ocidental, 1977, *p. 93*) *(texto francês em Louis Althusser,* Écrits sur la psychanalyse. Freud et Lacan, Stock--IMEC, Paris, 1993, pp. 222-246) (reedição Livre de Poche, 1996).

crítica em relação às ideologias dominantes), mas também que não via nada de sociologicamente ou culturalmente determinado nas *formas de organização* derivadas de uma certa história europeia (particularmente de uma certa hierarquização da "sociedade civil" e do "Estado") que permitem aos conflitos de classes ganhar relativamente uma autonomia e gerar uma "consciência" específica. Da mesma forma, apesar de encontros e diálogos às vezes frutíferos (para Althusser, com Charles Bettelheim, e mais tarde para mim, com Immanuel Wallerstein), a crítica do *eurocentrismo* que impregna o marxismo histórico (tratando-se do marxismo de partido, do marxismo de Estado ou do marxismo de intelectuais) não podia ser levada a cabo e a teleologia inerente à ideia de um modelo europeu de história mundial permanecia inabalável (*de te fabula narratur*, escrevera Marx na introdução de *O Capital*, virtualmente falando ao mundo inteiro "num aparte").

Por outro lado, isso queria dizer que o conceito de *emancipação* subjacente ao pensamento de Althusser (apesar de raramente enunciado como tal) era *estruturalmente* concebido em termos de transformação (revolucionária) das condições de exploração do trabalho em suas diversas formas e seus diferentes graus, o que faz do capitalismo não só um modo de produção determinado, como também a *relação social essencial* da qual dependem todas as outras, impedindo que se considere que outras dominações também são "estruturais" e privando o conceito de sobredeterminação de uma boa parte de sua função analítica. Por isso a cegueira de Althusser no que diz respeito, em particular, às lutas das mulheres contra o patriarcado e o machismo (embora certas feministas tenham tido êxito na importação para suas análises de categorias trabalhadas por Althusser a respeito da ideologia dominante, como a categoria de "interpelação"[11]), para não falar da sua violenta negação das lutas estudantis em 1968 contra o modelo disciplinar da educação burguesa.

Por fim, isso também queria dizer que, antes de deslocar completamente a questão inventando o "materialismo aleatório" de seus últimos textos (responsável pelo desaparecimento da própria ideia de uma formação social compartilhada entre instâncias diferenciadas, concorrendo, cada uma à sua maneira, para o "efeito de sociedade"), e não obstante sua famosa proclamação de *A favor de Marx* — "A hora solitária da última instância não chega nunca" —, Althusser não podia (e na verdade *não queria*) admitir que o jogo dos deslocamentos de "dominante" em conjunturas históricas diversas chegasse ao ponto de pôr em questão a "determinação em última instância" pela economia. O que o impedia de criticar tão radicalmente quanto o "humanismo" o *economicismo* dominante na ideologia de Estado desde o século XIX (tratando-se da ideologia socialista ou da ideologia liberal) — salvo para inverter brutalmente esse economicismo num utopismo ou numa escatologia do "fim da economia".[12]

Por todas essas características — que de modo algum eu consideraria (com a duvidosa superioridade dos sobreviventes) reflexo de uma fraqueza de pensamento ou caráter,

---

11   O exemplo mais brilhante — acompanhado de uma crítica muito interessante — é naturalmente o de Judith Butler, *La Vie psychique du pouvoir*, Leo Scheer, Paris, 2002.

12   O trabalho mais detalhado produzido pela escola althusseriana, estudando a simetria entre economicismo e humanismo à luz das teses de *A favor de Marx*, é o artigo de François Regnault "*L'idéologie technocratique et le teilhardisme*", publicado anonimamente (com a assinatura XXX), *Les Temps modernes*, n° 243, agosto de 1966.

nem que bastaria denunciá-las para imediatamente saber como superá-las (pelo menos se não se pretende abrir mão de pensar a emancipação em termos de conflito social) —, Althusser (e, com ele, os "althusserianos", entre os quais eu era de certa maneira o mais fiel e talvez até o menos lúcido) continuava, portanto, sendo completamente "marxista". Podemos dizer inclusive que tinha nisso um ponto de honra, num momento em que tantos outros achavam oportuno declarar que o marxismo tinha fracassado completamente ou mesmo que nunca existira no sentido de uma posição intelectual honestamente defensável. E com isso (exceto em alguns apanhados messiânicos que se aproximam estranhamente do que outros filósofos mais tarde buscaram em Marx, quando se tratava de acordar esse "espectro" e fazê-lo surgir ante devastações da ordem neoliberal que sucedera ao desmoronamento do "socialismo real"[13]), ele formava uma representação quase essencialmente *negativa* dos meios de romper o círculo do *marxismo* e do *antimarxismo* (ainda bem vivo hoje), consistindo antes de mais nada numa crítica interna de sua economia conceitual.

Com essa descrição sumária da conjuntura, tal como devia se apresentar a mim em 1993, a partir de minha formação e de minha própria experiência, tento explicar melhor como procedi em meu livrinho, de certa forma tirando proveito das limitações que me eram impostas pelo gênero do trabalho e o momento de sua publicação.

---

13   Penso evidentemente no famoso livro de Jacques Derrida, *Spectres de Marx. L'état de la dette, le travail du deuil et la nouvelle Internationale*, Galilée, Paris, *1993*, contendo, sem citá-lo, uma viva crítica de Althusser (ver meu ensaio: Étienne Balibar, "Eschatologie/téléologie. Un dialogue philosophique interrompu et son enjeu actuel", Lignes, nº 23-24, novembro de 2007).

Por um lado, eu decidira traçar uma linha de demarcação tão radical quanto possível entre a *filosofia de Marx* — que entendia como uma problemática aberta a todas as transformações, reformulações e extrapolações, e cujo ponto de partida não seria o esquecimento das palavras e frases de Marx, mas sua intrínseca vacilação[14] — e o *marxismo* — fenômeno da história das ideias e instituições, circunscrito no tempo pela conclusão do ciclo histórico de organização do movimento operário e da luta de classes (compreendido entre o surgimento dos partidos social-democratas no fim do século XIX e o desmoronamento dos regimes de "socialismo real" no fim do século XX) e circunscrito no espaço (não tanto pelo confinamento nas fronteiras da Europa, mas pela *exportação a partir da Europa* de um certo modelo de análise das lutas sociais e de seu "devir-consciente", concomitante ao imperialismo e oposto a ele). E, por sinal, isso nem de longe se tratava de separar um "bom Marx" de um "mau marxismo" para evitar a contaminação do primeiro pelo segundo, segundo uma tradição bem estabelecida entre os próprios marxistas, mas sim de encontrar meios de *fazer variarem* as relações que unem um ao outro (meios esses já em Marx, sendo ilusório pensar que ele nada fez pela constituição do marxismo), e assim fazer surgir em sua relação uma defasagem ou uma não contemporaneidade que também seja para nós, hoje, um meio de análise e um estímulo à reflexão. Entretanto, como todo marxismo, ortodoxo ou não, precisa essencialmente postular uma coerência e

---

14 "Vacilação": palavra de que já me valera anteriormente para propor uma genealogia da questão da "ideologia" no marxismo (ver Étienne Balibar, "La vacillation de l'idéologie dans le marxisme", 1983-1987, reeditado em *La Crainte des masses. Politique et philosophie avant et après Marx*, Galilée, Paris, 1997).

uma completude do pensamento de Marx, e se necessário inventá-las, eu tinha, pelo contrário, de me empenhar em apresentar esse pensamento como essencialmente *múltiplo*, *incerto* das próprias escolhas e propriamente *inacabável* — na esperança de que essa descrição contribuísse para a chegada de novos "trabalhadores filosóficos" aos canteiros de obras sucessivamente abertos por Marx, que se revezam ao sabor das solicitações da conjuntura (e particularmente de seus dramas e crises), mas não se integram num todo.

E, por sinal, eu tentara convencer meu editor a dar ao livro o título de "As filosofias de Marx", para frisar essa multiplicidade e essa abertura internas. Mas ele recusou (privando-me assim de uma satisfação estética e talvez me salvando de um quiproquó), pois o título lhe parecia pouco inteligível para estudantes e também porque eram publicados na mesma coleção outros dois livros, respectivamente sobre a "economia de Marx" e a "sociologia de Marx".[15] Essa divisão do trabalho não se enquadrava realmente em meu projeto, contudo, pois eu tinha em mente o que Frieder Otto Wolf muito acertadamente chama, em seu prefácio à edição alemã, de uma *"philosophische Tätigkeit"*, ou seja, uma atividade filosófica, mais que uma filosofia autonomizável, seja como "sistema" ou como "método". Eu pensava constantemente na formulação de Foucault, definindo da seguinte maneira sua própria atividade: "fragmentos filosóficos em construções históricas".[16] Os dois autores não podem ser superpostos, mas compartilham uma mesma recusa da filosofia como

---

15 Pierre Salama e Tran Hai Hac, *Introduction à l'économie de Marx*, La Découverte, Paris, "Repères", 1992; Jean-Pierre Durand, *La Sociologie de Marx*, La Découverte, Paris, "Repères", 1995.
16 Michel Foucault, Michelle Perrot *et al.*, *L'Impossible Prison*, Seuil, Paris, 1980, p. 41.

pré-requisito metateórico e, portanto, um mesmo postulado de imanência do filosófico às investigações e às análises, o que é da esfera, se quisermos, do materialismo. Por outro lado, contudo, eu decidira tentar retomar e explicitar a questão especulativa que permite, justamente, que as investigações de Marx se desdobrem como aberturas alternativas entre elas (e que constituem os três capítulos do meu livro). E identificava esse fio condutor a partir da velha questão da unidade (ou da fusão) da "teoria" com a "prática". Sabemos que ela mergulha suas raízes nas próprias origens da metafísica ocidental, vale dizer, até os versos de Parmênides afirmando que "o pensamento e o ser são uma só coisa" e os debates socráticos sobre a relação entre os dois tipos de filosofia: a que ensina uma "conduta", um "tipo de vida" ou uma maneira de "governar a si mesmo" e a que "contempla" as verdades eternas refletidas na estrutura da alma humana. Mas também sabemos que essa questão sofreu uma transformação radical com a descoberta, pelo "idealismo alemão", de que a teoria tem como horizonte a explicação das *condições da experiência* e a "prática" tem como objetivo intrínseco a *transformação do mundo*. Marx incontestavelmente se inscreve nessa linhagem. Por isso é que, ao influxo do esquema crítico exposto nas *Teses sobre Feuerbach* a propósito da superação da antítese entre "antigo materialismo" e "idealismo", muitas vezes afirmo hoje, tanto por provocação como para mostrar a relatividade dessas denominações em relação ao contexto, que Marx é o último dos grandes representantes do idealismo alemão, mais precisamente em sua variante *ativista*.[17] Mas a questão é saber

---

17   Ver meu artigo: Étienne Balibar, "Praxis" (em colaboração com Barbara Cassin e Sandra Laugier), em *Barbara Cassin (dir.),*

se ele se inscreve nessa corrente sob a forma de uma *culminação*, e consequentemente de uma "síntese" ou de um "sistema" ainda mais coerentes que os dos antecessores (Kant, Fichte, Hegel) ou se, pelo contrário, representa em relação a ela um deslocamento e uma reabertura que relançam, sem solução pré-estabelecida, a questão de saber em quê consiste uma atividade filosófica intrinsecamente *crítica*.

Foi para ir o mais longe possível nessa segunda direção, a partir das formulações do próprio Marx, que optei em meu livro (e particularmente em sua conclusão) por transformar a "teoria" em ciência (com as precauções indicadas acima: ciência *por vir* em seus procedimentos e objetos) e a "prática" em *revolução* (o que evidentemente quer dizer, do meu ponto de vista, "revolução na revolução", que ela própria se revoluciona, simultaneamente a seus modelos históricos), para fazer da crítica o próprio objetivo da articulação ou do encontro das duas. Eu buscava, em suma, afastar-me definitivamente do esquema dialético de resolução da *cisão entre sujeito e objeto*, que domina todo o idealismo clássico — muito embora esse esquema tenha dado extraordinários frutos especulativos no próprio marxismo: em particular a concepção messiânica do proletariado como "sujeito-objeto da história", em *História e consciência de classe*, de Lukács (1923), livro genial e indissociável do breve momento em que a revolução bolchevique parecia o início de uma revolução mundial. E, indo de encontro a uma certa herança da Escola de Frankfurt (embora eu admire, nessa herança, ao lado da crítica dos "efeitos perversos" da racionalidade em geral, uma capacidade única de análise das formas cotidianas da

---

Vocabulaire européen des philosophies, Seuil/Le Robert, Paris, 2004, pp. 988-1002.

sujeição à lógica da mercadoria, que faltou completamente ao althusserismo[18]), eu também procurava pensar que *a teoria nunca é crítica por si mesma*, mas sempre em virtude apenas de uma relação problemática ("aleatória") com processos de emancipação, revolta ou revolução *reais*, que ela antecipa ou cuja repercussão sente. Em suma, no modo de atividade filosófica que julgo encontrar em Marx (e talvez em outros), a *exigência de conhecimento* é levada tão longe que sempre corre o risco não só de minar as ideologias dominantes como de revelar as ilusões que existem no desejo de emancipação. E a *exigência de revolução* (ou a recusa de se acomodar para sempre com o insuportável "estado de coisas existente") é levada tão longe que sempre corre o risco de fazer com que seus objetivos pareçam não tanto *possíveis*, mas *impossíveis*, em virtude do que percebemos das tendências de transformação do capitalismo (e de maneira geral da sociedade "mercantil", "burguesa", "patriarcal" e "imperial") e de suas *contratendências*. Mas esse duplo risco é justamente aquele em que devemos incorrer para introduzir algo novo, tanto na filosofia como na vida.

Julgo poder afirmar, hoje como ontem, que Marx de fato correu esse risco em benefício tanto da ciência como da revolução, criando *entre elas* — em sua interface inapreensível, senão por meio de seus efeitos — um campo de intervenção crítica e criação conceitual que tem muito poucos equivalentes na história do pensamento moderno. E o reitero aqui, embora muitas coisas tenham mudado na

---

18   Mas que, em sentido inverso, foi resgatada à sua maneira pelo outro grande marxista francês do século xx, Henri Lefebvre, que a situou no centro de toda uma parte de sua obra, desde a *Crítica da vida cotidiana (1947-1981)* até *O direito à cidade (1968)* e *A produção do espaço (1974)*.

maneira como eu hoje buscaria pensar por minha própria conta ou através de novas leituras os "objetos" filosóficos de que ele trata: a subjetividade política coletiva (ou melhor: relacional, transindividual) que ele chama de práxis; o efeito de desconhecimento equivocado inerente às relações sociais de dominação (que ele chama alternativamente de *ideologia* e *fetichismo*, ora privilegiando a relação dos indivíduos e classes com o Estado, ora sua relação com as formas monetária e de mercadoria); o efeito reflexo, sobre a lógica individualista e utilitarista do capitalismo, de seus próprios efeitos destruidores (que ele havia chamado em francês, em *Miséria da filosofia*, de "*mauvais côté*" [mau lado] por onde a história "avança" — *se ela avança*).

Por isso também, diga-se de passagem, embora naturalmente fosse necessária toda uma discussão (que não tem lugar aqui), é que eu não trouxe a toda essa discussão o conceito de uma *ética* própria ao marxismo, que poderíamos imaginar formando o complemento "sistemático" necessário de uma articulação do conhecimento científico com a política revolucionária. Sei que essa ausência vai espantar — e até mesmo chocar — certos leitores. Haverá quem veja nela a prova de um anti-humanismo inveterado, que teria resistido a todos os lutos e a todas as lições da história. Mas quem sabe ouso aqui propor uma hipótese de trabalho um pouco diferente? A *ética* não precisa portar este nome para perseverar no pensamento. Ou melhor, a partir do momento em que assume esse nome e pretende constituir a "mediação" filosófica entre o ponto de vista do conhecimento e o da transformação do mundo, inevitavelmente ela se torna um empreendimento de conciliação e reconciliação (*Versöhnung*), ainda que de uma forma hipotética, "normativa". Em minha opinião, o que é preciso para fazer justiça à ética, tanto no conhecimento como na política, é, isto sim, *morar na contradição*: não de maneira imóvel e passiva, mas na forma de um *esforço* constante, e penoso, no sentido de encontrar seus pontos de aplicação comuns e fazer convergirem nessa direção numerosas forças intelectuais e sociais. É verdade que eu evoluí muito nos últimos vinte anos, enquanto a conjuntura na qual vivemos e trabalhamos se inverteu quase completamente: não mais crise final de uma tentativa de construir o "socialismo", mas crise estrutural — e imprevisível em seus desdobramentos — de uma modalidade de acumulação (produtivista) e uma modalidade de regulação (financeira) do capitalismo, ao preço de rupturas extremamente violentas na consciência e na afetividade dos sujeitos. Mas continuo a pensar em companhia de Marx, pelo menos tal como o entendo, que a ética de que precisamos é aquela que se *divide* assim entre exigências inconciliáveis, em vez de presumir que vão aparecer como se fossem os dois lados de uma mesma moeda, desde que os homens deem mostra de um pouco de boa vontade. Assim como a revolução não deve ser sacrificada à ciência, a ciência não deve ser sacrificada à revolução, e é o mal-estar ou "mal-ser" decorrente dessa tensão permanente que deve nos impedir de adormecer.

A FILOSOFIA DE MARX

1

FILOSOFIA MARXISTA OU FILOSOFIA DE MARX?

A ideia geral deste livrinho é entender e ajudar a entender por que ainda se deve ler Marx no século XXI: não só como um monumento do passado, mas como um autor atual, pelas questões que coloca para a filosofia e os conceitos que lhe propõe. Limitando-me ao que me parece essencial, gostaria de fornecer ao leitor meios para se orientar nos textos de Marx e introduzi-lo aos debates que provocam. Gostaria também de defender uma tese um tanto paradoxal: o que quer que se tenha pensado a respeito, *não existe nem jamais existirá uma filosofia marxista*; e, em compensação, *a importância de Marx para a filosofia é maior que nunca*.

Devemos antes de mais nada nos entender sobre o que significava "filosofia marxista". Essa expressão podia visar duas coisas muito diferentes, mas que eram consideradas indissociáveis pela tradição do marxismo ortodoxo elaborada no fim do século XIX e institucionalizada pelos partidos-Estados comunistas depois de 1931 e 1945: a "concepção do mundo" do movimento socialista, baseada na ideia do papel histórico da classe operária, e o sistema atribuído a Marx. Ressalve-se desde já que nenhuma dessas duas ideias está *estritamente* ligada à outra. É certo que diferentes expressões foram criadas para exprimir esse teor filosófico comum à obra de Marx e ao movimento político e social que dizia seguir suas ideias: a mais famosa é o *materialismo dialético*, relativamente tardia, mas inspirada pelo emprego de diferentes formulações de Marx nos trabalhos de Engels. Outras sustentavam que a filosofia marxista não existia propriamente em Marx, mas surgira posteriormente, como reflexão mais geral e abstrata sobre o *sentido*, os *princípios* e o *alcance universal* da obra de Marx. Ou mesmo que ainda estaria por ser constituída, formulada de maneira sistemática.[19] Em sentido inverso, nunca faltaram filólogos ou espíritos críticos para frisar a distância entre o conteúdo dos textos de Marx e sua posteridade "marxista" e mostrar que a existência de uma filosofia de Marx não implica em absoluto a de uma filosofia marxista dela derivada.

---

19 Ver Georges Labica, "Marxisme", *in Encyclopaedia Universalis, Supplément II, 1980,* assim como os artigos *"Marxisme" (G. Labica), "Matérialisme dialectique" (P. Macherey), "Crises du marxisme" (G. Bensussan)* em *Dictionnaire critique du marxisme, 2ª edição,* PUF, *Paris, 1985.*

MATERIALISMO DIALÉTICO

Essa expressão foi usada para designar a filosofia na doutrina oficial dos partidos comunistas, mas também entre certos críticos (ver Henri Lefebvre: *Le Matérialisme dialectique*, PUF, 1ª ed. 1940). Não foi empregada por Marx (que falava do seu "método dialético") nem por Engels (que usa a expressão "dialética materialista"), mas inventada em 1887, ao que tudo indica, por Joseph Dietzgen, operário socialista que se correspondia com Marx. Com base em Engels, contudo, é que seria elaborada por Lenin (*Materialismo e empiriocriticismo*, 1908, em *Œuvres complètes*, Moscou-Paris, tomo 14), em torno de três temas fundamentais: a "inversão materialista" da dialética hegeliana, a historicidade dos princípios éticos prescritos à luta de classes e a convergência das "leis de evolução" em física (Helmholtz), biologia (Darwin) e economia política (Marx). Assim é que Lenin toma posição entre um marxismo *historicista* (Labriola) e um marxismo *determinista*, próximo do "social-darwinismo" (Kautsky). Depois da Revolução Russa, a filosofia soviética se divide entre "dialéticos" (Deborin) e "mecanicistas" (Bukharin). O debate é encerrado de maneira autoritária pelo secretário-geral Stalin, que baixa em 1931 um decreto associando o materialismo dialético ao *marxismo-leninismo* (cf. René Zapata, *Luttes philosophiques en URSS 1922-1931*, PUF, Paris, 1983). Sete anos depois, no opúsculo *Materialismo dialético e materialismo histórico* (1938), ele codifica seu conteúdo enumerando as *leis da dialética*, fundamento das disciplinas particulares e especialmente da ciência da história, além de garantia *a priori* de sua conformidade com a "concepção proletária do mundo". Esse sistema, que passa a ser identificado pela contração "diamat", acabaria se impondo em toda a vida intelectual dos países socialistas e, com maior ou menor facilidade, nos partidos comunistas ocidentais. Serviria para cimentar a ideologia do partido-Estado e controlar a atividade dos cientistas (cf. o caso Lysenko, analisado por Dominique Lecourt em *Lyssenko, histoire réelle d'une science prolétarienne*, François Maspero, Paris, 1976). Convém, no entanto, realizar duas correções nessa imagem monolítica. Em primeiro lugar, já em 1937, em seu ensaio *Sobre a contradição* (em *Quatre essais philosophiques*, Éditions de Pékin, s.d.), Mao Tsé-Tung propusera uma concepção alternativa, recusando a ideia de "leis da dialética" e insistindo na complexidade da contradição (Althusser se inspiraria nele mais tarde, em "Contradição e sobredeterminação", em *A favor de Marx*, 1965). Em segundo lugar, pelo menos uma escola usou o materialismo dialético como ponto de partida de uma epistemologia histórica não destituída de valor: a escola de Geymonat na Itália (cf. André Tosel, "Ludovico Geymonat ou la lutte pour un matérialisme dialectique nouveau", em *Praxis. Vers une refondation en philosophie marxiste*, Messidor/Éditions Sociales, Paris, 1984).

Esse debate pode ser resolvido de maneira tão simples quanto radical. Os acontecimentos que marcaram o fim do grande ciclo (1890-1990), durante o qual o marxismo funcionou como doutrina de organização, não acrescentaram qualquer elemento ao debate propriamente dito, mas em vez disso dissolveram os interesses que se opunham a que ele fosse levado em consideração. Na verdade, não existe filosofia marxista, nem como concepção do mundo de um movimento social, nem como doutrina ou sistema de um autor chamado Marx. Paradoxalmente, contudo, essa conclusão negativa, longe de anular ou diminuir a importância de Marx para a filosofia, lhe confere uma dimensão muito maior. Liberados de uma ilusão e de uma impostura, ganhamos um universo teórico.

Filosofia e não filosofia

Encontramos aqui uma nova dificuldade. O pensamento teórico de Marx apresentou-se em diferentes oportunidades não como uma filosofia, mas como uma alternativa à filosofia, uma *não filosofia* e mesmo uma *antifilosofia*. Terá sido talvez a maior das antifilosofias da modernidade. Para Marx, com efeito, a filosofia que aprendera na escola sobre a tradição que vai de Platão a Hegel, incluindo até os materialistas mais ou menos dissidentes, como Epicuro e Feuerbach, não passava justamente de uma tentativa individual de interpretação do mundo. O que levava, na melhor das hipóteses, a deixá-lo como estava e, na pior, a transfigurá-lo.

Entretanto, por mais que ele se opusesse à *forma* e aos *usos* tradicionais do discurso filosófico, não resta muita dúvida de que ele próprio entrelaçou enunciados filosóficos às suas análises histórico-sociais e proposições de ação política. Era uma crítica que o positivismo em geral lhe endereçava com frequência. Toda a questão está em saber se esses enunciados formam um conjunto coerente. Minha hipótese é que não é o caso, pelo menos se a ideia de coerência a que nos referimos continuar impregnada da ideia de um sistema. A atividade teórica de Marx, tendo rompido com uma certa forma de filosofia, não o conduziu a um sistema unificado, mas a uma *pluralidade* pelo menos virtual de doutrinas, nas quais seus leitores e sucessores acabaram se enredando. Da mesma forma, ela tampouco o levou a um discurso uniforme, mas a uma permanente oscilação entre o aquém e o além da filosofia. Por *aquém* da filosofia, entendemos aqui o enunciado de proposições como "conclusões sem premissas", como teriam dito Spinoza e Althusser. A título de exemplo, eis esta famosa formulação de *O 18 Brumário de Luís Bonaparte*, considerada por Sartre, entre outros, como a tese essencial do materialismo histórico: "Os homens fazem sua própria história, mas não a fazem arbitrariamente, em condições escolhidas por eles, e sim em condições diretamente dadas e herdadas do passado."[20] Por *além* da filosofia, entendemos, pelo contrário, um discurso mostrando que ela não é uma atividade autônoma, mas sim determinada pela posição que ocupa no campo dos conflitos sociais e particularmente da luta de classes.

Entretanto, essas contradições, essas oscilações, voltemos a dizer, de modo algum constituem uma fraqueza de Marx. Elas questionam a própria essência da atividade filosófica: seu conteúdo, seu estilo ou seu método, suas funções intelectuais e políticas. Isso era verdade na época de Marx e provavelmente ainda é hoje. Em consequência, podemos afirmar que *depois de Marx, a filosofia não foi mais como antes*. Deu-se um acontecimento irreversível que não é comparável ao surgimento de um novo ponto de vista

---

20   K. Marx, *Le 18 Brumaire de Louis Bonaparte*, Éditions Sociales, Paris, *1963, p. 13*. Cf. Jean-Paul Sartre, *"Question de méthode"*, em Critique de la raison dialectique, tomo I, Théorie des ensembles pratiques, Gallimard, Paris, 1960.

filosófico, por obrigar não apenas a mudar de ideias ou de método, mas a transformar a prática da filosofia. Naturalmente, Marx não foi o único que produziu historicamente efeitos dessa natureza. Para ficarmos na época moderna, também houve pelo menos Freud, num terreno diferente e com outros objetivos. Mas os exemplos comparáveis de fato são muito raros. O corte efetuado por Marx pode ter sido mais ou menos claramente reconhecido, aceito com maior ou menor boa vontade, e até provocou violentas refutações e tentativas encarniçadas de neutralização — o que só serviu para que ele rondasse e impregnasse ainda mais firmemente a totalidade do discurso filosófico contemporâneo.

Essa antifilosofia que o pensamento de Marx pretendeu ser em dado momento — essa não filosofia que certamente foi em relação à prática existente — produziu, portanto, o efeito oposto ao desejado. Ela não só não acabou com a filosofia como gerou no seu seio uma questão permanentemente aberta da qual a filosofia agora pode viver, e que contribui para renová-la. Com efeito, não existe algo como uma "filosofia eterna", sempre idêntica a si mesma: em filosofia, há guinadas decisivas, limiares irreversíveis. O que ocorreu com Marx foi justamente um deslocamento do lugar, das questões e dos objetivos da filosofia, que podemos aceitar ou recusar, mas que é tão incontornável que não pode ser ignorado. Desse modo, podemos finalmente nos voltar para Marx e, sem diminuí-lo nem o trair, lê-lo *como filósofo*.

Nessas condições, onde buscar *as filosofias* de Marx? Depois do que acabo de propor, a resposta não deixa margem para dúvida: em um único lugar, a totalidade de seus textos. Não só não há triagem alguma a ser feita entre "obras filosóficas" e "obras históricas" ou "econômicas", como essa divisão seria a maneira mais certa de não entender nada da relação crítica que Marx mantém com toda a tradição filosófica, nem do efeito revolucionário que produziu nela. As considerações de caráter mais técnico de *O Capital* também são aquelas em que as categorias da lógica e da ontologia, as representações do indivíduo e do vínculo social, foram retiradas de sua definição tradicional e repensadas em função das necessidades da análise histórica.

Os artigos mais conjunturais escritos durante as experiências revolucionárias de 1848 e 1871, ou para discussão interna na Associação Internacional de Trabalhadores, também são um meio de inverter a relação tradicional entre sociedade e Estado e desenvolver a ideia de uma democracia radical, que Marx esboçara inicialmente em suas anotações críticas de 1843, escritas à margem da *Filosofia do direito* de Hegel. Os textos mais polêmicos contra Proudhon, Bakunin ou Lassalle são também aqueles nos quais aparece a defasagem entre o esquema teórico de evolução da economia capitalista e a história real da sociedade burguesa, que obriga Marx a esboçar uma dialética original, diferente de uma simples inversão da ideia hegeliana de progresso do espírito...

No fundo, toda obra de Marx está *ao mesmo tempo* impregnada de trabalho filosófico e em posição de confronto com a maneira como a tradição *isolou* e circunscreveu a filosofia (o que é uma das molas propulsoras do seu idealismo). Mas isso acarreta uma derradeira anomalia, que ele de certa maneira experimentou em si mesmo.

Corte e rupturas

Mais que outros, Marx escreveu *na conjuntura*. Um método assim não excluía nem a "paciência do conceito" de que falava Hegel, nem o rigor das consequências. Mas certamente era incompatível com a estabilidade das conclusões: Marx é o filósofo do eterno recomeço, tendo deixado *várias* obras por acabar... O conteúdo do seu pensamento é inseparável dos seus deslocamentos. Por isso, não podemos, para estudá-lo, reconstituir seu sistema em termos abstratos. É preciso rastrear sua evolução, com suas rupturas e bifurcações.

Seguindo Althusser — a favor ou contra seus argumentos —, os debates das décadas de 1960 e 1970 se preocupavam muito com a "ruptura" ou o "corte" que ele identificou em 1845. Contemporâneo da emergência da "relação social" em Marx, esse corte marcaria um ponto sem volta, a origem de um afastamento crescente em relação ao *humanismo teórico* anterior. Voltarei mais adiante a essa expressão. Essa ruptura contínua de fato me parece inegável. Por trás dela, estão experiências políticas imediatas, em particular o encontro com o proletariado alemão e francês (e inglês, no caso de Engels) e o ingresso ativo no curso das lutas sociais (que tem como contrapartida direta a saída da filosofia universitária). Mas seu conteúdo é essencialmente uma questão de elaboração intelectual. Em compensação, houve na vida de Marx pelo menos duas outras rupturas igualmente importantes, determinadas por acontecimentos potencialmente desastrosos para a teoria de que se julgava seguro, de tal maneira que ela só pôde ser "salva", nessas ocasiões, ao preço de uma refundação, efetuada pelo próprio Marx ou empreendida por outra pessoa (Engels). Então, vejamos sucintamente o que foram essas "crises do marxismo" *avant la lettre*. Com isso, teremos também um quadro geral para as leituras e debates que se seguirão.

Depois de 1848

A primeira ruptura coincide com uma mudança de época para todo o pensamento do século XIX: o fracasso das revoluções de 1848. Basta ler o *Manifesto do Partido Comunista* (escrito em 1847)[21] para entender que Marx compartilhava plenamente a convicção de uma iminente crise geral do capitalismo, graças à qual, tomando a frente das classes dominadas em todos os países (da Europa), o proletariado instauraria uma democracia radical, que por sua vez levaria em curto prazo à abolição das classes e ao comunismo. Ele não podia deixar de encarar a força e o entusiasmo das insurreições da "primavera dos povos" e da "república social" como a execução desse programa.

Mais dura seria a queda... Ocorrendo depois dos massacres de junho, a adesão de uma parte dos socialistas franceses ao bonapartismo e a "passividade dos operários" ante o golpe de Estado assumiam um significado particularmente desmoralizante. Voltarei adiante à maneira como essa experiência fez vacilar a ideia marxiana de *proletariado* e de sua missão revolucionária. Não há como subestimar a magnitude das transformações teóricas que ela acarretou em Marx. Significava o abandono do conceito de "revolução permanente", que

---

21 Inúmeras edições, por exemplo: Marx-Engels, *Manifeste du parti communiste*, apresentação e notas de J.-J. Barrère e G. Noiriel, prefácio de Jean Bruhat, col. *Les intégrales de philo*, Fernand Nathan, Paris.

expressava justamente a ideia de uma passagem iminente da sociedade de classes à sociedade sem classes, assim como do programa político correspondente de "ditadura do proletariado" (em oposição à "ditadura da burguesia").[22] Significava um eclipse duradouro do conceito de ideologia, que acabava de ser definido e posto em prática, cujas razões teóricas tentarei indicar. Mas significava também o estabelecimento de um programa de investigação da determinação econômica tanto das conjunturas políticas como das tendências longas da evolução social. Em seguida, Marx volta ao projeto de uma crítica da economia política, para relançar suas bases teóricas e levar a cabo esse projeto — pelo menos até a publicação do Livro I de *O Capital*, em 1867, necessitando um trabalho árduo no qual podemos distinguir o forte desejo e a convicção antecipada de uma revanche contra o capitalismo vitorioso: ao mesmo tempo pela revelação de seus mecanismos secretos, que ele próprio não compreende, e pela demonstração do seu inevitável desmoronamento.

TRÊS FONTES OU QUATRO MESTRES?

A apresentação do marxismo como *concepção do mundo* cristalizou-se durante muito tempo em torno da fórmula das "três fontes do marxismo": a *filosofia alemã*, o *socialismo*

---

22 Sobre as vicissitudes da "ditadura do proletariado" em Marx e seus sucessores, cf. meu artigo no *Dictionnaire critique du marxisme (sob a dir. de G. Labica e G. Bensussan), op. cit.* A melhor apresentação dos diferentes modelos revolucionários de Marx é Stanley Moore: *Three Tactics. The Background in Marx*, Monthly Review Press, Nova York, *1963*.

francês e a *economia política inglesa*. Ela decorre da maneira como Engels, em *Anti-Dühring* (1878), dividiu sua exposição do materialismo histórico e esboçou a história das antíteses entre materialismo e idealismo, metafísica e dialética. Kautsky sistematizaria esse esquema em uma conferência de 1907: *As três fontes do marxismo*. A obra histórica de Marx, na qual a "ciência da sociedade, partindo do ponto de vista do proletariado", se caracteriza como "a síntese do pensamento alemão, do pensamento francês e do pensamento inglês", o que não tem como objetivo apenas estimular o internacionalismo, mas apresentar a teoria do proletariado como uma totalização da história europeia, instituindo o reinado do universal. Lenin a retomaria em uma conferência de 1913, *As três fontes e as três partes constitutivas do marxismo* (em *Œuvres complètes*, Moscou-Paris, t. 19). Mas o modelo simbólico de uma reunião das partes da cultura na realidade nada tinha de novo: traduzia a persistência do grande mito da "triarquia europeia", exposto por Moses Hess (que usou a expressão como título de um de seus livros em 1841) e retomado por Marx nos textos de juventude nos quais se introduz o conceito de *proletariado*.

A partir do momento em que se deixa de lado o sonho de proceder a uma totalização do pensamento de acordo com o arquétipo das "três partes do mundo" (significativamente reduzidas ao espaço europeu), a questão das "fontes" do pensamento filosófico de Marx, ou seja, de suas relações privilegiadas com a obra de teóricos do passado, torna-se uma questão *aberta*. Em um belo livro recente (*Il filo di Arianna, Quindici lezioni di filosofia marxista*, Vangelista, Milão, 1990), Costanzo Preve exemplificou isso, atribuindo a Marx "quatro mestres": Epicuro (a quem dedicou sua tese, *Diferença entre as filosofias da natureza de Demócrito e Epicuro*, 1841), pelo materialismo da liberdade, metaforizado na doutrina do *clinamen*, ou desvio aleatório dos átomos; Rousseau, de quem deriva o democratismo igualitário, ou a ideia de associação baseada na participação direta dos cidadãos na decisão geral; Adam Smith, de quem deriva a ideia de que o fundamento da propriedade é o trabalho; e, por fim, Hegel, o mais importante e ambivalente, inspirador e adversário constante do trabalho de Marx sobre a "contradição dialética" e a historicidade. A vantagem desse esquema é orientar o estudo para a complexidade interna e os sucessivos deslocamentos que marcam a relação crítica de Marx com a tradição filosófica.

Depois de 1871

Eis então a segunda crise: a guerra franco-alemã de 1870, seguida pela Comuna de Paris. Elas mergulham Marx em depressão, soando como uma advertência do "lado mau da história" (do qual voltaremos a falar), vale dizer, do seu desenrolar imprevisível, de seus efeitos regressivos e do seu terrível custo humano (dezenas de milhares de mortos na guerra, outras dezenas de milhares — além das deportações — na "semana sangrenta" que, pela segunda vez em vinte e cinco anos, decapita o proletariado revolucionário francês e aterroriza os dos outros países). Por que essa advertência de piedade? É preciso avaliar corretamente a fratura que resultou desses acontecimentos. A guerra europeia vai de encontro à representação que Marx desenvolvera das forças diretrizes e dos conflitos fundamentais da política. Ela relativiza a luta de classes, em proveito, pelo menos aparentemente, de outros interesses e paixões. O esfacelamento da revolução proletária na França (e não na Inglaterra) vai de encontro ao esquema "lógico" de uma crise derivada da própria acumulação capitalista. O esmagamento da Comuna mostra a desproporção de forças e capacidades de manobra entre a burguesia e o proletariado. Mais uma vez os operários entoam o "solo fúnebre" de que falava o *18 Brumário*...

Marx, é claro, resiste. No gênio dos proletários vencidos, por mais breve que tenha sido a experiência, ele lê a invenção do primeiro "governo da classe operária", ao qual teria faltado apenas força de organização. Propõe então aos partidos socialistas em processo de formação uma *nova* doutrina da ditadura do proletariado, como forma de desmantelamento do aparelho de Estado durante uma "fase de transição" em que se defrontam o princípio do comunismo e o do direito burguês. Mas liquida a Internacional (permeada, é verdade, de contradições insuperáveis) e interrompe a redação de *O Capital*, cujo rascunho é suspenso no meio do capítulo sobre "As classes..." para aprender russo e matemática e se dedicar, ao longo de inúmeras leituras, à retificação de sua teoria da evolução social. Interferindo nos acertos de contas, ela ocuparia os dez últimos anos de sua vida. Caberia a Engels, o interlocutor de sempre e inspirador ocasional, sistematizar o materialismo histórico, a dialética e a estratégia socialista.

ALTHUSSER

Louis Althusser (nascido em Birmandreis, Argélia, em 1918; falecido em Paris, em 1990) atualmente é mais conhecido pelo grande público devido às tragédias que marcaram o fim de sua vida (assassinato de sua mulher, internação psiquiátrica; ver sua autobiografia, *L'Avenir dure longtemps*, Stock/IMEC, Paris, 1992) do que por sua obra teórica. E, no entanto, ela ocupou um lugar central nos debates filosóficos das décadas de 1960 e 1970, depois da publicação, em 1965, de *A favor de Marx* e *Ler o Capital* (obra coletiva) – ambos pela Éditions François Maspero. Ele é visto então, ao lado de Lévi-Strauss, Lacan, Foucault e Barthes, como figura de proa do "estruturalismo". Tendo tomado nota da crise do marxismo, mas se recusando a identificar como causa a simples dogmatização, Althusser empreende uma releitura de Marx. Tomando de empréstimo da epistemologia histórica (Bachelard) o conceito de "corte epistemológico", interpreta a crítica marxiana da economia política como uma ruptura com o *humanismo teórico* e o *historicismo* das filosofias idealistas (incluindo Hegel) e como fundação de uma ciência da história que tem como categorias centrais a "contradição sobredeterminada" do modo de produção e a "estrutura com dominante" das formações sociais. Essa ciência se opõe à ideologia burguesa, mas ao mesmo tempo demonstra a materialidade e a eficácia histórica das ideologias, definidas como "relação imaginária dos indivíduos com suas condições de existência". Assim como não há um fim da história, também não poderia haver um fim da ideologia. Simultaneamente, Althusser propõe uma reavaliação das teses leninistas sobre a filosofia, que ele define como "luta de classe na teoria" (*Lénine et la philosophie*, François Maspero, Paris, 1969), valendo-se delas para analisar as contradições entre "tendências materialistas" e "tendências idealistas" na prática científica (*Philosophie et philosophie spontanée des savants*, François Maspero, Paris, 1974). Em uma fase posterior — influenciada pela "revolução cultural" chinesa e pelos movimentos de maio de 1968 —, Althusser critica o que vê a essa altura como um "desvio teoricista" de seus primeiros ensaios, atribuindo-o à influência do spinozismo em detrimento da dialética (*Éléments d'autocritique*, Hachette-Littérature, Paris, 1974). Reafirmando a diferença entre marxismo e humanismo, esboça então uma teoria geral da ideologia como "interpelação dos indivíduos como sujeitos" e sistema de instituições ao mesmo tempo públicas e privadas que asseguram a reprodução das relações sociais ("Idéologie et appareils idéologiques d'État", em *Positions*, Éditions Sociales, Paris, 1976).

Mas cada coisa a seu tempo. Estamos em 1845: Marx tem vinte e sete anos, é doutor em filosofia pela Universidade de Iena, ex-redator-chefe da *Gazeta Renana* de Colônia e dos *Anais Franco-Alemães* de Paris, e recém-expulso da França a pedido da Prússia como agitador político. Sem dinheiro, acaba de se casar com a jovem baronesa von Westphalen, com quem teve uma filha. Como todos da sua geração, a geração dos futuros "homens de 48", ele sente que tem o futuro pela frente.

QUADRO CRONOLÓGICO

1818	Nascimento de Marx, em Trier (Renânia prussiana).
1820	Nascimento de Engels.
1831	Morte de Hegel. Pierre Leroux na França e Robert Owen na Inglaterra inventam a palavra "socialismo". Revolta dos operários das fábricas de seda de Lyon.
1835	Fourier: *A falsa indústria*.
1838	Feargus O'Connor redige a *Carta do Povo* (manifesto do "cartismo" inglês). Blanqui propõe a "ditadura do proletariado".
1839	Marx estuda direito e filosofia nas universidades de Bonn e Berlim.
1841	Feuerbach: *A essência do cristianismo*; Proudhon: *Que é a propriedade?*; Hess: *A triarquia europeia*; tese de doutorado de Marx (*Diferença entre as filosofias da natureza de Demócrito e Epicuro*).
1842	Marx torna-se redator-chefe da *Gazeta Renana*. Cabet: *Viagem a Icária*.
1843	Carlyle: *Passado e presente*; Feuerbach: *Princípios da filosofia do futuro*. Marx em Paris: redação dos *Anais Franco-Alemães* (contendo *A questão judaica* e *Introdução à crítica da filosofia do direito de Hegel*).
1844	Comte: *Discurso sobre o espírito positivo*; Heine: *Alemanha, um conto de inverno*. Marx escreve os "Manuscritos de 1844" (*Economia*

	política e filosofia) e publica (com Engels) *A Sagrada Família*; Engels publica *Situação da classe trabalhadora na Inglaterra*.
1845	Stirner: *O único e sua propriedade*; Hess: *A essência do dinheiro*. Marx, expulso, vai para a Bélgica; redação das *Teses sobre Feuerbach* e, com Engels, de *A ideologia alemã*.
1846	*Miséria da filosofia* (resposta à *Filosofia da miséria*, de Proudhon). Marx adere à Liga dos Justos, que se torna Liga dos Comunistas, para a qual redige em 1847, com Engels, o *Manifesto do Partido Comunista*.
1847	Lei das dez horas na Inglaterra (limitando a jornada de trabalho). Michelet: *O povo*.
1848	Revoluções na Europa (fevereiro). De volta à Alemanha, Marx torna-se redator-chefe da *Nova Gazeta Renana*, órgão democrático revolucionário. Massacre dos operários franceses nas jornadas de junho. Corrida do ouro na Califórnia. Renan: *O futuro da ciência* (publicado em 1890); John Stuart Mill: *Princípios da economia política*; Thiers: *Da propriedade*; Leroux: *Da igualdade*.
1849	Fracasso da Assembleia Nacional de Frankfurt e reconquista da Alemanha pelos exércitos do príncipe. Marx emigra para Londres.
1850	Marx: *As lutas de classe na França*; Richard Wagner: *O judaísmo na música*.
1851	Golpe de Estado de Luís Napoleão Bonaparte.
1852	Marx: *O 18 Brumário de Luís Bonaparte*. Dissolução da Liga dos Comunistas.

1853	Victor Hugo: *Os castigos*; Gobineau: *Ensaio sobre a desigualdade das raças humanas*.
1854-1856	Guerra da Crimeia.
1857	Ruskin: *A economia política da arte*; Baudelaire: *As flores do mal*.
1858	Proudhon: *Da justiça na Revolução e na Igreja*; Mill: *Ensaio sobre a liberdade*; Lassalle: *A filosofia de Heráclito, o Obscuro*.
1859	Marx: *Contribuição à crítica da economia política*. Início da construção do canal de Suez. Darwin: *A origem das espécies*. Fundação da *Englishwoman's Journal* (primeira revista feminista).
1861	Guerra de Secessão nos Estados Unidos. Abolição da servidão na Rússia. Lassalle: *Sistema dos direitos adquiridos*.
1863	Insurreição polonesa. Victor Hugo: *Os miseráveis*; Renan: *Vida de Jesus*; Dostoiévski: *Humilhados e ofendidos*.
1864	Reconhecimento do direito de greve na França. Fundação em Londres da Associação Internacional dos Trabalhadores: Marx é nomeado secretário do conselho geral.
1867	Disraeli institui o sufrágio universal masculino na Inglaterra; unificação alfandegária da Alemanha. Marx: *O Capital. Crítica da economia política*, livro I (*O Processo de produção do capital*). Conquista francesa da Cochinchina.
1868	Primeiro congresso das *trade unions* britânicas. Haeckel: *História da criação natural*; William Morris: *O paraíso terrestre*.

1869	Fundação da social-democracia alemã (Bebel, Liebknecht). Inauguração do canal de Suez. Mill: *A sujeição das mulheres*. Tolstói: *Guerra e paz*. Matthew Arnold: *Cultura e anarquia*.
1870-1871	Guerra franco-alemã. Proclamação do império alemão em Versalhes. Cerco de Paris, insurreição da Comuna. Marx: *A guerra civil na França* (Exposição de motivos da Internacional); Bakunin: *O Império Knuto-Germânico I (Deus e o Estado)*.
1872	Congresso de Haia ("racha" da I Internacional, cuja sede é transferida para Nova York). Tradução russa do livro I de *O Capital*. Darwin: *A descendência do homem*; Nietzsche: *Nascimento da tragédia*.
1873	Bakunin: *Estatismo e anarquia*.
1874	Walras: *Elementos de economia pura*.
1875	Congresso de unificação do socialismo alemão ("lassalianos" e "marxistas") em Gotha. Tradução francesa do livro I de *O Capital*.
1876	Vitória é coroada imperatriz das Índias. Spencer: *Princípios de sociologia*. Dissolução oficial da Internacional. Dostoiévski: *Os demônios*. Inauguração do *Festspielhaus* de Bayreuth.
1877	Marx: "Carta a Mikhailóvski"; Morgan: *A sociedade antiga*.
1878	Lei antissocialista na Alemanha. Engels: *Anti-Dühring (O senhor Eugène Dühring revoluciona a ciência)* (com um capítulo de Marx).
1879	Fundação do Partido Operário Francês por Guesde e Lafargue. Fundação da Liga Agrária Irlandesa. Henry George: *Progresso e pobreza*.

1880	Anistia dos participantes da Comuna.
1881	Na França, lei sobre o ensino primário gratuito, laico e obrigatório. Assassinato de Alexandre II pelo grupo Liberdade do Povo. Dühring: *A questão judaica como questão racial, moral e cultural*; Marx: Carta a Vera Zassulich.
1882	Engels: *Bruno Bauer e o cristianismo primitivo*.
1883	Morte de Marx. Plekhanov funda o grupo Emancipação do Trabalho. Bebel: *A mulher e o socialismo*; Nietzsche: *Assim falou Zaratustra*.

2

MUDAR O MUNDO: DA *PRÁXIS* À *PRODUÇÃO*

Na décima primeira e última das *Teses sobre Feuerbach*, podemos ler: "Os filósofos se limitaram até agora a interpretar o mundo de maneira diferente, o que importa é *transformá-lo*." O objetivo deste capítulo é começar a entender por que Marx *não se limitou a isso*, embora em certo sentido nada do que escreveu ultrapasse o horizonte dos problemas colocados por esta formulação.

As *Teses sobre Feuerbach*

O que são então essas "teses"? Uma série de aforismos, ora esboçando uma argumentação crítica, ora enunciando uma proposição lapidar, às vezes quase uma palavra de ordem. O estilo associa a terminologia da filosofia alemã (o que pode tornar a leitura difícil hoje) a uma interpelação direta, um movimento decidido que de certa forma imita uma libertação: uma reiterada saída da teoria, em direção à *atividade (ou prática) revolucionária*. Foram escritas por volta de março de 1845, quando o jovem universitário e publicista renano estava em Bruxelas, em liberdade condicional. Logo em seguida, seu amigo, Engels, iria ao seu encontro, começando com ele um trabalho que duraria até sua morte. Não há indicações de que ele pretendesse publicar esses textos, que mais se assemelham a um "memorando", fórmulas lançadas no papel para que não se percam e sirvam constantemente de inspiração.

A essa altura, Marx está envolvido em um trabalho de que temos ideia bem precisa graças aos rascunhos publicados em 1932 e desde então conhecidos pelo título *Economia política e filosofia*, ou *Manuscritos de 1844*.[23] Trata-se de uma análise fenomenológica (visando extrair o *sentido* — ou o não sentido) da alienação do trabalho humano no regime do salário. Nela, as influências de Rousseau, Feuerbach, Proudhon e Hegel se combinam estreitamente com sua primeira leitura

---

23 Aos quais cabe acrescentar o conjunto de notas de leitura publicadas pela nova *Marx-Engels Gesamt-Ausgabe* (vol. *IV/2, Berlim, 1981*).
O texto conhecido pelo título Ökonomischphilosophische Manuskripte *é, na verdade, uma reunião das partes mais "redigidas" desses esboços. Edição francesa: Karl Marx,* Manuscrits de 1844, *trad. e apresentação de E. Bottigelli, Éditions Sociales, Paris, 1972.*

dos economistas (Adam Smith, Jean-Baptiste Say, Ricardo, Sismondi), desembocando numa concepção humanista e naturalista do comunismo, entendido como reconciliação do homem com seu próprio trabalho e a natureza e, logo, com sua "essência comunitária", que fora abolida pela propriedade privada, tornando-o assim "estranho a si mesmo".

Marx, contudo, interromperia esse trabalho (retomado muito mais tarde, em bases completamente diferentes), iniciando com Engels a redação de *A ideologia alemã*, que se apresenta antes de mais nada como uma polêmica contra as diferentes correntes da filosofia "jovem-hegeliana", universitária e extrauniversitária (Ludwig Feuerbach, Bruno Bauer, Max Stirner, todos mais ou menos ligados ao movimento de crítica da Restauração, inspirado numa leitura "de esquerda" do autor da *Fenomenologia do espírito* e da *Filosofia do direito*). A redação das teses[24] coincide com essa interrupção. É provável que ela contenha algumas de suas razões teóricas. Mas também é uma questão crucial saber que relação exatamente elas têm com as proposições de *A ideologia alemã*.[25] Voltarei adiante ao assunto.

Entre outros leitores famosos, Louis Althusser apresentou as *Teses sobre Feuerbach* a certa altura como "a margem anterior" de um *corte* — lançando assim um dos grandes debates do marxismo contemporâneo: para ele, os

---

24 Que por sua vez foram publicadas em 1888 por Engels como anexo a seu próprio ensaio, *Ludwig Feuerbach e o fim da filosofia clássica alemã (em Karl Marx, Friedrich Engels*, Études philosophiques, Éditions Sociales, Paris, 1961), em versão algo corrigida.
25 Também publicada postumamente em 1932, com uma primeira parte novamente intitulada "Feuerbach" e que não demoraria a ser considerada a exposição geral mais sistemática do "materialismo histórico", fora justamente as obras de Engels.

Manuscritos de 1844, com seu humanismo característico, ainda estariam "aquém" do corte, e *A ideologia alemã*, ou melhor, sua primeira parte — com a dedução das sucessivas formas da propriedade e do Estado, tendo como fio condutor o desenvolvimento da divisão do trabalho — representaria a entrada em cena verdadeira e positiva da "ciência da história"

Não pretendo aqui enveredar por uma explicação exaustiva. Remeto ao trabalho de Georges Labica[26] — que analisa detalhadamente cada formulação, levando em conta os comentários posteriores, com todas as divergências, revelando os problemas internos por elas colocados. Labica mostra com perfeita clareza como as teses são estruturadas. A questão é, de ponta a ponta, superar em um "novo materialismo", ou materialismo prático, a tradicional oposição entre os "dois campos" da filosofia: *o idealismo* — vale dizer, antes de mais nada, Hegel, que projeta toda realidade no mundo do espírito — e o *antigo materialismo*, ou materialismo "intuitivo" — que reduz todas as abstrações intelectuais à sensibilidade, ou seja, à vida, à sensação e à afetividade, a exemplo dos epicuristas e seus discípulos modernos: Hobbes, Diderot, Helvetius...

---

26 *Karl Marx. Les Thèses sur Feuerbach*, PUF, col. *Philosophies*, Paris, *1987*.
    Labica reproduz o texto das "teses" em uma tradução francesa e nas duas versões alemãs.

KARL MARX: *TESES SOBRE FEUERBACH* (1845)

"I. — O principal defeito, até agora, de todos os materialismos [...] é que o objeto, a realidade efetiva, a sensibilidade, só é apreendido sob a forma de *objeto ou intuição*; mas não como *atividade sensivelmente humana*, como *prática*, não de modo subjetivo. Por isso, o lado *ativo* foi desenvolvido de maneira abstrata, em oposição ao materialismo, pelo idealismo — que naturalmente não conhece a atividade real efetiva, sensível, como tal. Feuerbach quer objetos sensíveis — realmente distintos dos objetos pensados, mas não apreende a própria atividade humana como atividade *objetiva*. [...]

III. — A doutrina materialista da mudança das circunstâncias e da educação esquece que as circunstâncias são mudadas pelos homens e que o próprio educador deve ser educado. Por isso, precisa dividir a sociedade em duas partes — uma das quais é elevada acima dela.

A coincidência da mudança das circunstâncias com a atividade humana ou autotransformação só pode ser apreendida e racionalmente entendida como *prática revolucionária*.

IV. — Feuerbach parte do fato da autoalienação religiosa, do desdobramento do mundo em um mundo religioso e outro mundano. Seu trabalho consiste em resolver o mundo religioso em seu fundamento mundano. Mas o fato de o fundamento mundano se separar de si mesmo e se fixar em um reino autônomo nas nuvens só pode ser explicado pelo autodilaceramento e a autocontradição desse fundamento mundano. Esse autodilaceramento, portanto, deve, em si mesmo, ser tanto entendido em sua contradição como revolucionado na prática. De tal maneira que, por exemplo, uma vez que a família terrestre foi descoberta como o segredo da família celeste, a primeira deve ser ela própria destruída na teoria e na prática. [...]

VI. — Feuerbach resolve a essência religiosa em essência *humana*. Mas a essência humana não é uma abstração inerente ao indivíduo singular. Em sua realidade efetiva, é o conjunto das relações sociais. Feuerbach, que não entra na crítica dessa essência real efetiva, é, por conseguinte, obrigado a:

1. Abstrair o curso da história e fixar o sentimento religioso por si, pressupondo um indivíduo humano abstrato — *isolado*.
2. Apreender a essência, portanto, como "gênero", como universalidade interna, muda, ligando os numerosos indivíduos *de maneira natural*. [...]

XI. — Os filósofos se limitaram até agora a interpretar o mundo de maneira diferente, o que importa é *transformá-lo*."

Crítica da alienação

O fio condutor da argumentação é perfeitamente claro, se tomarmos como referência os debates da época. Feuerbach[27] quis explicar a "alienação religiosa", ou seja, o fato de homens reais, sensíveis, imaginarem a salvação e a perfeição em um outro mundo suprassensível (como uma projeção, em seres e situações imaginários, de suas próprias "qualidades essenciais" — particularmente o vínculo comunitário, ou vínculo de amor, que une o "gênero humano"). Ao tomarem consciência desse equívoco, os homens se tornarão capazes de se "reapropriar" de sua essência alienada em Deus, e assim de viver realmente a fraternidade neste planeta. Seguindo as ideias de Feuerbach, filósofos críticos (entre eles o próprio Marx) quiseram estender o mesmo esquema a outros fenômenos de abstração e "expropriação" da existência humana, em particular o que constitui a esfera *política*, isolada da sociedade, como uma comunidade ideal em que os homens seriam livres e iguais. Entretanto, nos diz Marx nas *Teses sobre Feuerbach*, a verdadeira razão dessa projeção não é uma ilusão da consciência, um efeito da imaginação individual: é a *cisão* que reina na sociedade, são os conflitos práticos que opõem os homens entre si, para os quais o céu da religião ou da política lhes propõe uma solução milagrosa. Eles só poderão se libertar realmente disso mediante uma transformação que será ela própria prática, abolindo a dependência de certos homens em relação a outros. Não é,

---

27 Ludwig Feuerbach, *L'Essence du christianisme*, apresentação de J.-P. Osier, François Maspero, Paris, *1968*. *Cf.* também Ludwig Feuerbach, *Manifestes philosophiques, textes choisis (1839-1845)*, tradução de Louis Althusser, PUF, Paris, *1960; Pensées sur la mort et sur l'immortalité*, tradução e apresentação de Claire Mercier, Pocket, Paris, *1997*.

portanto, à filosofia que cabe pôr fim à alienação (pois a filosofia nunca foi senão o comentário, ou tradução, dos ideais de reconciliação entre religião e política), mas à revolução, cujas condições residem na existência material dos indivíduos e em suas relações sociais. As *Teses sobre Feuerbach* exigem por isso mesmo uma saída (*Ausgang*) definitiva da filosofia, único meio de realização do que sempre foi sua mais alta ambição: a emancipação, a libertação.

CRÍTICA DA ECONOMIA POLÍTICA

A expressão "crítica da economia política" aparece invariavelmente no título ou no plano geral das principais obras de Marx, embora seu conteúdo se transforme constantemente. Os "manuscritos de 1844" já são o rascunho de uma obra que se intitularia *Zur Kritik der politischen Oekonomie*, título adotado posteriormente em trabalho publicado em 1859 como "primeira parte" de um tratado geral e como subtítulo de *O Capital* (cujo livro I, o único editado pelo próprio Marx, sairia em 1867). Somam-se ainda a essa relação muitos artigos e partes de obras de polêmica inéditos.

Parece, portanto, que a expressão exprime a modalidade permanente da relação intelectual de Marx com seu objeto *científico*. O objetivo inicial era a crítica da alienação política na sociedade civil-burguesa, assim como das "matérias especulativas" cuja unidade orgânica a filosofia pretende exprimir. Mas rapidamente interveio um deslocamento fundamental: "criticar" o direito, a moral e a política é defrontá-los com sua "base materialista", com o processo de constituição das relações sociais no trabalho e na produção.

À sua maneira, Marx resgata assim o *duplo sentido* da palavra *crítica* em filosofia: eliminação do erro e conhecimento dos limites de uma faculdade ou de uma prática. Mas o fator de promoção dessa crítica, em vez de ser apenas a análise, tornou-se a história. É o que lhe permite combinar "dialeticamente" a crítica das ilusões necessárias da teoria (o "fetichismo da mercadoria"), o desenvolvimento das contradições internas inconciliáveis da realidade econômica (as crises, o antagonismo capital/trabalho baseado na exploração da mercadoria "força de trabalho") e, por fim, o esboço de uma "economia política da classe operária" oposta à da burguesia (*Comunicação inicial* da Associação Internacional de Trabalhadores, 1864). O destino da crítica está em jogo nas "duas descobertas" que ele atribui a si mesmo: a dedução da forma "dinheiro" a partir exclusivamente das necessidades de circulação das mercadorias e a redução das leis da acumulação à capitalização de "mais-valia" (*Mehrwert*). Ambas as descobertas remetem à definição do valor como expressão do trabalho socialmente necessário, na qual se enraíza a recusa do ponto de vista do *Homo oeconomicus* abstrato, definido exclusivamente pelo cálculo da sua "utilidade" individual.

Para uma apresentação dos aspectos técnicos da crítica da economia política em Marx, cf. Pierre Salama e Tran Hai Hac: *Introduction à l'économie de Marx* (La Découverte, *Repères*, Paris, 1992).

Revolução contra filosofia

As dificuldades começam precisamente neste ponto. Marx provavelmente não se arriscou a publicar semelhante injunção, ou não teve ocasião de fazê-lo. Mas o fato é que a escreveu, e que ela chegou até nós como uma "carta roubada". Acontece que o enunciado em questão é bastante paradoxal. Em certo sentido, é absolutamente coerente consigo mesmo. Aquilo que requer, ele imediatamente o *faz* (e, estaríamos tentados a dizer, recorrendo a uma terminologia posterior, que tem algo de performático). Escrever: "Os filósofos se limitaram até agora a interpretar o mundo de maneira diferente, o que importa é *transformá-lo*" é postular que existe um ponto sem volta para todo pensamento que se pretenda efetivo, terrestre ou "mundano". E é também vedar quaisquer passos atrás, de volta à filosofia — ou ainda, se quiserem, condenar, na eventualidade de se voltar a interpretar o mundo e particularmente o mundo social, que se caia de novo sob o qualificativo de filosofia, já que entre a filosofia e a revolução não há meio-termo. Levada ao extremo, essa posição pode, portanto, ser uma maneira de se condenar ao silêncio.

Mas a brutalidade dessa alternativa nos revela sua outra face: se "dizer é fazer", por um lado, "fazer é dizer", e as palavras nunca são inocentes. Por exemplo, não é inocente afirmar que as interpretações do mundo são *diversas*, ao passo que a transformação revolucionária, implicitamente, é *una*, ou *unívoca*. Pois isso significa que só existe uma maneira de mudar o mundo: aquela que abole a ordem existente, a revolução, que não poderia ser reacionária nem antipopular. Cabe observar, de passagem, que rapidamente Marx abriria mão dessa tese: já no *Manifesto*, e mais ainda em *O Capital*, ele reconheceria a força com que o capitalismo "transforma o mundo", e se tornaria crucial a questão de saber se existem várias maneiras de transformar o mundo, ou como uma mudança pode se inserir em outra e até mesmo desviá-la de seu curso. Por outro lado, isso significa que essa única transformação representa igualmente a "solução" dos conflitos internos da filosofia. Velha ambição dos filósofos (Aristóteles, Kant, Hegel...), que desse modo a "prática revolucionária" realizaria *melhor que eles*!

Mas não é só isso: a fórmula encontrada por Marx, essa injunção que por si mesma já é um ato de "saída", não se tornou *filosoficamente* famosa por acaso. Puxando um pouco pela memória, rapidamente encontramos seu parentesco profundo não apenas com outras palavras de ordem (como "mudar a vida" de Rimbaud; sabemos que André Breton, sobretudo, efetuou essa conjunção),[28] mas com outros enunciados filosóficos igualmente lapidares, tradicionalmente considerados "fundamentais", e que por sua vez também se apresentam ora como tautologias, ora como antíteses. Cabe notar que todas essas formulações, por mais diferente que seja o conteúdo e opostas as intenções, têm em comum visar a questão da relação entre a teoria e a prática, a consciência e a vida. O que vai desde o "Pensar e ser são a mesma coisa" de Parmênides até o "Sobre aquilo de que não se pode falar, deve-se silenciar" de Wittgenstein, passando por Spinoza ("Deus é a natureza"), Kant ("tive de limitar o saber para dar lugar à fé") e Hegel ("o racional é real, o real é racional"). Eis então nosso Marx instalado não apenas no coração da filosofia, mas de seu movimento

---

28   "Discours au Congrès des écrivains" (1935), em *André Breton, Manifestes du surréalisme, edição completa, J.-J. Pauvert, Paris, 1962.*

mais especulativo, aquele que se empenha em *pensar seus próprios limites*, seja para aboli-los, seja para instituir a si própria a partir do reconhecimento deles.

Tenhamos em mente esse profundo equívoco (sem, no entanto, transformá-lo em uma contradição anulatória, como tampouco em sinal de profundidade insondável, o que logo nos conduziria de novo ao "misticismo", cujas raízes, justamente, Marx está buscando aqui...) e examinemos mais de perto duas questões nevrálgicas implicadas nas *Teses sobre Feuerbach*: a da relação entre a "prática" (ou práxis) e a "luta de classes"; e a da antropologia ou da "essência humana".

Práxis e luta de classes

As *Teses sobre Feuerbach* falam de revolução, mas não empregam a expressão "luta de classes". Mas não seria arbitrário subentendê-la aqui, com a condição de especificar em que sentido. Graças ao trabalho dos germanistas,[29] conhecemos melhor há alguns anos o ambiente intelectual dessas formulações, para as quais Marx encontrou palavras contundentes, mas cujo fundo não lhe é absolutamente próprio.

---

29 E particularmente, na França, aos estudos de Michel Espagne e Gérard Bensussan sobre Moses Hess, o futuro teórico do sionismo, então socialista muito próximo de Marx e Engels, que compartilharam com ele a descoberta do comunismo como "enigma resolvido da história". Cf. Gérard Bensussan, *Moses Hess, la philosophie, le socialisme (1836-1845)*, PUF, Paris, 1985; *Moses Hess, Berlin, Paris, Londres (La Triarchie européenne)*, trad. e apresentação Michel Espagne, Éd. du Lérot, Tusson, 1988.

A revolução que ele tem em mente refere-se naturalmente à tradição francesa. O que esses jovens democratas radicais têm em vista é a *retomada* do movimento interrompido e depois invertido pela instituição "burguesa" da república depois de Termidor, pela ditadura napoleônica e, por fim, pela Restauração e a Contrarrevolução (em todos os casos, pelo *Estado*). Mais precisamente ainda, trata-se de levar o movimento revolucionário a cabo em escala europeia e de torná-lo universal, retomando a inspiração e a energia do seu "lado esquerdo", o componente *igualitário* da Revolução (representado em especial por Babeuf), de onde saiu, justamente, no início do século XIX, a ideia de comunismo.[30] Marx insistiria muito em que não se trata de uma concepção especulativa, de uma cidade ideal ou experimental (como a "Icária" de Cabet), mas de um movimento social cujas reivindicações representam simplesmente a aplicação consequente do princípio da Revolução — medindo a realização da liberdade pela realização da igualdade e reciprocamente, para chegar à fraternidade. Em suma, o que Marx e outros constatam é que não há meio-termo: se a revolução *se detém* no meio do caminho, só pode regredir e reconstituir uma aristocracia de possuidores que se servem do Estado, reacionário ou liberal, para defender a ordem estabelecida. Em sentido inverso, a única possibilidade de

---

30   Cf. Jacques Grandjonc, Communisme / Kommunismus / Communism, origine et développement international de la terminologie communautaire prémarxiste des utopistes aux néo-babouvistes, 1785-1842, 2 vol., Schriften aus dem Karl-Marx-Haus, Trier, 1989 (reed. Éditions des Malassis, 2013); Étienne Balibar, "Quel communisme après le communisme?", in Marx 2000, sob a direção de Eustache Kouvelakis, Actes du Congrès Marx International II, PUF, Paris, 2000.

completar a revolução e torná-la irreversível é aprofundá-la e transformá-la numa revolução social.

Mas quem são os portadores dessa revolução social, herdeiros dos montanheses[31] e de Babeuf? Basta abrir os olhos para a atualidade europeia e ouvir os gritos de alarme dos proprietários: são os operários "cartistas" ingleses (Engels acaba de descrevê-los em *Situação da classe operária inglesa*, 1844, livro que ainda hoje pode ser lido com admiração, e cuja influência sobre Marx foi absolutamente determinante); são os operários das fábricas de seda de Lyon; os artesãos dos subúrbios parisienses e dos "porões de Lille" descritos por Victor Hugo; os tecelões da Silésia dos quais Marx falou longamente em seu diário de Colônia, a *Gazeta Renana*... Em suma, todos aqueles que então passam a ser chamados (com base numa velha palavra romana) de *proletários*, criados em massa pela revolução industrial, concentrados nas cidades, atirados na miséria, mas que começaram a abalar a ordem burguesa com suas greves, suas "coalizões", suas insurreições. São, por assim dizer, *o povo do povo*, sua fração mais autêntica e a prefiguração do seu futuro. No momento em que intelectuais críticos, cheios de boa vontade e de ilusões, ainda se questionam quanto aos meios de democratizar o Estado e, para isso, esclarecer o que chamam de "massa", eles próprios passaram à ação, já recomeçaram efetivamente a revolução.

Com uma expressão decisiva, que retorna em todos os textos desse período, de *A Sagrada Família* (1844) ao *Manifesto comunista* (1847), Marx diria que esse proletariado "representa a dissolução em ato da sociedade civil-burguesa" (*bürgerliche Gesellschaft*), entendendo com isto: 1) que as condições de vida

---

31   Partidários da Montanha, facção radical da Revolução Francesa. [N.T.]

dos proletários (o que hoje chamaríamos de exclusão) estão em contradição com os princípios dessa sociedade; 2) que eles próprios vivem de acordo com valores diferentes dos valores da propriedade privada, do lucro, do patriotismo e do individualismo burguês; 3) que sua crescente oposição ao Estado e à classe dominante é um efeito necessário da estrutura social moderna, porém mortal para ela no curto prazo.

A ação no presente

A expressão "*in der Tat*" ("em ato" ou "de fato") é particularmente importante. Por um lado, evoca a atualidade, a efetividade, os "fatos" (*Tatsache*): expressa, portanto, a orientação profundamente *antiutópica* de Marx e permite entender por que é tão decisiva para ele a referência às primeiras formas da luta de classe proletária em vias de organização. A prática revolucionária de que nos falam as *Teses sobre Feuerbach* não deve realizar um programa, um plano de reorganização da sociedade, muito menos depender de uma visão de futuro proposta por teorias filosóficas e sociológicas (como as dos filantropos do século XVIII e do início do século XIX). Em vez disso, deve coincidir com "o movimento real que aniquila o estado de coisas existente", como logo escreveria Marx em *A ideologia alemã*, explicando que é essa a única definição materialista do comunismo.

Mas assim chegamos ao segundo aspecto: "*in der Tat*" também quer dizer que se trata de uma atividade (*Tätigkeit*), de uma empreitada que se desenrola no presente e na qual os indivíduos se engajam com todas as forças físicas e intelectuais. Aqui ocorre, portanto, uma significativa inversão. Moses Hess e outros "jovens hegelianos", adversários das filosofias da história (que estão sempre ruminando o sentido do passado) e das filosofias do direito (que comentam a ordem estabelecida), haviam proposto uma *filosofia da ação* (Feuerbach, por sua vez, publicara um manifesto por uma *filosofia do futuro*). No fundo, o que Marx quer dizer é o seguinte: a ação deve ser "agida" no presente, e não comentada ou anunciada. Mas, nesse caso, a filosofia deve ceder o lugar. Não é sequer uma "filosofia da ação" que corresponde à exigência e ao movimento revolucionários, é a própria ação, sem rodeios.

E, no entanto, essa injunção de ceder o lugar não pode ficar indiferente à filosofia: se essa é consequente, deve ver nisso, paradoxalmente, *sua própria realização*. Aqui, Marx pensa antes de mais nada, naturalmente, na tradição idealista alemã de que ele próprio está impregnado, e cujas relações com a ideia revolucionária francesa são tão estreitas. Ele pensa na injunção kantiana de "cumprir o seu dever", de agir *no mundo* de acordo com o imperativo categórico (cujo conteúdo é a fraternidade humana). Pensa na afirmação de Hegel na *Fenomenologia*: "O que deve ser também está *in der Tat*, e o que apenas *deve* ser, sem *ser*, não tem nenhuma verdade." E, em termos mais políticos, pensa no fato de que a filosofia moderna identificou o universal com os princípios da *Declaração dos direitos do homem e do cidadão*. Mas justamente esses princípios, sacralizados em teoria, ou são ignorados e contrariados a cada momento pela sociedade burguesa (na qual não prevalecem nem a igualdade nem sequer a liberdade, para não falar da fraternidade), ou então começam a passar para os fatos, mas em uma prática revolucionária, "insurrecional" (a prática daqueles que, juntos, *se insurgem*, substituindo se necessário as "armas da crítica" pela "crítica das armas"). É sobretudo essa consequência um tanto rude para a filosofia, mas derivada de seus próprios princípios, que devemos ouvir quando Marx fala aqui de converter o idealismo em materialismo.

As duas faces do idealismo

Detenhamo-nos um pouco nessa questão. Se essas indicações são justas, isso quer dizer que o materialismo de Marx não tem nada a ver com uma referência à *matéria* — e será esse o caso durante muito tempo: até que Engels comece a reunificar o marxismo com as ciências da natureza da segunda metade do século XIX. Mas por enquanto lidamos com um estranho "materialismo sem matéria". Por que essa palavra, então?

Aqui, o historiador da filosofia reivindica seus direitos, apesar dos golpes que Marx acaba de desfechar contra ele. Ele precisa explicar esse paradoxo, o que o leva a mostrar também a confusão que resulta disso (mas, insistimos, essa confusão não tem nada de arbitrária). Se Marx declara que mudar o mundo é um princípio materialista, procurando *ao mesmo tempo* se diferenciar de todo o materialismo existente (que ele chama de "antigo", e que repousa precisamente na ideia de que toda explicação tem como princípio a matéria: o que *também* é uma "interpretação do mundo" e, como tal, contestável), é manifestamente para *assumir a posição oposta ao idealismo*. A chave das formulações de Marx não está na palavra "materialismo", mas na palavra "idealismo". De novo, por quê?

Primeira razão: porque as interpretações idealistas da natureza e da história propostas pelos filósofos invocam princípios como o espírito, a razão, a consciência, a ideia... E porque, na prática, esses princípios nunca desembocam na revolução, mas na educação (e mesmo na edificação) das massas, de que os filósofos, justamente, pretendem generosamente se incumbir. Na época de Platão, eles queriam aconselhar os príncipes em nome da cidade ideal. Na nossa época democrática, querem educar os cidadãos (ou "educar os educadores" dos cidadãos: juízes, médicos, professores; instalando-se, pelo menos moralmente, no alto do edifício universitário) em nome da razão e da ética.

Isso não está errado, mas por trás dessa função do idealismo se esconde uma dificuldade mais temível. Na filosofia *moderna* (a que encontra sua verdadeira linguagem com Kant), esteja-se falando de consciência, espírito ou razão, essas categorias que expressam o universal sempre tiveram uma dupla face, e as formulações de Marx nas *Teses sobre Feuerbach* constantemente fazem alusão a esse fato. Elas associam intimamente duas ideias: a *representação* e a *subjetividade*. A originalidade e a força do grande idealismo (alemão) está justamente no fato de ter pensado sistematicamente essa combinação.

Evidentemente, o conceito de "interpretação" a que se refere Marx é uma variante da ideia de representação. Para o idealismo criticado aqui, o mundo é objeto de uma contemplação que procura ver sua coerência, seu "sentido", e por isto mesmo, queiramos ou não, impor-lhe uma *ordem*. Marx viu muito bem que há uma solidariedade entre o fato de pensar uma "ordem do mundo" (sobretudo no registro social e político) e o fato de *valorizar a ordem* no mundo: contra a "anarquia", mas também contra o "movimento" ("Odeio o movimento que desloca as linhas", escreveria Baudelaire)... Também viu muito bem que, desse ponto de vista, os "materialismos antigos" — ou as filosofias da natureza que substituem o espírito pela matéria como princípio de organização — contêm um forte elemento de idealismo, e em última análise não passam de idealismos disfarçados (por mais diferentes sejam as consequências políticas que acarretam). O que nos permite compreender por que é tão fácil para o idealismo "entender" o materialismo e, portanto, refutá-lo ou integrá-lo (como vemos em Hegel, que não tem problema algum com os materialismos, exceto talvez com Spinoza, sendo que Spinoza é um materialista muito atípico...). Por fim, ele viu que o cerne do idealismo moderno, pós-revolucionário, consiste em remeter a ordem do mundo, a "representação", à *atividade de um sujeito*, que as cria ou, como se diz em linguagem kantiana, as "constitui".

Passamos então à outra vertente do idealismo: não filosofia da representação (ou, se quiserem, simples filosofia do primado das "ideias"), mas filosofia da subjetividade (o que bem expressa a importância decisiva então assumida pelo conceito de *consciência*). Marx pensou que a atividade subjetiva de que fala o idealismo é, no fundo, o vestígio e a negação (simultaneamente o reconhecimento e o conhecimento equivocado) de uma atividade mais real, mais "efetiva", por assim dizer: uma atividade que seria ao mesmo tempo constituição do mundo exterior e formação (*Bildung*) ou transformação de si. Prova disso é a recorrência em Kant, e mais ainda em Fichte, do vocabulário do ato, da ação e da atividade (*Tat, Tätigkeit, Handlung*) (é daí, na realidade, que vem a "filosofia da ação" preconizada pelos jovens hegelianos). Prova disso é também a maneira como Hegel descreve o modo de ser da consciência como uma *experiência* ativa, e a função do conceito como um *trabalho* (o "trabalho do negativo"). Em suma, não é difícil ler nos aforismos de Marx a seguinte hipótese: assim como o materialismo tradicional esconde na realidade um fundamento idealista (a representação, a contemplação), assim também o idealismo moderno esconde na realidade uma orientação materialista na função que atribui ao sujeito agente, se pelo menos quisermos admitir que há um conflito latente entre a ideia de representação (interpretação, contemplação) e a de atividade (trabalho, prática, transformação, mudança). E o que é proposto é simplesmente detonar a contradição, dissociar a representação da subjetividade e fazer surgir por si mesma a categoria da atividade prática.

O sujeito é a prática

Teve ele êxito nessa empreitada? Perfeitamente, em certo sentido: pois é totalmente sustentável dizer que o único verdadeiro sujeito é o sujeito prático ou o sujeito da prática — ou melhor ainda: que *o sujeito não é outra coisa senão a prática*, que sempre já começou e que prossegue indefinidamente. Mas com isso saímos do idealismo? De modo algum, precisamente porque "idealismo", em termos históricos, engloba *ao mesmo tempo* o ponto de vista da representação e o da subjetividade. Na realidade, trata-se de um círculo, ou de um comutador teórico que funciona nos dois sentidos. É possível dizer que Marx, atribuindo a essência da subjetividade à prática, e a realidade da prática à atividade revolucionária do proletariado (que faz parte da sua própria existência), transferiu a categoria de sujeito do idealismo para o materialismo. Mas é igualmente possível afirmar que, com isso, ele preparou a possibilidade permanente de *representar o proletariado como um "sujeito"*, no sentido idealista da palavra (e, partindo daí, a rigor, como uma representação ou uma abstração por meio da qual novamente se "interpreta" o mundo, ou a mudança do mundo; não é exatamente o que aconteceria mais tarde, quando teóricos marxistas munidos da ideia da luta de classes deduziram daí *a priori* o "sentido da história"?).

Esses jogos dialéticos nada têm de gratuitos. Estão estreitamente ligados à história do conceito de revolução, e em consequência têm uma face política ao mesmo tempo que filosófica. Desde o início do período moderno — a época das chamadas revoluções burguesas: anglo-americana e francesa —, a *invenção do sujeito*, como categoria central da filosofia que diz respeito a todas as áreas da experiência concreta (a ciência, a moral, o direito, a religião, a estética) e permite unificá-las, está ligada à ideia de que a humanidade forma e educa a si mesma, à ideia de que ela própria cria suas leis, e portanto, no fim das contas, à ideia de que *ela própria se liberta* das diferentes formas de opressão, ignorância ou superstição, miséria etc.[32] E o sujeito genérico dessa atividade sempre tem duas faces: uma teórica, a outra concreta e prática, que para Kant era *a humanidade*, para Fichte se torna em dado momento *o povo, a nação*, e para Hegel, enfim, *os povos históricos*, encarnando sucessivamente "o espírito do mundo", ou seja, o movimento do progresso da civilização.

Embora Marx por sua vez tenha reconhecido no *proletariado* (vimos acima que ele é o "povo do povo", autenticamente humano e comunitário) o verdadeiro sujeito prático — aquele que "dissolve a ordem existente" e assim transforma a si mesmo (*Selbsttätigkeit, Selbstveränderung*), ao mesmo tempo mudando

---

32 Cf. Kant, Vers la paix perpétuelle. Que signifie s'orienter dans la pensée? Qu'est-ce que les lumières?, apresentação de Françoise Proust, Garnier-Flammarion, Paris, 1991.

o mundo — e por fim se tenha valido dessa constatação (na qual se superpõem de maneira espantosa a lição da experiência imediata e a tradição especulativa mais antiga) para por sua vez afirmar que *o sujeito é a prática*, isso não o extrai realmente da história do idealismo — pelo contrário. Não era diferente o que dizia Fichte. Poderíamos até sugerir, sem fazer jogo de palavras, que é isso que faz de Marx e do seu "materialismo da prática" a forma mais acabada da tradição idealista, que permite compreender mais que qualquer outra a persistente vitalidade do idealismo até nossos dias. Justamente porque essa transposição está estreitamente ligada à tentativa de prolongar a experiência revolucionária e encarná-la na sociedade moderna, com suas classes e seus conflitos sociais.

Estaríamos assim preparados para entender que a adoção do ponto de vista dos proletários em insurreição "permanente" não teve tanto como resultado o fim do idealismo, mas sim a instalação do dilema do materialismo e do idealismo, a questão sempre ressurgente da diferença entre os dois, no próprio cerne da teoria do proletariado e do seu papel histórico privilegiado. Mas com esse dilema, podemos esperar que a filosofia, expulsa pela porta, volte pela janela...

A realidade da "essência humana"

Voltemos às *Teses sobre Feuerbach* para abordar a outra grande questão que elas levantam: a questão da essência humana. Evidentemente, as duas estão ligadas. "Feuerbach resolve a essência religiosa na essência humana", o que significa que ele mostra, particularmente em *A essência do cristianismo*, de 1841, que a ideia de Deus outra coisa não é senão uma síntese das imperfeições humanas, personificada e projetada fora do mundo. "Mas a essência humana não é uma abstração inerente ao indivíduo singular. Em sua realidade efetiva, ela é o conjunto das relações sociais" (*das ensemble der gesellschaftlichen Verhältnisse*, escreve Marx, misturando francês e alemão): essa frase da VI tese não fez correr menos tinta que a XI. Várias coisas aqui são dignas de nota, se nos dermos ao trabalho de seguir o texto à risca. Marx coloca, portanto, a questão da essência do homem, ou pelo menos responde a ela. Nada mais natural. Entretanto, essa questão, que podemos considerar constitutiva da *antropologia*, não é de modo algum óbvia. Em certo sentido, é tão velha quanto a filosofia. Mas quando Claude Lévi-Strauss explica em nossa época que a essência do homem é o conflito entre a natureza e a cultura, ou quando Lacan forja a palavra *"parlêtre"*[33] para dizer que a essência do homem é toda ela constituída pela linguagem, eles se inscrevem na mesma tradição que Aristóteles, que define o homem como um ser que dispõe de linguagem e pertence à cidade, ou Santo Agostinho, que o define como "a imagem e semelhança de Deus na Terra". E por sinal, se tomarmos as coisas num grau suficiente de generalidade, todos eles tratam na verdade da mesma questão. Da Antiguidade até nossa época, encontramos uma longa sucessão de definições da natureza humana ou da essência humana. O próprio Marx proporia várias, sempre girando em torno da relação entre o *trabalho* e a *consciência*. No livro I de *O Capital*,[34] ele cita uma definição

---

33 Combinando "falar" (*parler) e "ser"* (être). [N.T.]
34 Capítulo V: "Processo de trabalho e processo de valorização", p. 202. Cito o livro I do *Capital* na nova tradução, com base na *4ª edição alemã, sob a responsabilidade de J.-P. Lefebvre, Messidor/Éditions Sociales, Paris, 1983; reedição sem alterações,* PUF, *col. Quadrige, Paris, 1993.*

muito característica de Benjamin Franklin (o homem é *"a toolmaking animal"*, um ser vivo que fabrica ferramentas), não para rejeitá-la, mas para completá-la, precisando que a tecnologia tem uma história, que depende do "modo de produção", e lembrando em seguida que não há tecnologia nem progresso técnico sem consciência, reflexão, experimentação e saber. E em *A ideologia alemã*, logo depois da formulação que examinamos, escreveu: "Podemos distinguir os homens dos animais pela consciência, pela religião e por tudo aquilo que quisermos. Eles mesmos começam a se distinguir dos animais a partir do momento em que começam a *produzir* seus meios de existência, um passo à frente que é a consequência de sua organização corporal. Ao produzir seus meios de existência, os homens produzem indiretamente sua própria vida material...".

É uma maneira de buscar a resposta para a questão da essência do homem nas próprias coisas, o que por sinal representou o ponto de partida de toda uma antropologia biológica e tecnológica, marxista ou não.

O humanismo teórico

Entretanto, há uma nuance crucial para entender a abrangência do nosso texto, e que separa o simples fato de definir o homem ou a natureza humana do fato de *levantar explicitamente* a questão "o que é o homem?" (ou: "qual é a essência humana?"), e, mais ainda, de apresentá-la como *a questão* filosófica fundamental. Entramos, então, numa nova problemática, que podemos chamar, com Althusser, de humanismo teórico. Por mais surpreendente que possa parecer, essa problemática é relativamente recente, e no momento em que

Marx escreve não é absolutamente velha, pois data apenas do fim do século XVIII. Na Alemanha, os nomes mais importantes são Kant (*Antropologia do ponto de vista pragmático*, 1798), Wilhelm von Humboldt[35] e Feuerbach, o que mostra que a trajetória do humanismo teórico converge com a do idealismo e de sua refutação. O paralelo é esclarecedor. Vemos, com efeito, que Marx vai proceder, em relação às teorias rivais da natureza humana (espiritualistas, materialistas), a uma crítica do mesmo tipo que a exercida sobre as teorias do sujeito, da atividade e da intuição sensível. Dizer que "em sua realidade efetiva" (*in seiner Wirklichkeit*) a essência humana é o conjunto das forças sociais não significa manifestamente *recusar* a questão. Significa tentar deslocar radicalmente a maneira como foi entendida até agora, não apenas no que diz respeito ao "homem", mas mais fundamentalmente ainda no que diz respeito à "essência".

Os filósofos formularam uma ideia falsa do que é uma essência (e esse erro lhes é tão... essencial que mal podemos imaginar uma filosofia sem isso). Acreditaram primeiramente que a essência é uma *ideia*, ou uma abstração (poderíamos dizer também, em terminologia diferente, um *conceito universal*), sob a qual podem ser classificadas, em ordem decrescente de generalidade, as diferenças específicas e por fim as diferenças individuais; e, em segundo lugar, que essa abstração genérica está de certa maneira "alojada" (*inwohnend*) nos indivíduos do mesmo gênero, seja como uma qualidade que eles possuem, com base na qual

---

35 Humboldt fundou em 1810 a Universidade de Berlim, que hoje leva seu nome. Suas principais monografias linguísticas e filosóficas foram publicadas depois da sua morte em 1835 (cf. *Introduction à l'œuvre sur le Kavi et autres essais*, trad. fr. de Pierre Caussat, Le Seuil, Paris, *1974*).

podemos classificá-los, seja até como uma forma ou uma potência que os faz existir como cópias do mesmo modelo. Vemos assim o que significa a estranha equação proposta por Marx. No fundo, as palavras "conjunto", "relações" e "sociais" dizem a mesma coisa. Trata-se de recusar ao mesmo tempo as duas posições (ditas *realista* e *nominalista*) entre as quais se dividem tradicionalmente os filósofos: a que afirma que o gênero, ou essência, antecede a existência dos indivíduos, e a que sustenta que os indivíduos são a realidade primária, a partir da qual são "abstraídos" os universais. Incrivelmente, nenhuma dessas duas posições é capaz de pensar, justamente, o que há de essencial na existência humana: as relações múltiplas e ativas que os indivíduos estabelecem entre eles (tratando-se de linguagem, trabalho, amor, reprodução, dominação, conflitos etc.), e o fato de que são essas relações que definem o que eles têm em comum, o "gênero". Elas o definem porque o constituem a cada momento, sob múltiplas formas. E assim fornecem o único conteúdo "efetivo" do conceito de essência aplicado ao homem (vale dizer, aos homens).

O transindividual

Não cabe aqui discutir se esse ponto de vista é absolutamente original e próprio de Marx. O certo é que ele tem consequências simultaneamente no campo da discussão filosófica (no nível do que se costuma chamar de "ontologia")[36] e no

---

36 Termo criado no século XVII para designar o que Aristóteles chamara de "ciência dos primeiros princípios e das causas primeiras", por ele identificada a uma reflexão sobre o "ser enquanto ser" (*on hè on*), *distinta do estudo dos gêneros de seres particulares.*

da política. As palavras empregadas por Marx recusam *ao mesmo tempo* o ponto de vista individualista (primado do indivíduo e sobretudo ficção de uma individualidade que poderia ser definida *por si mesma*, isoladamente, seja em termos de biologia, de psicologia, de comportamento econômico etc.) e o ponto de vista organicista (que hoje em dia também chamamos, a exemplo dos anglo-saxões, de ponto de vista *holista*: primado do *todo* e particularmente da sociedade, considerada como uma unidade indivisível da qual os indivíduos seriam apenas membros funcionais).[37] Nem a "mônada" de Hobbes e Bentham, *nem* o "grande ser" de Augusto Comte, por conseguinte. É significativo que Marx (que falava francês quase tão fluentemente quanto o alemão) tenha ido buscar a palavra estrangeira *ensemble* ("conjunto") manifestamente para evitar o uso de *das Ganze*, "o todo" ou "a totalidade".

Talvez as coisas ficassem mais claras na forma (mas não no conteúdo) se acrescentássemos uma palavra ao texto, se necessário inventando-a, para caracterizar essa concepção da *relação constitutiva*, que desloca a questão da essência humana, ao mesmo tempo que lhe fornece uma resposta formal (e que assim contém a semente de outra problemática, diferente do humanismo teórico). Essa palavra de fato existe, mas em textos dos pensadores do século XX (Kojève, Simondon, Lacan...): trata-se com efeito de pensar a

---

37 Cf. Louis Dumont, *Homo aequalis I. Genèse et épanouissement de l'idéologie économique*, Gallimard, Paris, *1977*, para quem Marx, *"apesar das aparências [...] é essencialmente individualista"*. A uma conclusão semelhante, a partir de premissas diferentes, chegam Jon Elster, um dos principais representantes do *"marxismo analítico" (Making Sense of Marx*, Cambridge, *1985*; *Karl Marx, une interprétation analytique*, PUF, Paris, *1989*), e Jacques Bidet, *Théorie de la modernité, suivi de Marx et le marché*, PUF, Paris, *1990*.

humanidade como uma realidade *transindividual*, e até de pensar a transindividualidade como tal.[38] Não o que está idealmente "em" cada indivíduo (como uma forma ou uma substância) ou o que serviria para classificá-lo do exterior, mas o que existe *entre os indivíduos*, em decorrência de suas múltiplas interações.

Uma ontologia da relação

Esboça-se aqui, temos de reconhecer, uma "ontologia". Mas ela substitui a discussão sobre as relações entre o indivíduo e o gênero por um programa de investigação sobre essa multiplicidade de relações, que equivalem a transições, transferências ou passagens nas quais se faz e se desfaz o vínculo dos indivíduos com a comunidade e que, em contrapartida, constituem a eles próprios. Com efeito, o mais impressionante em uma perspectiva assim é justamente o fato de instaurar total reciprocidade entre esses dois polos, que não podem existir um sem o outro e, portanto, não passam, cada um por sua conta, de abstrações, mas sendo ambos necessários ao pensamento da relação ou da ligação (*Verhältnis*).

Nesse ponto, por mais que isso possa parecer especulativo, estamos mais perto de encontrar, por um curto-circuito característico, a questão da política. De fato, não só as relações de que falamos nada mais são que práticas diferenciadas — ações singulares dos indivíduos uns sobre os outros —, mas essa ontologia transindividual apresenta pelo menos

---

38   Ver, em particular, Gilbert Simondon, *L'Individuation psychique et collective*, Aubier, Paris, 1989.

uma ressonância com enunciados como a *Declaração dos direitos do homem e do cidadão* (injustificadamente considerada muitas vezes um texto "individualista") e, mais ainda, com a prática dos movimentos revolucionários: uma prática que *nunca opõe* a realização do indivíduo aos interesses da comunidade, que nem sequer os *separa*, sempre buscando realizá-los um pelo outro. Pois se é verdade que em última análise só os indivíduos podem ter direitos e formular reivindicações, a conquista desses direitos ou a libertação (e mesmo a insurreição) é não menos necessariamente coletiva.

Certamente se poderá dizer que essa formulação não descreve um estado de coisas existente, muito menos um sistema de instituições, mas sim um processo (pelo menos tal como o vivenciam os que dele participam). Mas é exatamente isso que Marx quer dizer. E nessas condições entende-se que a VI Tese — que identifica a essência humana ao "conjunto das relações sociais" — e a III, a VIII e a XI — que alinham todo o pensamento à prática revolucionária e à mudança — na realidade dizem fundamentalmente a mesma coisa. Podemos, então, afirmar: as relações sociais aqui designadas nada mais são que uma incessante transformação, uma "revolução permanente" (a expressão provavelmente não foi inventada por Marx, mas desempenharia um papel decisivo em seu pensamento até aproximadamente 1850). Para o Marx de março de 1845, não basta dizer, com Hegel, que "o real é racional" e que o racional necessariamente se realiza: é preciso dizer que a única coisa real e racional é a revolução.

A objeção de Stirner

O que mais pedir, além disso? Eu disse acima, contudo, que Marx não podia parar aí: é o que precisamos entender agora. Isso não seria possível se nos limitássemos a mostrar que, ao substituir o sujeito pela prática, geramos um círculo, uma dificuldade lógica, ou que o conceito de essência pode cair em desequilíbrio, entre a crítica interna de uma ontologia tradicional e sua dissolução na multiplicidade das investigações concretas sobre as relações sociais. *A ideologia alemã* certamente é um texto de inspiração muito próxima à das *Teses sobre Feuerbach*; e, no entanto, já fala uma outra linguagem. As razões formais que acabamos de mencionar não bastam para explicá-lo.

Acredito que isso tem uma razão muito precisa, conjuntural, mas que serviu de revelador para uma dificuldade de fundo. Certos historiadores do pensamento de Marx (especialmente Auguste Cornu) de fato a enxergaram, mas muitos a ignoraram ou subestimaram, em particular porque em geral só se lê a *primeira parte* do texto (*I. Feuerbach*), habituados que estamos por uma longa tradição a entendê-lo como uma exposição autônoma do "materialismo histórico" quando, na verdade, se trata essencialmente de uma resposta, e de uma resposta muitas vezes difícil (todo leitor sabe disso por experiência própria) que contesta outro teórico. Esse teórico, cuja força já estaria na hora de reconhecer, é Max Stirner (pseudônimo de Caspar Schmidt), autor de *O único e sua propriedade*, publicado no fim de 1844:[39]

---

39 Max Stirner, *L'Unique et sa propriété*, trad. de Robert L. Reclaire, Stock Plus, Paris, 1972. Ver os comentários esclarecedores de Gilles Deleuze, *Nietzsche et la philosophie*, PUF, Paris, 1962, p. 183 *sq.*

só alguns meses depois, contudo, após a redação das *Teses sobre Feuerbach*, e por insistência de Engels, é que Marx começou a quebrar a cabeça na leitura d'*O único...*

Quem é então Stirner, do ponto de vista teórico? Ele é antes de mais nada um anarquista, defensor da autonomia da sociedade, composta de indivíduos que são todos singulares, "proprietários" de seu corpo, de suas necessidades e ideias, frente ao Estado moderno, no qual se concentra, segundo ele, toda a dominação e que tomou a si os atributos *sagrados* do poder elaborados pela teologia política da Idade Média. Mas Stirner é sobretudo um *nominalista* radical: queremos dizer com isso que, para ele, toda "generalidade", todo "conceito universal", é uma *ficção* forjada por instituições para "dominar" (organizando-a, classificando-a, simplificando-a ou simplesmente nomeando-a) a única realidade natural: a multiplicidade dos indivíduos, cada um dos quais é "único em seu gênero" (daí vem o jogo de palavras essencial de Stirner, que por sinal tem longa ascendência: o *próprio* de cada um é a *sua propriedade*).

Vimos há pouco que Marx está desenvolvendo uma noção da relação social que, pelo menos em princípio, não dá razão nem ao nominalismo nem ao essencialismo. Mas, para ele, a crítica de Stirner é perigosa, pois não se limita a visar os "gêneros" metafísicos tradicionais (todos eles mais ou menos teológicos: o Ser, a Substância, a Ideia, a Razão, o Bem...), mas engloba *todas* as noções universais, sem exceção, antecipando com isso certos raciocínios de Nietzsche e daquilo que hoje chamamos de pós-modernismo. Stirner não quer saber de crença alguma, de nenhuma Ideia, nenhuma "grande narrativa": nem a de Deus, nem a do Homem, nem a da Igreja, nem a do Estado, e tampouco a da Revolução. E, de fato, não existe uma diferença lógica entre *a cristandade, a humanidade, o povo, a sociedade, a nação* ou *o proletariado,* como tampouco entre *os direitos do homem* e *o comunismo.* Todas essas noções universais são abstrações, o que significa, do ponto de vista de Stirner, ficções. E essas ficções costumam tomar o lugar dos indivíduos e dos pensamentos dos indivíduos. Por isso, o livro de Stirner alimentaria permanentemente as críticas de esquerda e de direita segundo as quais os homens não ganham nada na troca do culto da humanidade abstrata pelo da revolução ou da prática revolucionária, igualmente abstrata, talvez até correndo o risco de uma dominação ainda mais perversa.

Marx e Engels certamente não puderam ignorar essa objeção, pois queriam ser críticos *ao mesmo tempo* do idealismo, do essencialismo dos filósofos *e* dos comunistas (mais precisamente dos comunistas *humanistas).* Vimos que essa dupla perspectiva estava no cerne da categoria que acabava de se revelar a Marx como a "solução" dos enigmas da filosofia: a prática revolucionária. Como foi, então, que ele reagiu a esse desafio? Transformando sua noção simbólica de "práxis" em um conceito histórico e sociológico de "produção" e levantando uma questão sem precedente na filosofia (embora a palavra não fosse absolutamente nova): a questão da ideologia.

A ideologia alemã

Esses dois movimentos, naturalmente, estão estreitamente ligados. Um pressupõe constantemente o outro, e é o que confere coerência intelectual a *Caspa ideologia alemã,* não obstante a redação incompleta e desequilibrada (o capítulo III, sobre Stirner, "Santo Max", corresponde sozinho a dois terços do texto, consistindo em boa parte num confronto verbal com a argumentação tipicamente "irônica" de *O único e sua propriedade*, com resultados altamente incertos, do ponto de vista estritamente retórico).[40] A obra se organiza inteiramente em torno do conceito de produção, tomado aqui em sentido geral, para designar toda atividade humana de formação e transformação da natureza. Não seria exagerado dizer que depois da "ontologia da práxis" anunciada nas *Teses sobre Feuerbach*, *A ideologia alemã* expõe uma "ontologia da produção", pois, como nos diz o próprio Marx, é a produção que forma *o ser do homem* (*Sein*, ao qual ele oporia sua consciência, ou *Bewusstsein*, palavra composta a partir do verbo "ser" e da palavra "consciente"). Mais exatamente, é a produção dos seus próprios meios de existência, atividade ao mesmo tempo pessoal e coletiva (transindividual), que o transforma, simultaneamente transformando de maneira irreversível a natureza e assim constituindo "a história".

Reciprocamente, contudo, Marx mostraria que a própria ideologia é produzida, antes de se constituir como estrutura autônoma de produção (cujos "frutos" são as ideias, a consciência coletiva: é o objeto da teoria do trabalho intelectual). A crítica da ideologia é o pré-requisito necessário

---

40 K. Marx e F. Engels, *L'Idéologie allemande. Critique de la philosophie allemande la plus récente dans la personne de ses représentants Feuerbach, B. Bauer et Stirner, et du socialisme allemand dans celle de ses différents prophètes*, trad. fr. com apresentação e notas de G. Badia, Éditions Sociales, Paris, 1976. A edição de Maximilien Rubel, com o subtítulo "Conception matérialiste du monde", em K. Marx, Œuvres, III, Philosophie, "Bibliothèque de la Pléiade", Paris, Gallimard, 1982, foi amputada dos trechos atribuíveis a Engels e dos considerados "alheios ao tema central" pelo editor (o que reduz o texto de 550 para 275 páginas!).

de um conhecimento do ser social como desenvolvimento da produção: desde suas formas imediatas, ligadas à subsistência dos indivíduos, até suas formas mais mediadas, que só desempenham papel indireto na reprodução da vida humana. Para ter acesso a esse fio condutor de toda a história, não basta contemplar os fatos, é preciso passar pela crítica da ideologia dominante, pois ela é ao mesmo tempo uma invenção do real e uma autonomização dos "produtos intelectuais", na qual os vestígios da origem real das ideias se perderam e a própria existência dessa origem é negada. Eis por que eu falava de pressuposição recíproca. Mas por isso mesmo a objeção de Stirner deve ser rejeitada, pois não se trata mais de *denunciar* a abstração dos "universais", das "generalidades", das "idealidades", mostrando que ela toma o lugar dos indivíduos reais; mas sim da possibilidade de *estudar* sua gênese, sua produção pelos indivíduos, em função das condições coletivas ou sociais nas quais eles pensam e se relacionam uns com os outros. E, com isso, em vez de girar indefinidamente no tudo ou nada (aceitar ou rejeitar todas as abstrações em bloco), dispomos de um critério que permite discernir as abstrações que representam um conhecimento real das que têm apenas uma função de conhecimento equivocado e mistificação. Melhor ainda: discernir as circunstâncias em que o uso de abstrações é ou não mistificador. O niilismo inerente à posição de Stirner é assim neutralizado em seu princípio, sem que por isso seja questionada a necessidade de uma crítica radical das ideias dominantes. Muito pelo contrário.

Reviravolta da história

A exposição de *A ideologia alemã* apresenta-se assim como uma gênese simultaneamente lógica e histórica das formas sociais, tendo como fio condutor o desenvolvimento da divisão do trabalho. Toda nova etapa da divisão do trabalho caracteriza um certo *modo* de produção e trocas. Por isso há uma periodização que, naturalmente, não pode deixar de nos lembrar vividamente a filosofia hegeliana da história. Mais do que uma simples narrativa das etapas da história universal, trata-se com efeito (como em Hegel) dos momentos típicos do processo pelo qual *a história se universalizou*, tornou-se uma história da humanidade. Entretanto, o conteúdo da exposição está nos antípodas do *espírito objetivo* hegeliano, pois essa universalização não consiste na formação de um Estado de direito que estende racionalmente seus poderes sobre toda a sociedade e, reciprocamente, "totaliza" suas atividades. Essa universalidade jurídico-estatal seria encarada por Marx, pelo contrário, como a *inversão ideológica* por excelência das relações sociais. Trata-se, antes, do fato de que a história se transformou na interação, na interdependência de *todos* os indivíduos e grupos pertencentes à humanidade.

A erudição de Marx, já grande nessa época, é mobilizada para demonstrar que a contrapartida da divisão do trabalho é a evolução das formas de propriedade (desde a propriedade comunitária, ou estatutária, até a propriedade privada formalmente acessível a todos). Cada modo de produção implica uma forma histórica da apropriação e da propriedade, que vem a ser simplesmente sua outra face. E, por conseguinte, a divisão do trabalho é o próprio princípio da constituição e da dissolução dos grupos sociais, cada vez maiores, cada vez menos "naturais", desde as comunidades primitivas até as classes, passando pelos diferentes estatutos, corporações, ordens ou estados (*Stände*)... Cada um desses grupos, "dominante" ou "dominado", deve ser entendido, em suma, como uma realidade de dupla face, contraditória: ao mesmo tempo como uma forma de universalização relativa e uma forma de limitação ou particularização das relações humanas. A série dessas relações não é outra coisa, portanto, senão o grande processo de negação da particularidade e do particularismo, mas por meio da experiência e da realização completa de suas formas.

O ponto de partida do desenvolvimento era a atividade produtiva dos homens às voltas com a natureza: é o que Marx chama de "pressuposto real" (*wirkliche Voraussetzung*), no qual insiste longamente, contra as ilusões de uma filosofia "sem pressupostos". Quanto ao ponto de chegada, é a sociedade "civil-burguesa" (*bürgerliche Gesellschaft*), baseada nas diferentes formas de comércio (*Verkehr*, que também poderíamos traduzir como "circulação" ou "relação") entre proprietários privados concorrentes entre si. Ou melhor: o ponto de chegada é a contradição que uma sociedade assim encerra, pois a individualidade colocada como um absoluto equivale na prática, para a *massa*, a uma precariedade ou "contingência" absoluta das condições de vida, assim como a propriedade (de si, dos objetos) equivale a uma expropriação generalizada.

Uma das grandes teses de *A ideologia alemã*, diretamente proveniente da tradição liberal, mas voltada contra ela, é que a sociedade "burguesa" se constitui irreversivelmente a partir do momento em que as diferenças de classe prevalecem sobre todas as outras e praticamente as apagam. O próprio Estado, por mais hipertrofiado que pareça, já não passa de uma função dessa sociedade. É nesse momento que a contradição entre particularidade e universalidade, cultura e embrutecimento, e abertura e exclusão se mostra mais aguda, tornando-se explosiva entre a riqueza e a pobreza, a circulação universal dos bens e a restrição do acesso a eles, a produtividade aparentemente ilimitada do trabalho e o confinamento do trabalhador em uma limitada especialidade... Cada indivíduo, por mais miserável, tornou-se virtualmente um representante do gênero humano, e a função de cada grupo se define em escala mundial. A história está, então, a ponto de sair da sua própria "pré-história".

Toda a argumentação de *A ideologia alemã* tende a mostrar, com efeito, que essa situação como tal é insustentável, mas que, pelo desenvolvimento de sua própria lógica, contém as premissas de uma reviravolta (*Umwälzung*), que equivaleria simplesmente à substituição da sociedade civil-burguesa pelo comunismo. A passagem ao comunismo é, portanto, *iminente* a partir do momento em que as formas e contradições da sociedade civil-burguesa estão completamente desenvolvidas. De fato, a sociedade na qual as trocas se tornaram universais também é uma sociedade em que "as forças produtivas estão desenvolvidas até o estágio da totalidade". De um extremo a outro da história, as "forças produtivas" sociais, expressas em todas as áreas, da técnica à ciência e à arte, nunca são apenas as forças produtivas dos múltiplos indivíduos. Mas agora são inoperantes enquanto forças de indivíduos *isolados*, elas só podem se formar e se exercer em uma rede virtualmente infinita de interações entre os homens. A "resolução" da contradição não pode consistir em um *retorno* a formas mais "limitadas" da atividade e da vida humanas, mas unicamente em um domínio coletivo da "totalidade das forças produtivas".

O proletariado, classe universal

Tudo isso ainda pode ser dito de outra maneira: *o proletariado constitui a classe universal da história*, ideia que Marx expressou de maneira mais articulada e completa aqui do que em qualquer outra parte. A iminência da transformação revolucionária e do comunismo repousa, de fato, sobre essa perfeita coincidência, em um mesmo presente, da universalização das trocas e — frente à classe burguesa, que elevou o interesse particular como tal à universalidade — de uma "classe" que, pelo contrário, não tem *nenhum* interesse particular a defender. Privado de todo *status* e de toda propriedade, logo, de toda "qualidade particular" (*Eigenschaft*), o proletário virtualmente possui todas elas. Praticamente não existindo mais por si só, ele existe virtualmente por todos os outros homens. Cabe lembrar que, em alemão, "sem propriedade" é *eigentumslos*. É impossível deixar de ouvir aqui, não obstante os comentários sarcásticos endereçados por Marx a Stirner, o mesmo jogo de palavras de que este havia usado e abusado — porém, voltado em sentido oposto, *contra* a "propriedade privada". "Só os proletários da época atual, totalmente excluídos de qualquer manifestação de si, estão em condições de alcançar uma manifestação de si total, e não mais limitada, que consiste na apropriação de uma totalidade de forças produtivas e no desenvolvimento de uma totalidade de faculdades que isso implica."[41] A universalidade negativa se converte em universalidade positiva, a expropriação em apropriação, a perda de individualidade em desenvolvimento "multilateral" dos indivíduos, cada um dos quais é uma multiplicidade única de relações humanas.

---

41   *L'Idéologie allemande, op. cit.*, pp. 71-72.

Essa reapropriação só pode ocorrer *para cada um*, portanto, se ocorrer simultaneamente *para todos*. "As trocas universais modernas só podem estar subordinadas aos indivíduos estando subordinadas a todos." Motivo pelo qual a revolução não é comunista apenas em seu resultado, mas também em sua forma. Alega-se que ela deve inevitavelmente significar uma diminuição de liberdade para os indivíduos? Pelo contrário, ela é a verdadeira libertação. Pois a sociedade civil-burguesa destrói a liberdade no exato momento em que a proclama como princípio. Ao passo que no comunismo, que é o seu contrário, a liberdade se torna efetiva, pois atende a uma necessidade intrínseca, cujas condições foram criadas por essa mesma sociedade. "No lugar da antiga sociedade civil-burguesa, com suas classes e seus antagonismos de classe", anunciaria o *Manifesto*, "surge uma associação em que o livre desenvolvimento de cada um é o livre desenvolvimento de todos."

A tese do proletariado como "classe universal" condensa, portanto, os argumentos que permitem a Marx apresentar a condição operária, ou a condição do trabalhador assalariado, como resultado de todo o processo de divisão do trabalho, a "decomposição" da sociedade civil.[42] Ela também permite a Marx ler no presente, como num livro aberto, a iminência da revolução comunista. O "partido" que leva esse nome e cujo *Manifesto* ele escreve então com Engels não será um partido "distinto", não terá "interesses que [o] separem do conjunto do proletariado", não vai estabelecer "princípios particulares": será simplesmente esse movimento real chegado à maturidade, tornado *manifesto* para si mesmo e para toda a sociedade.

---

42   "Uma classe cujos interesses são os mesmos em todas as nações e para a qual a nacionalidade já foi abolida, uma classe que realmente se livrou do mundo antigo e ao mesmo tempo se opõe a ele." (*L'Idéologie allemande, op. cit., p. 59*).

A unidade da prática

Da mesma forma, é esboçada uma teoria que — embora negue energicamente ser uma filosofia — representa de qualquer maneira um novo começo na filosofia. *Marx saiu da "saída"*. Mas não voltou simplesmente para casa... Podemos ajudar a entendê-lo evocando uma velha questão do pensamento dialético. Como disse anteriormente, se o conceito de práxis ou prática revolucionária declarava, com inigualável clareza, que a "transformação do mundo" dispensou toda filosofia essencialista, nem por isso era menos suscetível, paradoxalmente, de se apresentar como um outro nome da essência humana. Essa tensão se acentua com a *produção*, tal como analisada agora por Marx. Não só porque há toda uma história empírica da produção (que obrigaria o filósofo a se tornar economista, historiador, tecnólogo, etnólogo...), mas sobretudo porque Marx derrubou um dos mais antigos tabus da filosofia: a distinção radical entre práxis e *poíesis*.

Desde a filosofia grega (na qual ela era privilégio dos "cidadãos", ou seja, dos senhores), a práxis era a ação "livre", na qual o homem não realiza nem transforma nada senão a si mesmo, procurando alcançar a própria perfeição. Ao passo que a *poíesis* (do verbo *poiein*: fazer/fabricar), que os gregos consideravam fundamentalmente servil, era a ação "necessária", sujeita às limitações da relação com a natureza, com as condições materiais. A perfeição por ela buscada não é a perfeição do homem, mas das coisas, dos produtos de uso.

Eis, portanto, o cerne do materialismo de Marx em *A ideologia alemã* (que é efetivamente um materialismo *novo*): não uma simples inversão da hierarquia, um "obreirismo teórico", se assim posso me expressar (crítica que lhe seria feita por Hannah Arendt e outros) [43] — ou seja, o estabelecimento de um primado da *poíesis* sobre a práxis em razão de sua relação direta com a matéria —, mas a identificação das duas, a tese revolucionária segundo a qual a práxis passa constantemente para a *poíesis* e vice-versa. Não pode haver efetiva liberdade que também não seja uma transformação material, que não se inscreva historicamente na *exterioridade*, como tampouco pode haver trabalho que não seja uma transformação de si, como se os homens pudessem mudar suas condições de vida conservando ao mesmo tempo uma "essência" invariável.

Ora, uma tese assim não pode deixar de ter efeitos no terceiro termo do tríptico clássico: a *theoria* ou "teoria" (na qual toda a tradição filosófica continuava a identificar o sentido etimológico de contemplação). As *Teses sobre Feuerbach* haviam rejeitado toda contemplação e atribuído o critério da verdade à prática (tese II). Em contrapartida à equação "prática = produção" agora estabelecida, *A ideologia alemã* dá um decisivo passo ao lado: ela identifica a *theoria* a uma "produção de consciência" — mais precisamente, a *um dos termos* da contradição histórica a que a produção de consciência dá lugar. Esse termo era justamente a ideologia, *segunda* inovação de Marx em 1845, pela qual ele de certa forma propunha que a filosofia se olhasse no espelho da prática. Mas será que ela poderia se reconhecer nesse reflexo?

---

43   Hannah Arendt, *Condition de l'homme moderne (1958)*, traduzido do inglês por G. Fradier, prefácio de Paul Ricœur, Calmann-Lévy, Paris, *1961. Cf.* um comentário de André Tosel, "Matérialisme de la production, matérialisme de la pratique: un ou deux paradigmes?", em *L'Esprit de scission*. Études sur Marx, Gramsci, Lukács, Universidade de Besançon, Diffusion Les Belles Lettres, Paris, 1991.

3

IDEOLOGIA OU FETICHISMO: O PODER E A SUJEIÇÃO

Neste capítulo, temos de novo várias coisas a fazer. Por um lado, é preciso retomar a discussão das teses levantadas por Marx em *A ideologia alemã* para explicitar a ligação que se estabeleceu entre uma concepção da história baseada na *produção* e uma análise do efeito de *dominação* ideológica no elemento da consciência.

Mas, por outro lado — pois nada é simples —, precisamos entender os motivos de uma estranha vacilação do conceito de ideologia. Ao contrário do que imagina um leitor de hoje, para quem esse conceito se tornou corrente (ao mesmo tempo, por sinal, em que seus empregos se dispersaram em todos os sentidos...), e que provavelmente esperaria que, uma vez inventado, ele se desenvolvesse sem solução de continuidade, não é em absoluto o que ocorreu. Embora não cessasse de descrever e criticar "ideologias" particulares, Marx, depois de 1846 e de qualquer forma depois de 1852, nunca mais empregou esse termo (que seria exumado por Engels vinte e cinco anos mais tarde, nas obras que marcam sua própria entrada em cena na história do marxismo: *Anti-Dühring*, 1878, e *Ludwig Feuerbach e o fim da filosofia clássica alemã*, 1888). Mas isso não quer dizer que os problemas descobertos com o nome de "ideologia" tivessem pura e simplesmente desaparecido: eles seriam retomados com o nome de *fetichismo*, ilustrado por um famoso raciocínio de *O Capital*. Acontece que não se trata de uma pura variante terminológica, mas de uma alternativa teórica, envolvendo inegáveis implicações filosóficas. Precisaremos assim, ao mesmo tempo em que exploramos a problemática da ideologia, tentar entender que razões levaram Marx a substituí-la pelo menos parcialmente por outra.

Teoria e prática

A filosofia, manifestamente, não perdoa Marx pela *ideologia*. Não se cansa de mostrar que é um conceito mal construído, que não tem um significado unívoco e leva Marx a entrar em contradição consigo mesmo (o que não é difícil: basta cotejar sua condenação categórica das ilusões e especulações da consciência burguesa, pronunciada em nome da ciência da história, com a monstruosa camada de ideologia que se construiu sobre os nomes do proletariado, do comunismo e do marxismo!). Mas, apesar disso, ela volta incessantemente a ele: como se Marx, pelo simples fato de ter introduzido esse nome, a tivesse colocado diante do problema que ela agora precisa dominar para continuar sendo filosofia.[44] Voltarei adiante a esse ponto. Por enquanto, tentemos mostrar como se construiu a problemática da ideologia em Marx. Ora, a exposição de *A ideologia alemã*, como já indiquei, é não só bastante confusa como enganosa a esse respeito. Ela inverte a ordem em que o texto foi redigido, relegando a parte polêmica a uma segunda etapa e propondo para começar o desenvolvimento genético cujo fio condutor é a história da divisão do trabalho. Parece, então, que o conceito de ideologia provém efetivamente de uma derivação da "superestrutura" (a expressão é empregada pelo menos uma vez) a partir da "base" formada pela "vida real" — a produção. O essencial aí seria uma teoria da consciência social (*Bewusstsein*). O objetivo seria compreender de que maneira ela pode ao mesmo tempo permanecer dependente do ser (*Sein*) social e se autonomizar cada vez mais em relação a ele, até fazer surgir um "mundo" irreal, *fantástico*, vale dizer, dotado de aparente autonomia, que toma o lugar da história real. A partir disso, temos uma defasagem constitutiva entre a consciência e a realidade, que um novo desdobramento histórico, derrubando o anterior, viria afinal

---

44   Marx, como sabemos, não é o inventor da palavra *ideologia*, criada... *pelos ideólogos (Destutt de Tracy, cujos Elementos de ideologia foram publicados entre 1804 e 1815). Ele não é sequer o inventor da inversão do seu uso do positivo para o negativo, às vezes atribuída a Napoleão. Para um exame detalhado do problema, ver Patrick Quantin, Les Origines de l'idéologie, Economica, Paris, 1987. Para além das fontes imediatas, o termo tem toda uma genealogia filosófica que, passando por Locke e Bacon, nos leva a duas fontes antigas opostas entre elas: as "formas" (eide) platônicas e os "simulacros" (eídola) da filosofia epicurista.*

absorver, reintegrando a consciência à vida. Seria, portanto, basicamente, uma teoria do conhecimento equivocado ou da ilusão, o inverso de uma teoria do conhecimento.

Mas se podemos, com Marx, tentar assim descrever o "ser" da consciência ideológica (e não seria muito difícil encontrar muitos antecedentes filosóficos de uma descrição como essa — por isso a tentação de usá-los para enriquecê-la e superar suas dificuldades), não é dessa maneira que podemos compreender os objetivos que ele perseguia — e tampouco daremos conta das particularidades da sua dedução e das funções suplementares (epistemológicas, políticas) que ele incorpora nesse percurso.

É necessário, portanto, voltar um pouco antes da redação que nos é proposta. Vemos, então, que a problemática da ideologia surge no ponto de convergência de duas questões distintas, ambas insistentes nas obras dos anos anteriores. Por um lado, a *força das ideias*: força real, mas paradoxal, pois não lhes vem delas próprias, mas unicamente das forças e circunstâncias de que elas podem *se apoderar*.[45] Por outro, a *abstração*, isso é, como vimos, a filosofia (mas que deve ser entendida em sentido amplo, incluindo todo o discurso liberal, o "racionalismo" ou o "pensamento crítico" que a essa altura se desenvolve no novo espaço da opinião pública,

---

45 "Com toda evidência, a arma da crítica não pode tomar o lugar da crítica das armas: a força material deve ser derrubada por uma força material; mas a teoria também se transforma em força material, a partir do momento em que se apodera das massas." *Introdução à crítica da filosofia do direito de Hegel, publicada em 1843 nos Anais Franco-Alemães editados em Paris por Marx e Ruge (cf. K. Marx, Critique du droit politique hégélien, trad. e introd. de A. Baraquin, Éditions Sociales, Paris, 1975, p. 205).*

no qual contribuem para excluir as forças reais do povo e da democracia, ao mesmo tempo em que fingem representá-las). A combinação desses dois temas é precipitada por Stirner, em virtude de sua insistência na função de dominação desempenhada pelas ideias gerais. Stirner leva ao extremo a tese do idealismo: a tese da onipotência das ideias, que "conduzem o mundo". Contudo, ele inverte o julgamento de valor que ela implicava. Como representações do *sagrado*, as ideias não libertam, elas oprimem os indivíduos. Stirner leva ao auge a denegação das forças reais (políticas, sociais), mas obriga a analisar por si mesmo o nó das ideias e do poder. A essa questão Marx daria pela primeira vez na história da filosofia uma resposta em termos de *classes*: não em termos de "consciência de classe" (expressão que não aparece nunca), mas fazendo existirem as classes no duplo plano da divisão do trabalho e da consciência, logo, fazendo *também* da divisão da sociedade em classes uma condição ou uma estrutura do pensamento.

A ideologia dominante

É mesmo o tema da dominação, portanto, que deve estar no centro da discussão. Marx não desenvolve uma teoria da constituição das ideologias como discurso, como sistemas de representação particulares ou gerais, para *só então* levantar a questão da dominação: ela está sempre incluída na elaboração do conceito. Em compensação, apresenta como um obstáculo incontornável que "os pensamentos da classe dominante também são, em todas as épocas, os pensamentos dominantes; em outras palavras, a classe que é a força *material* dominante da sociedade também é a força dominante *espiritual*.

A classe que dispõe dos meios de produção material dispõe ao mesmo tempo dos meios de produção intelectual, de tal maneira que, no fim das contas, os pensamentos daqueles a quem são recusados os meios de produção intelectual são, assim, submetidos a essa classe dominante. Os pensamentos dominantes nada mais são que a expressão ideal das relações materiais dominantes, eles são essas relações materiais dominantes apreendidas em forma de ideias; logo, são a expressão das relações que fazem de uma classe a classe dominante; em outras palavras, são as ideias da sua dominação. Os indivíduos que constituem a classe dominante também possuem, entre outras coisas, uma consciência, e, por conseguinte pensam ...".[46] Veremos que o que "pensam" é essencialmente a forma do universal. Assim é que se combinam na mesma proposição um argumento fenomenológico ("a expressão ideal", "as ideias da sua dominação") e um argumento puramente sociológico (os "meios de produção" materiais e intelectuais estão nas mesmas mãos). E, precisamente, essa não é a solução de Marx para o problema da dominação, mas sim sua reformulação do próprio problema.

Seria instrutivo confrontar essa problemática (que joga sistematicamente com o duplo sentido da palavra "dominar": exercer um poder e "reinar", estender-se universalmente — mais sensível ainda no alemão: *herrschend*) com os empregos hoje correntes da palavra ideologia, sejam de inspiração marxista ou não. Veríamos que estes recaem tendencialmente de um lado ou outro de uma linha de separação clássica entre o *teórico* (problemática do erro e da ilusão, ou ainda do "impensado" de uma teoria científica) e o *prático* (problemática do consenso, do modo de

---

46 *L'Idéologie allemande, op. cit.*, p. 44.

pensamento ou do sistema de valores que "cimenta" a coesão de um grupo ou de um movimento social, ou que "legitima" o poder de fato), quando na verdade Marx buscara remontar aquém dessa distinção metafísica. Por isso a dificuldade que sempre se apresenta de falar de ideologia sem implicar um dogmatismo positivista (a ideologia é *o outro da ciência*) ou um relativismo historicista (todo pensamento é "ideológico" na medida em que expressa a identidade de um grupo).

Marx, por sua vez, antes se empenhava em provocar um efeito de divisão crítica no próprio emprego do conceito de "verdade", relacionando todo enunciado e toda categoria às condições e implicações histórico-políticas de sua elaboração. Mas também temos aí a prova da extrema dificuldade de efetivamente sustentar uma posição assim, sobretudo recorrendo a categorias como "ser", "vida real" e "abstração".

Autonomia e limitação da consciência

Podemos então nos voltar para a gênese ou constituição marxiana da consciência. E, de fato, se trata de um mecanismo de ilusão: Marx retoma para uso próprio um sistema de metáforas de distante ascendência platônica (a "inversão do real" na caverna ou na câmara ótica, a *camera obscura*).[47] Mas o faz de maneira a escapar, no campo político, de duas ideias insistentes: a de *ignorância* das massas, ou da fraqueza inscrita na natureza humana (que lhe tornaria inacessível a verdade), e a de *inculcação* (que traduziria uma manipulação

---

47 Ver o livro de Sarah Kofman, *Camera obscura. De l'idéologie*, Éditions Galilée, Paris, *1973*.

deliberada, logo, uma "onipotência" dos poderosos), ambas fartamente praticadas pela filosofia do Iluminismo a respeito das ideias religiosas e de sua função de legitimação dos regimes despóticos.

Marx encontrou (ou propôs) outro caminho ao estender ao máximo de suas possibilidades o esquema da divisão do trabalho, de maneira a fazê-lo explicar sucessivamente a *defasagem* entre "vida" e "consciência", a *contradição* entre os "interesses particulares" e os "interesses gerais" e, por fim, o *redobramento* dessa contradição no estabelecimento de um mecanismo autônomo, embora indireto, de poder (a divisão do trabalho manual e intelectual, na qual vou insistir logo adiante). Ao fim dessa construção, o mecanismo "ideológico", que pode ser lido ao mesmo tempo como um processo social e como um processo de pensamento, surgirá como uma transformação impressionante da impotência em dominação: a abstração da consciência, que traduz sua incapacidade de agir na realidade (a perda da sua "imanência"), torna-se fonte de um poder justamente porque é "autonomizada". É igualmente o que, no fim das contas, permitirá identificar a transformação revolucionária da divisão do trabalho com o *fim da ideologia*.

Para isso, contudo, é necessário combinar ideias de origens diferentes num equilíbrio teoricamente instável. Marx recorreu à ideia antiga de alienação, sob a forma que lhe dera Feuerbach (e com a qual, na verdade, ele nunca conseguiria "acertar as contas"), ou seja, a cisão da existência real, seguida de projeção e autonomização de um "reflexo fantástico", ora comparado às criaturas imaginárias da teologia, ora aos fantasmas da magia negra. Recorreu também à nova ideia da individualidade como relação, ou como função da relação social que não cessa de se transformar na história, cujo nascimento (ou renascimento) acabamos de acompanhar, entre as *Teses sobre Feuerbach* e *A ideologia alemã*. Se combinarmos as duas, obteremos essa definição formal do processo ideológico: ele é *a existência alienada da relação entre os indivíduos* (que, como vimos, Marx designa globalmente pela palavra "comércio", *Verkehr*, para capturar ao mesmo tempo a face "produtiva" e a face "comunicativa").[48] Em certo sentido, tudo está dito, mas é possível detalhar — ou seja, podemos "contar" como isso deve ter acontecido na história: e é o que faz Marx ao expor (pelo menos em seu princípio) a sucessão das formas de consciência, correspondendo aos estágios da propriedade e do Estado.

A universalidade fictícia

Assim, desde o início da história, há uma dualidade, ou uma tensão entre o pensamento e a divisão do trabalho (em linguagem filosófica, diríamos o polo da "interioridade" e o da "exterioridade"). Um é simplesmente o inverso do outro, sua reflexão pelos indivíduos. Por isso, *os limites da*

---

48   Se ousássemos plagiar Habermas, diríamos que, para o Marx de *A ideologia alemã, a consciência, evidentemente, é uma "ação comunicacional"*. É o que vemos na descrição que ele faz das relações entre a consciência e a linguagem: "A linguagem é a consciência real, prática, existindo também para outros homens, e assim existindo apenas para mim mesmo também, e assim como a consciência, a linguagem só aparece com a necessidade do comércio com outros homens [...]" (*op. cit., p. 28*). Mas essa ação a priori não está sujeita a nenhuma norma lógica ou moral. Em compensação, é indissociável de uma teleologia ou *finalidade interna, expressa na equivalência dos conceitos de "vida", "produção", "trabalho" e "história"*. Cf. Jürgen Habermas, *Théorie de l'agir communicationnel*, trad. fr. de Jean-Marc Ferry, 2 vol., Fayard, Paris, *1987*.

comunicação entre os indivíduos (o que poderíamos chamar de seu universo prático) *também são os limites de seu universo intelectual*. Antes de ser uma questão de interesses, é uma questão de situação, ou de horizonte para a existência. Cabe lembrar que Marx não enunciou aqui uma teoria da "consciência de classe", no sentido de um sistema de ideias que exprimisse, conscientemente ou não, os "objetivos" desta ou daquela classe. O que ele enunciou foi uma teoria do caráter de classe da consciência, ou seja, dos limites de seu horizonte intelectual, que refletem ou reproduzem os limites impostos à comunicação pelas divisões da sociedade em classes (ou em nações etc.). O cerne da explicação é o obstáculo à universalidade, inscrito nas condições da vida material, além das quais só é possível pensar pela imaginação. Já vemos que, quanto mais essas condições se ampliarem, mais o horizonte da atividade dos homens (ou de suas *trocas*) coincidirá com a totalidade do mundo e mais aumentará a contradição entre o imaginário e o real. A consciência ideológica é, antes de mais nada, o sonho de uma universalidade impossível. E vemos também que o próprio proletariado ocupará uma situação limite, não tanto em face da ideologia, mas sobre a sua margem, no ponto em que, não tendo mais um exterior, ela se transforma em consciência histórica real. Ante a universalidade efetiva, a universalidade fictícia ou abstrata só pode ser aniquilada.

Por que então deveríamos associar a ideologia às generalidades e as abstrações da consciência? Por que não a encarar, pelo contrário, como uma consciência irremediavelmente *particular*? Marx apresenta essencialmente duas razões para explicar de que maneira uma particularidade profissional, nacional ou social é idealizada na forma da universalidade (e, reciprocamente, por que todo universal "abstrato", todo ideal, é a sublimação de um interesse particular). Na verdade, essas duas razões convergem, mas a segunda é muito mais original que a primeira.

A primeira razão, decorrente de Rousseau, é que não existe divisão histórica do trabalho sem instituições, e particularmente sem um *Estado* (posteriormente se diria sem um *aparelho*). O Estado é um fabricante de abstrações em decorrência da própria ficção unitária (ou do *consenso*) que ele precisa impor à sociedade. A universalização da particularidade é a contrapartida da constituição do Estado, comunidade fictícia cujo poder de atração compensa a ausência real de comunidade nas relações entre os indivíduos. "Sendo o Estado a forma pela qual os indivíduos de uma classe dominante fazem valer seus interesses comuns e na qual se resume toda a sociedade civil de uma época, segue-se que todas as instituições comuns passam pela intermediação do Estado e recebem uma forma política. Daí surge a ilusão de que a lei repousa na vontade, e melhor ainda, em uma vontade *livre*, separada de sua base concreta..."[49]

Mas a grande ideia adicional, acrescentada por Marx à sua exposição, é a *divisão do trabalho manual e intelectual*. Ela é de certa forma importada para a descrição da comunicação alienada, transformando o que na verdade não passava de uma virtualidade de dominação em dominação efetiva. E, por conseguinte, ela altera a teoria da consciência, arrancando-a à esfera de qualquer tipo de psicologia (mesmo a psicologia social) e transformando-a em uma questão de antropologia política.

---

49 *L'Idéologie allemande, op. cit., p. 74.*

A diferença intelectual

Em vez de "divisão do trabalho manual e intelectual", eu preferiria dizer *diferença intelectual* em geral, pois se trata de um tempo da oposição entre vários tipos de trabalhos — Marx cita o comércio, a contabilidade, a direção e a execução — e da oposição entre trabalho e não trabalho, atividades "livres" ou gratuitas em geral, que se tornaram privilégio e especialidade de alguns (no comunismo, elas serão acessíveis a todos; e, de maneira mais geral, o comunismo é inconcebível sem a eliminação dessa divisão: este tema voltaria a ser central em 1875, na *Crítica do programa de Gotha*; é um dos raros elementos propriamente utópicos, acompanhado de considerações sobre a educação do futuro, a desempenhar um papel explícito em Marx).[50] Mais tarde, como veremos, a questão da educação e de sua dependência ao processo de trabalho capitalista se tornará, ou voltará a se tornar, crucial.

É a análise da diferença intelectual que nos faz superar a temática instrumental de uma ilusão ou mistificação a serviço do poder material de uma classe. Ela postula o princípio de uma dominação que se constitui no campo da consciência e a divide consigo mesma, produzindo efeitos também materiais. A diferença intelectual é ao mesmo tempo um esquema de explicação do mundo (do qual deriva a noção de um espírito, de uma razão) e um processo extensivo a toda a história da divisão do trabalho. Marx o afirma explicitamente: "A divisão do trabalho só se torna efetivamente divisão do trabalho a partir do

---

50   Étienne Balibar, "Division du travail manuel et intellectuel", em *Dictionnaire critique du marxisme, op. cit.;* aqui, a influência de Fourier em Marx (e Engels) é muito profunda: cf. Simone Debout, *L'Utopie de Charles Fourier*, Petite Bibliothèque Payot, Paris, *1978*, assim como a de Robert Owen.

momento em que se opera uma divisão do trabalho material e intelectual. A partir desse momento, a consciência *pode* realmente imaginar que é outra coisa que não a consciência da prática existente, que representa realmente alguma coisa sem representar alguma coisa real..."[51] Ela tem, portanto, tantas etapas históricas quanto a própria divisão do trabalho. Mas o que evidentemente interessa a Marx, sobretudo, é o traço de união entre os remotos primórdios da civilização e os fenômenos *atuais*, quando se instaura uma esfera pública burguesa: o papel das ideias e dos ideólogos na política e o papel que sua relativa autonomia desempenha na criação de uma dominação global, que não é a dominação deste ou daquele grupo de proprietários, mas verdadeiramente de uma classe inteira. "A ilusão que consiste em acreditar que a dominação de uma classe determinada é unicamente a dominação de certas ideias" (logo, também, a sublimação do interesse particular em interesse geral) resulta da atividade dos ideólogos (Marx fala dos "ideólogos ativos" da classe dominante). Mas, para isso, é necessário que esses *enganem a si mesmos*, "para começar em suas questões", isto é, em seu modo de pensamento, e eles só podem fazê-lo porque seu modo de vida, sua *particularidade* própria (ou "independência") gerada pela história, lhes propicia as necessárias condições. Os ideólogos estão *à margem* de sua própria classe, assim como as ideias que produzem (Razão, Liberdade, Humanidade) estão *além* das práticas sociais.

Diríamos, então, que a análise de Marx redunda num esboço de sociologia política dos intelectuais modernos (ou

---

51 *L'Idéologie allemande*, *op. cit.*, pp. 29-30.

de sociologia do conhecimento: *Wissenssoziologie*),[52] acompanhada de uma história de sua formação e de sua função? Essa leitura não estaria errada, mas talvez seja demasiadamente restritiva. Na realidade, Marx tem em vista uma diferença que atravessa toda a história e, como tal, afeta tanto os intelectuais profissionais como os não intelectuais. Nenhum indivíduo está *fora* dessa divisão (assim como ninguém está fora da diferença dos sexos). Ao sobredeterminar a diferença de classes sob suas formas sucessivas, ela também manifesta a dimensão de dominação que a acompanha desde a origem, e que se revela indissociável da instituição da cultura e do Estado. Essa diferença, então, é constantemente cultivada pelos próprios "ideólogos" — mas é antes a condição histórica de sua existência que sua obra pessoal. Para entender a importância dessa ideia, é indispensável uma incursão pela filosofia de Hegel.

Os intelectuais e o Estado

Marx descreveu o proletariado como uma "classe universal", uma *massa* situada virtualmente *além* da condição de *classe*, cuja particularidade já seria negada em suas condições de existência. Mas não poderia ter formulado essa ideia se, em sua *Filosofia do direito*, de 1821, Hegel por sua vez não tivesse desenvolvido uma teoria do "*Stand* universal".[53] Que deve-

---

52 Que, em geral, se considera ter sido fundada por Karl Mannheim: cf. seu livro *Idéologie et utopie (1929) (trad. fr. de Pauline Rollet, Librairie Marcel Rivière, 1956). Cf. também Jürgen Habermas, Connaissance et intérêt, Gallimard, Paris, 1976.*
53 A palavra *Stand* pode ser traduzida, segundo o contexto, como ordem, condição, estado. Para a descrição do papel dos intelectuais em Hegel,

mos entender por isto? É o grupo dos funcionários do Estado, na nova função que estão assumindo com a modernização desse, consecutiva à Revolução. Mas não devemos nos enganar, pois do ponto de vista de Hegel o papel dos funcionários em geral não é puramente administrativo: é essencialmente intelectual. E, correlativamente, é por sua incorporação ao Estado (vale dizer, ao "serviço público") que os "intelectuais" (*die Gelehrten*: os eruditos) podem encontrar seu verdadeiro destino. Pois é o Estado, no qual os diferentes interesses particulares da sociedade civil precisam ser compatibilizados e elevados ao nível superior do interesse geral, que lhes oferece a matéria e as condições de sua atividade reflexiva. O Estado, que para Hegel é "em si" universal, "libera" os intelectuais (da crença, das variadas formas de dependência pessoal) para que desempenhem, a seu serviço e em toda a sociedade, uma atividade de mediação, ou de representação, assim levando a universalidade ainda abstrata ao nível da "consciência de si".

Temos de reconhecer que essa teorização expressa, com força e uma notável capacidade de antecipação, o sentido da construção administrativa, escolar e universitária, e do desenvolvimento das estruturas de pesquisa científica e opinião pública, que aos poucos confeririam aos Estados contemporâneos sua capacidade de "regulação" social, equidistante do liberalismo puro e do autoritarismo. Se não a tivéssemos na memória, não compreenderíamos a força exatamente oposta da teorização da ideologia em Marx — nem o objetivo por ela visado ou os problemas que ela coloca.

---

remetemos aos Principes de la philosophie du droit, texto apresentado, traduzido e anotado por R. Derathé, Librairie Vrin, Paris, 1975, par. 287 a 320. Para uma análise dos desdobramentos posteriores dessa problemática, ver Catherine Colliot-Thelene, Le Désenchantement de l'État de Hegel à Max Weber, Éd. de Minuit, Paris, 1992.

GRAMSCI

A obra de Antonio Gramsci (1891-1937), o maior dirigente intelectual do movimento comunista europeu depois de Lenin, se resume em três blocos de textos de condição bem diferente: os *Escritos políticos* (artigos e relatórios do período 1914-1926, traduzidos em 3 volumes, Gallimard, Paris), os *Cadernos do cárcere*, escritos depois da detenção de Gramsci pelo poder fascista italiano e editados na Liberação (a tradução francesa baseada na edição crítica italiana saiu pela Éditions Gallimard sob a direção de Robert Paris), e, por fim, a *correspondência* (da qual fazem parte as *Cartas do cárcere*, Gallimard, Paris, 1971).

Ao contrário das alegações de Mussolini, que se vangloriava de ter conseguido "impedir esse cérebro de funcionar", a provação física e moral sofrida por Gramsci acabou por nos legar um monumento intelectual cujas sugestões ainda não se esgotaram (cf. os trabalhos de Christine Buci-Glucksmann, *Gramsci et l'État, Pour une théorie matérialiste de la philosophie*, Fayard, Paris, 1975, e André Tosel, *Marx en italiques. Aux origines de la philosophie italienne contemporaine*, Trans-Europ-Repress, Mauvezin, 1991). O pensamento de Gramsci não pode ser resumido em algumas linhas. Vamos, então, indicar quatro temas estreitamente interdependentes: 1) perfeitamente alheio à tradição do "materialismo dialético", Gramsci vê no marxismo uma "filosofia da práxis", que inicialmente interpreta, na época da Revolução Russa de 1917 e do movimento dos "conselhos operários" de Turim, como uma afirmação da vontade contra o fatalismo das organizações socialistas, e mais tarde como uma "ciência da política" de inspiração maquiavélica, destinada a construir os elementos da *hegemonia* dos produtores; 2) esse tema está ligado a um "alargamento" da "teoria marxista do Estado", que não elimina a determinação de classe, mas insiste na complementaridade entre a relação de forças e o "consenso" obtido por meio das instituições culturais; 3) compreendemos assim que Gramsci tenha dedicado toda uma parte de seu programa inacabado de investigações a uma história e uma análise da função dos diferentes tipos de *intelectuais*, na perspectiva de uma reforma do vínculo "orgânico" que os une às massas quando uma classe social nova está em ascensão; 4) essa reflexão crítica também comporta uma dimensão ética, não só pela busca de uma moral ou de um "senso comum" dos trabalhadores que os liberte da hegemonia burguesa, mas pela formulação e aplicação de um princípio regulador da ação política, fundamentalmente leigo, voltado contra toda ideologia messiânica ("otimismo da vontade, pessimismo da inteligência"). Sobre a atualidade do pensamento de Gramsci, podemos ler o ensaio de Giorgio Baratta, *Le rose e i quaderni. Saggio sul pensiero di Antonio Gramsci*, Gamberetti Editrice, Roma, 2000.

Mais que tudo, talvez, a análise da diferença intelectual, desde que conduzida ao mesmo tempo no registro do conhecimento e no da organização do poder, esclarece profundamente a natureza dos processos de dominação. Não surpreende que, de uma forma ou de outra, a maioria dos marxistas autenticamente filósofos (pensamos em figuras tão diferentes quanto Gramsci, Althusser, Alfred

Sohn-Rethel)[54] tenha sempre encarado a "solução" histórica dessa diferença como uma característica fundamental do comunismo. Pois Marx não se limitou a inverter as teses hegelianas e atribuir aos intelectuais uma função de sujeição e divisão (de "inculcação ideológica", como se dizia no movimento de 1968). Ele remontou até a descrição da diferença antropológica subjacente à sua atividade e à autonomização de sua função.

Essa diferença não é natural (embora se inscreva incontestavelmente em funções distintas do organismo), pois se forma e se transforma na história. Mas tampouco é instituída, no sentido de que resultaria de simples decisões políticas (embora seja ampliada, utilizada e reproduzida por instituições). Ela está integrada à cultura de sucessivas civilizações, entre as quais traça um fio de continuidade. Aqui, Marx situa essa diferença mais ou menos no mesmo nível de generalidade que a diferença dos sexos, ou a diferença entre vida urbana e vida no campo. Incorporada a toda a organização social do trabalho, ela divide todas as práticas e todos os indivíduos consigo mesmos (pois uma prática no sentido completo do termo, práxis e *poíesis*, não pode ser *nem* puramente corporal *nem* puramente intelectual, mas deve ser uma complementaridade, uma reciprocidade dos dois aspectos). Se assim não fosse, os "intelectuais" especializados (professores, articulistas, cientistas, técnicos, administradores, especialistas…) não poderiam fazer-se instrumentos de uma desigualdade permanente, de uma hierarquia institucional de "dominantes" e "dominados" (ou, como diria mais

---

54 É uma pena que o livro de Sohn-Rethel, *Geistige und körperliche Arbeit. Zur Theorie der gesellschaftlichen Synthesis*, Suhrkamp, Frankfurt a. M., *1970*, um dos raros a abordar essa questão na tradição marxista, não tenha sido traduzido para o francês.

tarde Gramsci, de "governantes" e "governados"). O que significa que não poderiam fazer dessa desigualdade, durante a mais longa parte da história, uma condição material do trabalho, das trocas, da comunicação e da associação.

As aporias da ideologia

Resta então perguntar por que Marx não prosseguiu diretamente nesse caminho. Já o sugeri anteriormente: aqui, razões *internas* associam-se estreitamente a razões de *conjuntura*, que evidenciavam elas próprias o que a construção de Marx ainda tinha de abstrato e até mesmo de especulativo, não obstante seu esforço para ir ao encontro da materialidade da história.

Na representação que Marx tem do proletariado, a ideia de uma *ideologia do proletariado* (ou de uma "ideologia proletária", que mais tarde teria o destino que sabemos) evidentemente carece de sentido. Na realidade, o conceito de proletariado não é tanto de uma "classe" particular, isolada do conjunto da sociedade, quanto de uma *não classe*, cuja formação antecede imediatamente a dissolução de todas as classes e inicia o processo revolucionário. Para se referir a ela, assim, Marx prefere a palavra *massa*, voltando-a contra o emprego desdenhoso que os intelectuais burgueses fazem dela nessa época. Assim como é fundamentalmente "expropriada" (*eigentumslos*), a massa proletária é fundamentalmente "desprovida de ilusões" sobre a realidade (*illusionslos*), fundamentalmente *exterior* ao mundo da ideologia, cujas abstrações e representações ideais da relação social, para ela, "não existem". O *Manifesto* voltaria a dizer a mesma coisa, ilustrando-a com frases que ficaram famosas, mas que hoje parecem risíveis: "Os operários não têm pátria", e da mesma forma estão desprendidos das crenças, esperanças ou hipocrisias da religião, da moral e do direito burguês... Pela mesma razão, não poderia haver "ideólogos" que se propusessem a instruí-los ou guiá-los, ou, como diria mais tarde Gramsci, "intelectuais orgânicos" (o próprio Marx certamente não se considerava como tal — não sem uma crescente dificuldade para refletir sobre a função de sua própria *teoria* na *prática* revolucionária. Também aqui, Engels daria o passo decisivo, generalizando o emprego da expressão "socialismo científico").

Os acontecimentos de 1848-1850 chamariam cruelmente a atenção para a distância entre essa representação e o real. Eles poderiam ter bastado, na verdade, para determinar o abandono não da ideia de um *papel universal* do proletariado (na escala da história mundial, e da transformação revolucionária de toda a sociedade), sem a qual não há marxismo, mas certamente de um proletariado como "classe universal". A esse respeito, o texto mais apaixonante é o já citado *O 18 Brumário de Luís Bonaparte*. Seria necessário mais espaço para examiná-lo detalhadamente. Nele, a busca de uma estratégia da classe operária frente à contrarrevolução vai de par com uma nova análise da distância histórica entre o que Marx chama de "classe em si" e a "classe para si", ou seja, entre o simples fato das condições de vida análogas e o movimento político organizado: não um simples atraso da consciência sobre a vida, mas o efeito de tendências econômicas contraditórias, tendo ele começado a entender que elas favorecem *ao mesmo tempo* a unidade e a concorrência entre os operários.[55] O fato

---

55 *O 18 Brumário* é o texto de Marx em que é esboçada uma descrição do imaginário histórico das massas. *Cf.* Paul-Laurent Assoun, *Marx et la répétition historique*, PUF, Paris, *1978*, e Pierre Macherey, "Figures de l'homme d'en bas", in *À quoi pense la littérature?*, PUF, Paris, *1990*.

é que a experiência imediata, tanto na França como na Alemanha e na Inglaterra, revelaria a força do nacionalismo, dos mitos históricos (republicanos ou imperiais) e até das formas religiosas sobre o proletariado, junto à força dos aparelhos políticos e militares da ordem estabelecida. Como conciliar a tese teórica de uma exterioridade radical entre as condições de produção da ideologia e a condição proletária, ante a constatação de sua interpenetração cotidiana? É realmente notável que Marx nunca tenha invocado aqui uma noção implicitamente moral como a de falsa consciência (mais tarde utilizada por Lukács e outros), assim como nunca falou de ideologia proletária ou de consciência de classe. Mas a dificuldade permaneceu em aberto para ele, tendo acarretado o recalque do próprio conceito de ideologia.

Outro fator interferiu no mesmo sentido: a dificuldade de Marx de definir como "ideologia" *a economia política burguesa*, em particular a dos clássicos: Quesnay, Smith e Ricardo. Pois esse discurso teórico, de forma "científica" e claramente destinado a fundar a política liberal dos proprietários do capital, não se encaixava diretamente nem na categoria da ideologia (caracterizada pela abstração e a inversão do real) nem na de uma história materialista da sociedade civil, pois repousava, pelo contrário, no postulado da eternidade das condições de produção burguesas (ou da invariância da relação capital/salário). Precisamente a necessidade de sair desse dilema, contudo, é que levaria Marx a mergulhar durante anos na "crítica da economia política", alimentada pela leitura intensiva de Ricardo, Hegel e Malthus, dos estatísticos e historiadores... E esta, por sua vez, desembocaria num novo conceito, o conceito de *fetichismo comercial*.

O "fetichismo da mercadoria"

A teoria do fetichismo é exposta antes de mais nada na *primeira seção* do livro I de *O Capital*.[56] Ela não constitui apenas um dos pontos altos do trabalho filosófico de Marx, completamente integrado à sua obra "crítica" e "científica", mas uma grande construção teórica da filosofia moderna. Sua dificuldade é bem conhecida, embora a ideia geral seja relativamente simples.

KARL MARX: "O CARÁTER DE FETICHE DA MERCADORIA E SEU SEGREDO" (*O CAPITAL*, LIVRO I, CAP. I, § 4)

"De onde vem, então, o caráter enigmático do produto do trabalho quando assume a forma mercantil? Evidentemente, dessa própria forma. A identidade dos trabalhos humanos assume a forma material da objetividade de valor idêntico dos produtos do trabalho. A medida do dispêndio de força de trabalho humano pela sua duração assume a forma de grandeza de valor dos produtos do trabalho. Por fim, as relações dos produtores nas quais são praticadas essas determinações sociais de seus trabalhos assumem a forma de uma relação social entre os produtos do trabalho.

---

56   O parágrafo sobre "O caráter de fetiche da mercadoria e seu segredo" forma a conclusão do capítulo I. Está integrado, na realidade, ao breve capítulo II, "Das trocas", no qual é exposta a correspondência entre categorias econômicas e categorias jurídicas. Os dois ocupam o lugar, essencial na lógica hegeliana, da *mediação entre o abstrato ("A mercadoria") e o concreto ("A moeda e a circulação das mercadorias")*.

O que há de misterioso na forma mercantil, portanto, consiste simplesmente no fato de ela devolver aos homens a imagem das características sociais de seu próprio trabalho como características subjetivas dos próprios produtos do trabalho, como qualidades sociais que essas coisas possuiriam por natureza: ela lhes devolve, assim, a imagem da relação social dos produtores com o trabalho global como uma relação social que existe fora deles, entre objetos. É esse mal-entendido que faz com que os produtos do trabalho se tornem mercadorias, coisas sensíveis e suprassensíveis, coisas sociais. Da mesma forma, a impressão luminosa de uma coisa no nervo ótico não ocorre como excitação do nervo ótico propriamente dito, mas como forma objetiva de uma coisa exterior ao olho. Simplesmente, na visão há efetivamente luz, que é projetada de uma coisa — o objeto exterior — em direção a outra — o olho. É uma relação física entre coisas físicas. Ao passo que a forma mercantil e a relação de valor dos produtos do trabalho na qual ela se expõe não têm absolutamente nada a ver com sua natureza física nem com as relações materiais que dela resultam. É apenas a relação social determinada dos próprios homens que assume aqui, para eles, a forma fantasmagórica de uma relação entre coisas. De tal modo que, para encontrar uma analogia, precisamos escapulir para zonas nebulosas do mundo religioso. Nesse mundo, os produtos do cérebro humano parecem figuras autônomas, dotadas de vida própria, mantendo relações umas com as outras e com os seres humanos. Dou a isso o nome de fetichismo, fetichismo que adere aos produtos do trabalho a partir do momento em que são produzidos como mercadoria, e que, portanto, é inseparável da produção mercantil."

Não vou me deter nas origens da expressão "fetichismo", em sua relação com as teorias da religião nos séculos XVIII e XIX, nem no lugar ocupado por Marx na história da questão do fetichismo *em geral*[57] em virtude de ter retomado esse termo. Por falta de espaço, tampouco discutirei a função que esse desdobramento desempenha na arquitetura global de *O Capital*, e particularmente na explicação da forma "invertida" na qual, segundo Marx, os fenômenos de estrutura do modo de produção capitalista (que remetem à maneira como o aumento de valor do capital se alimenta de "trabalho vivo") são percebidos na "superfície" das relações econômicas (no mundo da concorrência entre as diferentes formas de capitais, o lucro, a renda, os juros e suas respectivas taxas).[58] Mas tentarei explicar como se vincula ao texto de Marx a dupla posteridade que hoje lhe é atribuída: por um lado, a ideia de *reificação* do mundo burguês nas formas da "mercantilização" generalizada das atividades sociais; por outro, o programa de uma análise do *modo de sujeição*

---

[57] Tudo isto acaba de ser exposto com precisão e clareza no livro de Alfonso Iacono, *Le Fétichisme. Histoire d'un concept*, PUF, col. Philosophies, Paris, *1992*.

[58] Desse ponto de vista, é interessante ler o capítulo XLVIII do livro III de *O Capital (editado por Engels), "A fórmula trinitária"*, que traça uma linha de demarcação entre economistas *"clássicos" e "vulgares"* e conclui assim: *"É um mundo encantado e invertido, o mundo ao avesso no qual o Senhor Capital e a Senhora Terra, ao mesmo tempo características sociais e simples coisas, dançam sua ronda fantasmagórica. O grande mérito da economia política clássica é ter dissipado essas falsas aparências e essas ilusões: a autonomização e a esclerose dos diversos elementos sociais da riqueza, a personificação das coisas e a reificação das relações de produção, essa religião da vida cotidiana..."* (K. Marx, *Le Capital. Critique de l'économie politique*, livro III, *Le Procès d'ensemble de la production capitaliste*, tomo III, Éditions Sociales, Paris, 1960, pp. 207-208). Voltarei adiante à questão dos "méritos da economia clássica".

implicado no processo de troca, que encontra sua plena realização no marxismo estrutural.

O "fetichismo da mercadoria", diz-nos Marx, consiste no fato de que "uma relação social determinada dos próprios homens [...] assuma para eles a forma fantasmagórica de uma relação entre coisas". Ou ainda: "As relações sociais entre seus trabalhos privados são vistas pelos produtores [...] como relações impessoais entre pessoas e relações sociais entre coisas impessoais."[59] De que "coisas" e de que relações "pessoais" e "impessoais" estamos falando?

As mercadorias produzidas e trocadas — que são objetos materiais úteis e, como tais, correspondem a necessidades individuais ou coletivas — têm ainda outra qualidade, imaterial mas não menos objetiva: seu valor de troca (geralmente expresso na forma de um preço, ou seja, como uma certa soma de dinheiro). Essa qualidade que lhes é individualmente atribuída é, portanto, imediatamente quantificável: assim como um automóvel *pesa* 500 quilos, ele *vale* 100.000 francos. Naturalmente, no caso de determinada mercadoria, essa quantidade varia no tempo e no espaço em função da concorrência e de outras flutuações, em prazo mais ou menos longo. Contudo, em vez de dissiparem a aparência de uma relação intrínseca entre a mercadoria e *seu* valor, essas variações lhe conferem uma objetividade adicional: os indivíduos vão voluntariamente ao mercado, mas não é em virtude de suas decisões que, no mercado, os valores (ou preços) das mercadorias flutuam; ao contrário, a flutuação dos valores é que determina as condições em que os indivíduos têm acesso às mercadorias. É, portanto, nas "leis objetivas" da circulação de mercadorias, regulada pelos movimentos

---

59   Le Capital, livro I, op. cit., pp. 83-84.

de valor, que os homens devem buscar meios de satisfazer suas necessidades e regular entre si as relações de serviços mútuos, de trabalho ou de comunidade que passam por relações econômicas ou delas dependem. Essa objetividade elementar, que já se manifesta na relação simples com as mercadorias no mercado, seria para Marx o ponto de partida e o modelo da objetividade dos fenômenos econômicos em geral e de suas leis, que são objeto da economia política e são por ela comparados sem descanso, justamente — seja explicitamente, pelo uso de conceitos mecânicos ou dinâmicos; seja implicitamente, pelos métodos matemáticos de que se serve — com a objetividade das leis da natureza.

É evidente que há uma relação imediata entre esse fenômeno (no sentido de que é assim que as coisas "se apresentam") e a função da *moeda*. Logo, é como um preço — como uma relação de troca pelo menos virtual com uma quantidade de dinheiro — que se apresenta o valor de troca. Essa relação não depende fundamentalmente do fato de o dinheiro ser presentemente gasto ou recebido, ou simplesmente representado por um signo (moeda de crédito, papel-moeda de curso legal etc.): em última análise, e particularmente no mercado mundial (ou universal) que segundo Marx é o verdadeiro espaço de realização da relação mercantil, é necessário que a referência monetária exista e seja "verificável". A presença do dinheiro diante das mercadorias, como condição de sua circulação, acrescenta um elemento ao fetichismo e permite entender o emprego desse termo. Se as mercadorias (alimentos, roupas, máquinas, matérias-primas, objetos de luxo, bens culturais e até os corpos em prostituição; em suma, todo o mundo dos objetos humanos produzidos ou consumidos) parecem *ter* um valor de troca, o dinheiro por sua vez parece *ser* o próprio valor de troca, ao mesmo tempo possuindo intrinsecamente o poder de transmitir às mercadorias que "entram em relação com ele" essa virtude ou poder que o caracteriza. Por isso é procurado por si mesmo, acumulado, considerado como objeto de uma necessidade universal acompanhada de temor e respeito, de desejo e repulsa (*auri sacra fames*: "a maldita sede de ouro",[60] dizia o poeta latino Virgílio num verso famoso citado por Marx, e o Apocalipse identifica claramente o dinheiro à Besta, ou seja, ao diabo).

Essa relação do dinheiro com as mercadorias, que "materializa" seu valor no mercado, é naturalmente sustentada por atos individuais de compra e venda, mas é completamente indiferente à personalidade dos indivíduos que os efetuam, perfeitamente intercambiáveis sob esse aspecto. Podemos, então, representá-la como efeito de um poder "sobrenatural" do dinheiro que cria e anima o movimento das mercadorias, encarnando seu próprio valor imperecível no corpo perecível das mercadorias; ou então, pelo contrário, como efeito "natural" da relação das mercadorias entre si, que institui uma expressão de seus valores, das proporções nas quais são trocadas, por meio de instituições sociais.

Na verdade, as duas representações são simétricas e interdependentes: desenvolvem-se juntas e correspondem a dois momentos da experiência que os indivíduos, enquanto "produtores-trocadores", têm dos fenômenos de circulação e de mercado que constituem a forma geral de toda a

---

60 A palavra latina *sacer* tem o duplo significado religioso de benefício e malefício. *A melhor descrição da circulação mercantil e monetária gerando a aparência fetichista é de Suzanne de Brunhoff, "Le langage des marchandises", em Les Rapports d'argent,* PUG/*François Maspero, Paris, 1979. Ver também Alain Lipietz, Le Monde enchanté. De la valeur à l'envol inflationniste, La Découverte/François Maspero, Paris, 1983.*

vida econômica. É o que Marx tem em vista ao descrever a percepção do mundo das mercadorias como percepção de realidades "sensíveis e suprassensíveis", nas quais estranhamente convivem os aspectos naturais e sobrenaturais, e ao declarar a mercadoria um objeto "místico" cheio de "sutilezas teológicas" (sugerindo diretamente uma comparação da linguagem econômica com o discurso religioso). Ao contrário do que diria Max Weber mais tarde, o mundo moderno não está "desencantado", mas *encantado*, exatamente na medida em que é o mundo dos objetos de valor e dos valores objetivados.

Necessidade da aparência

Assim descrito o fenômeno, qual é então o objetivo de Marx? É duplo. Por um lado, num movimento semelhante a uma desmistificação, ou desmitificação, *dissolver* esse fenômeno, mostrar nele uma aparência que repousa em última análise num equívoco. Será necessário, então, identificar nos fenômenos que acabam de ser mencionados (valor de troca como propriedades dos objetos, autonomia do movimento das mercadorias e dos preços) uma causa *real* que foi mascarada ou cujo efeito foi invertido (como numa câmara escura). Essa análise se abre verdadeiramente para a crítica da economia política, pois no exato momento em que esta, movida por um projeto de explicação científica (Marx tem em mente aqui, naturalmente, os representantes da escola clássica: Smith e sobretudo Ricardo, que sempre toma o cuidado de distinguir dos "apologistas" do capital), propõe-se a resolver o enigma das flutuações do valor, reduzindo-o a uma "medida invariável" que é o tempo de trabalho necessário para a produção de cada mercadoria, na verdade aumenta ainda mais o mistério, considerando essa relação como um fenômeno natural (e, consequentemente, eterno). Isto decorre do fato de a ciência econômica, que busca a *objetividade* dos fenômenos segundo o ideário de investigação do Iluminismo, conceber a aparência como um erro ou uma ilusão, um defeito da representação que poderia ser eliminado pela observação (no caso, antes de mais nada, pela estatística) e pela dedução. Explicando-se os fenômenos econômicos por *leis*, deveria ser possível dissipar o poder de fascinação que exercem. Da mesma forma, Durkheim, meio século depois, falaria de "tratar os fatos sociais como coisas".

Acontece que o fetichismo não é — como seria, por exemplo, uma ilusão de ótica ou uma crença supersticiosa — um fenômeno subjetivo, uma percepção falseada da realidade. Ele constitui, isto sim, a maneira como a realidade (uma certa forma ou estrutura social) não pode deixar de aparecer. E esse "aparecer" ativo (ao mesmo tempo *Schein* e *Erscheinung*, vale dizer, uma aparência e um fenômeno) constitui uma mediação ou função necessária sem a qual, em dadas condições históricas, a vida da sociedade seria simplesmente impossível. Eliminar a aparência é abolir a relação social. Por isso, Marx considera particularmente importante refutar a utopia disseminada entre os socialistas ingleses e franceses do início do século XIX (e que muitas vezes veremos ressurgir em outros contextos) de uma eliminação do dinheiro para dar lugar a bônus de trabalho ou outras formas de redistribuição social, mas sem ser acompanhada de nenhuma transformação no princípio de troca entre unidades de produção privadas. A estrutura de produção e circulação que confere valor de troca aos produtos do trabalho forma um todo, e a existência da moeda, forma "desenvolvida" do equivalente geral das mercadorias, é uma função necessária dessa estrutura.

Ao primeiro movimento da crítica, consistindo em dissolver a *aparência de objetividade* do valor de troca, vem então somar-se outro, que na verdade o condiciona, mostrando a constituição da *aparência na objetividade*. O que se apresenta como uma relação quantitativa dada é, na realidade, expressão de uma relação social: unidades independentes umas das outras só podem determinar o grau de necessidade de seus trabalhos, a parte de trabalho social que deve ser dedicada a cada tipo de objeto útil, *a posteriori*, adaptando sua produção à "demanda". É a prática das trocas que determina as proporções, mas é o valor de troca das mercadorias que, aos olhos de cada produtor, representa de maneira invertida, como propriedade das "coisas", a relação que seu próprio trabalho tem com o dos outros produtores. Desse modo, é inevitável que, aos olhos dos indivíduos, seu trabalho apareça "socializado" *pela* "forma valor", em vez de se apresentar essa última como expressão de uma divisão social do trabalho. Por isso a formulação citada acima: "As relações sociais entre seus trabalhos privados são vistas pelos produtores [...] como relações impessoais entre pessoas e relações sociais entre coisas impessoais."

A contraprova disso é fornecida por uma experiência de pensamento feita por Marx. Trata-se de comparar a maneira como a repartição do trabalho socialmente necessário é efetuada em diferentes "modos de produção": uns passados (como as sociedades primitivas, baseadas na autossubsistência, ou a sociedade medieval, baseada na servidão), outros imaginários (como a "economia" doméstica de Robinson Crusoé em sua ilha) ou hipotéticos (como uma sociedade comunista do futuro na qual a repartição do trabalho fosse conscientemente planejada). Verifica-se então que, ou essas relações de produção são livres e igualitárias, ou são opressivas, baseadas em relações de força, mas em todos os casos "as relações sociais que as pessoas mantêm entre si em seus trabalhos aparecem no mínimo como suas próprias relações pessoais, não se disfarçando em relações sociais das coisas, dos produtos do trabalho". Em outras palavras: essas sociedades são antes de mais nada sociedades de homens, iguais ou desiguais, e não sociedades de mercadorias (ou de "mercados"), das quais os próprios homens seriam apenas intermediários.

Gênese da idealidade

Uma experiência de pensamento como esta não poderia, naturalmente, substituir uma demonstração. Ela simplesmente assinala sua necessidade. Essa demonstração é um dos dois resultados (ao lado da elucidação do processo de exploração do trabalho assalariado como fonte de aumento do capital) aos quais Marx desejava ligar sua reputação científica, mas sem nunca ter encontrado, ao que parece, uma exposição absolutamente definitiva para ela. E na verdade ela coincide com o conjunto da primeira sessão de *O Capital* (caps. I a III). Limito-me aqui a evocá-la em suas grandes linhas.

Em primeiro lugar, partindo do "duplo caráter" do trabalho (atividade técnica especializada, transformando a natureza para produzir certos objetos de uso, e dispêndio de força humana física e intelectual em geral: o que Marx chama de *trabalho concreto* e *trabalho abstrato*, que não passam evidentemente das duas faces de uma mesma realidade, uma individual, a outra transindividual ou coletiva), trata-se de mostrar como as mercadorias produzidas se tornam elas próprias objetos "duplos", dotados de *utilidade* (correspondendo a certas necessidades) e *valor* (cuja "substância" é constituída pelo trabalho socialmente necessário à sua produção). Em segundo lugar, trata-se de mostrar como a grandeza de valor de uma mercadoria pode ser *expressa* na quantidade de outra, o que é propriamente o "valor de troca". É o ponto que a Marx parecia mais difícil e importante, pois permitia deduzir a constituição de um "equivalente geral", ou seja, de uma mercadoria "universal", *extraída* da circulação, de tal maneira que *todas* as outras mercadorias expressassem nela seu próprio valor; e, reciprocamente, de maneira que ela mesma substituísse automaticamente todas as mercadorias, ou "comprasse" todas elas.

E, por fim, em terceiro lugar (infelizmente se esquece com frequência a necessidade desse terceiro ponto, o que significa que se acredita que, do ponto de vista de Marx, basta ter deduzido formalmente a necessidade de um equivalente geral para ter explicado a moeda), trata-se de mostrar como essa função é *materializada* em determinado gênero de objeto (os metais preciosos). Em seguida, a moeda é constantemente reproduzida, ou mantida em função por seus diferentes usos econômicos (unidade de conta, meio de pagamento, objeto de acumulação ou "reserva" etc.). A outra face dessa materialização é, então, um processo de *idealização* constante do material monetário, já que serve para expressar imediatamente uma forma universal ou uma "ideia".

Incontestavelmente, apesar de sua abordagem técnica e das dificuldades que apresenta, esse raciocínio de Marx é uma das grandes exposições filosóficas da formação das "idealidades", ou dos "universais", e da relação que essas entidades abstratas mantêm com as práticas humanas. É comparável, nisso, ao que haviam proposto Platão, ou Locke, ou Hegel (que escrevera que "a lógica é o dinheiro do espírito"...), ou ao que viriam a propor mais tarde Husserl e Frege. Do ponto de vista de Marx, contudo, duas coisas eram mais importantes.

Uma delas faz dele a culminância de toda a economia clássica, em sua constante oposição ao *monetarismo*: era o fato de demonstrar que "o enigma do fetiche dinheiro é apenas o do fetiche mercadoria" — em outras palavras, que a forma abstrata contida na relação das mercadorias com o trabalho *basta* para explicar a lógica dos fenômenos monetários (e, além disso, naturalmente, capitalistas, financeiros etc.). Podemos supor que é essa atitude fundamentalmente comum a Marx e aos economistas clássicos que, a seus olhos, garante o caráter "científico" das teorias desses pensadores. Reciprocamente, ela explica em grande medida o descrédito comum em que essas caíram desde que o conceito de *valor trabalho* passou a ser recusado pela economia oficial.

A outra fundamenta a *crítica* da economia política: é a ideia de que as condições que tornam necessária a objetificação "fetichista" da relação social são integralmente *históricas*. Elas surgem com o desenvolvimento de uma produção "para o mercado", cujos produtos só alcançam seu destino final (o consumo, em todas as suas formas) por meio da compra e da venda. É um processo milenar, que só lentamente vai ganhando um ramo da produção após o outro, um grupo social após o outro. Com o capitalismo, contudo (e, segundo Marx, o elemento decisivo aqui é a transformação da própria força de trabalho humana em mercadoria, dando lugar assim ao assalariamento), ele se universaliza rapidamente e irreversivelmente. Chega-se a um ponto sem retorno, o que não significa um ponto intransponível: o único avanço que continua possível consiste no planejamento da produção, ou seja, na retomada pela sociedade (ou pelos trabalhadores associados) do "controle social" do dispêndio de trabalho, cujas condições técnicas são preparadas, justamente, pela quantificação universal da economia. A *transparência* das relações sociais não será então uma condição espontânea, como nas sociedades primitivas (nas quais Marx explica que ela tem como contrapartida a representação mítica das forças da natureza — mais ou menos o que Auguste Comte *à sua maneira* chamava de "fetichismo"), mas uma construção coletiva. O fetichismo da mercadoria surgirá assim como uma longa transição entre a dominação da natureza sobre o homem e a dominação do homem sobre a natureza.

Marx e o idealismo (*bis*)

Do estrito ponto de vista da crítica da economia política, poderíamos parar por aqui. Mas estaríamos perdendo aquilo que, como já disse, confere importância filosófica ao texto de Marx, e que explica sua impressionante posteridade. Essa se divide em orientações diferentes, mas que repousam todas na constatação de que não há teoria da objetividade sem uma teoria da subjetividade. *Ao repensar a constituição da subjetividade social, Marx virtualmente revolucionou ao mesmo tempo o conceito de "sujeito".* Introduziu, assim, um elemento novo na discussão das relações entre "sujeição", "subjugação" e "subjetividade".

Devemos lembrar que, na tradição do idealismo alemão, desde Kant, o sujeito era pensado antes de tudo como uma consciência universal, a um tempo situada *acima* de todos os indivíduos particulares (vindo daí a possibilidade de identificá-lo à Razão da Humanidade) e presente *em cada um deles*: o que Foucault chamaria mais tarde de "duplo empírico-transcendental",[61] e que vimos Marx denunciar, nas *Teses sobre Feuerbach*, como simples variante do essencialismo. Essa consciência "constitui o mundo", ou seja, torna-o inteligível, por meio de suas próprias categorias ou formas de representação — o espaço, o tempo, a causalidade (*Crítica da razão pura*, 1781). *Aquém* dessa constituição subjetiva do mundo, Kant deixaria de lado o domínio das "ilusões necessárias" da metafísica, ou do pensamento puro, sem referência na experiência. Elas eram como que um preço inevitável a ser pago pela capacidade da razão de forjar abstrações. *Além*, escapando às limitações da natureza e da experiência, ele situava uma "razão pura prática", vale dizer, uma liberdade moral incondicionada, aspirando à constituição de um "reinado dos fins" baseado no respeito mútuo das pessoas (mas tanto mais implacavelmente submetida à lei interior do dever, o famoso "imperativo categórico"). E mesmo quando Hegel, recusando a separação entre o mundo natural e o mundo moral, mostrava na experiência histórica o verdadeiro lugar da experiência da consciência, esse esquema da constituição do mundo permanecia determinante. Ele permite entender por que, no fim das contas, o espírito ou a razão que se perdeu ou se alienou nas formas da natureza e da cultura limita-se em suas diversas experiências a *retornar a si mesmo*, à contemplação de sua própria estrutura, de sua própria "lógica".

---

61   Michel Foucault, *Les Mots et les choses. Une archéologie des sciences humaines*, Gallimard, Paris, 1966, cap. IX, "L'homme et ses doubles", p. 329 *sq.*

Ora, com a exposição de Marx, por meio de um desvio aparentemente contingente pela análise das formas sociais da circulação mercantil e da crítica de sua representação econômica, a questão da objetividade vinha a ser inteiramente repensada. Em certo sentido, o mecanismo do fetichismo de fato é uma constituição do mundo: o mundo social, estruturado pelas relações de troca, e que evidentemente representa o essencial da "natureza" na qual vivem, pensam e agem hoje os indivíduos humanos. Por isso, Marx escreveu que "as categorias da economia burguesa" são "formas de pensamento que têm uma validade social e, portanto, uma objetividade".[62] Mais que formular regras ou imperativos, elas exprimem uma percepção de fenômenos, da maneira como as coisas "estão aí", sem que seja possível mudá-las à vontade.

Mas nessa percepção combinam-se imediatamente o real e o imaginário (o que Marx chama de "suprassensível", a "fantasmagoria" das mercadorias autônomas, que dominam seus produtores), ou ainda o *dado* dos objetos de experiência e a *norma* de comportamento que reclamam. O cálculo econômico, ele próprio baseado na imensa camada de medidas, contas e avaliações efetuadas diariamente pelos indivíduos mergulhados no mundo das mercadorias, ilustra admiravelmente essa dualidade: ele repousa simultaneamente no fato de que os objetos econômicos são *sempre já quantificáveis* ("é assim mesmo", é da sua natureza) e no imperativo social de *submetê-los* (e, com eles, as atividades humanas que os produzem) a uma quantificação ou racionalização sem fim, ultrapassando qualquer limite estabelecido previamente, seja ele "natural" ou "moral".

---

62 *Le Capital*, livro I, op. cit., p. 87.

Gênese da subjetividade

Do ponto de vista do idealismo clássico, assim, poderia parecer que Marx simplesmente promoveu uma reunião (que poderia ser uma *confusão*) dos três pontos de vista correspondendo respectivamente à ciência (inteligibilidade dos fenômenos), à metafísica (ilusões necessárias do pensamento puro) e à moral ou "razão prática" (imperativo de conduta). Mas a comparação logo evidencia a originalidade dessa teoria da constituição do mundo em relação às que a antecedem na história da filosofia (e que, naturalmente, Marx conhecia intimamente): o fato de que ela não decorre da atividade de nenhum sujeito, pelo menos nenhum sujeito que seja pensável com base no modelo de uma consciência. Em compensação, ela constitui sujeitos, ou formas de subjetividade e de consciência, *no* próprio campo da objetividade. De sua posição "transcendente", ou "transcendental", a subjetividade passou para uma posição de efeito, de resultado do processo social.

O único "sujeito" de que Marx fala é um sujeito prático, múltiplo, anônimo e por definição não consciente de si mesmo. Na verdade, é um *não sujeito*: ou seja, "a sociedade", o conjunto de atividades de produção, troca e consumo cujo efeito combinado é perceptível a cada um fora dele, como propriedade "natural" das coisas. E é esse não sujeito ou esse complexo de atividades que produz *representações* sociais de objetos ao mesmo tempo em que produz *objetos* representáveis. A mercadoria, assim como o dinheiro, à espera do capital e suas diversas formas, é eminentemente uma representação e ao mesmo tempo um objeto, um objeto sempre já dado na forma de uma representação.

Entretanto, cabe repetir, se a constituição da objetividade no fetichismo não depende do dado prévio de um sujeito, de uma consciência ou de uma razão, em contrapartida constitui sujeitos que fazem parte da própria objetividade — ou seja, são dados na experiência ao lado das "coisas", das mercadorias e *em relação com elas*. Esses sujeitos, não constituintes mas constituídos, são simplesmente os "sujeitos econômicos", ou mais exatamente todos os indivíduos que, na sociedade burguesa, são antes de tudo sujeitos econômicos (vendedores e compradores, logo, proprietários, ainda que apenas de sua própria força de trabalho; vale dizer, *proprietários e vendedores de si mesmos* enquanto força de trabalho — uma espantosa "fantasmagoria", diga-se de passagem, que, no entanto, também se tornou absolutamente "natural"). A inversão operada por Marx é, portanto, completa: sua constituição do mundo não é obra de um sujeito, é uma gênese da subjetividade (*uma* forma de subjetividade histórica determinada) como parte (e contrapartida) do mundo social da objetividade.

A partir daí, dois prolongamentos eram possíveis, e ambos foram tendencialmente propostos.

A "reificação"

O primeiro é ilustrado pelo livro *História e consciência de classe*, escrito por Lukács entre 1919 e 1922, no qual é exposta a grande antítese entre "reificação" e "consciência do proletariado".[63] É ao mesmo tempo uma interpretação genial e

---

63 Georg Lukács, *Histoire et conscience de classe, Essais de dialectique marxiste (Geschichte und Klassenbewusstsein, 1923)*, nova edição, prefácio de Kostas Axelos, posfácio de Georg Lukács, Éditions de Minuit, Paris, *1974.*

uma extrapolação do texto de Marx, ressaltando seu lado romântico (sem dúvida em razão de outras influências sofridas por Lukács, particularmente de Georg Simmel — autor de *A Filosofia do dinheiro*, de 1900 —, Max Weber, e de sua própria orientação na juventude). No fetichismo, Lukács lê uma filosofia *total* (ao mesmo tempo uma concepção do conhecimento, da política e da história: e, por sinal, a categoria de totalidade é apresentada por Lukács como a categoria *típica* do modo de pensamento dialético, em oposição ao pensamento "analítico" do entendimento abstrato, cuja gênese, justamente, a teoria da reificação permite pensar).

Renegada pelo próprio autor depois do refluxo da experiência revolucionária da década de 1920 e de sua própria adesão ao marxismo ortodoxo da III Internacional, a teoria lukacsiana da reificação nem por isso deixou de influenciar consideravelmente a filosofia do século XX. Por um lado, estaria na origem de boa parte dos *marxismos críticos* do século XX (em particular, de muitos temas de predileção da escola de Frankfurt, incluindo de Horkheimer e Adorno a Habermas e dizendo respeito à crítica da "racionalidade moderna", ou "burguesa", mas também da técnica e da ciência como projetos de naturalização da história e do "mundo vivido"). Por outro lado, Lucien Goldmann sustentou de maneira convincente em um curso publicado após sua morte[64] que referências literais a *História e consciência de classe* aparecem nos últimos parágrafos do livro (inacabado) de Heidegger, *Ser e tempo* (1927), dedicados à historicidade;

---

64 Lucien Goldmann, *Lukács et Heidegger, fragmentos póstumos coligidos e apresentados por Y. Ishagpour*, Denoël/Gonthier, Paris, 1973. Uma boa discussão das relações entre a filosofia de Heidegger e o marxismo consta do trabalho de Jean-Marie Vincent, Critique du travail. Le Faire et l'Agir, PUF, Paris, 1987.

teríamos então de considerar que se trata, em certa medida, de uma resposta ao "historicismo revolucionário" que se expressa na teoria da reificação, mas talvez também seja o esboço de uma retomada ou recuperação, por Heidegger, de certos temas de Lukács — em particular, em sua teoria do anonimato social (o "se"), que, segundo ele, caracteriza a vida "inautêntica", e mais tarde na teoria da "racionalização" do mundo pela técnica utilitária.

LUKÁCS

A longa e dramática carreira de György Lukács (nascido em 1885, em Budapeste, na burguesia judaica, ele também adotou o nome de Georg [von] Lukács e escreveu toda a sua obra em alemão) se divide em quatro grandes períodos. Na juventude, ele estuda filosofia e sociologia na Alemanha com os neokantianos e Max Weber, e desenvolve uma estética inspirada pelo "romantismo anticapitalista" (*L'Âme et les formes*, 1910, Gallimard, Paris, 1966) e um constante interesse pela mística judaica (cf. Michael Löwy, *Rédemption et utopie. Le judaïsme libertaire en Europe centrale*, Paris, 1988). Torna-se marxista durante a Primeira Guerra Mundial, sofrendo em particular influência muito forte de Rosa Luxemburgo e do movimento "spartakista", o que o leva a participar da revolução húngara dos "conselhos", sendo nomeado "comissário para a Cultura Popular" (1919). Sua coletânea *História e consciência de classe*, publicada em 1923, é a mais impressionante tentativa de reatualizar a ideia hegeliana de uma síntese dialética entre a objetividade e a subjetividade, integralmente transposta para o elemento da "consciência de classe", que é o resultado da história. Condenado pelo marxismo oficial (assim como o trabalho exatamente contemporâneo — e sob muitos aspectos comparável — de Karl Korsch, *Marxisme et philosophie*, Éd. de Minuit, Paris, 1964), esse livro, apesar de renegado pelo autor, tornar-se-ia a fonte declarada ou oculta de boa parte do "marxismo crítico" ocidental. Depois de se estabelecer em Moscou no início da década de 30 e de retornar à Hungria socialista depois de 1945, Lukács desenvolve uma obra mais "ortodoxa", erudita e sistemática, englobando a teoria do "realismo crítico" (*Le Roman historique*, Payot, Paris, 1972), a história da filosofia (*Le Jeune Hegel, Sur les rapports de la dialectique et de l'économie*, Gallimard, Paris, 1981), a polêmica político-filosófica (*La Destruction de la raison*, L'Arche, Paris, 1962, estudo sobre o irracionalismo na filosofia alemã e seu papel na preparação intelectual do nacional-socialismo). Em 1956, ele adere à revolução nacional liderada por Nagy e é submetido a estrita vigilância policial. As duas grandes obras de seu último período são a *Estética* (1963) e sobretudo a *Ontologia do ser social* (publicada depois de sua morte em 1971), na qual a "consciência de si do gênero humano" é estudada como "resolução da relação entre teleologia e causalidade" com base na alienação e na desalienação do trabalho (cf. Nicolas Tertulian, artigo "Ontologie de l'être social", em *Dictionnaire critique du marxisme*, PUF, Paris, 2ª ed. 1985).

A teoria de Lukács repousa na ideia de que, no mundo dos valores mercantis, *os próprios sujeitos são avaliados* e, por conseguinte, *transformados em "coisas"*, o que se expressa na palavra *Verdinglichung* (reificação ou coisificação), que em Marx não desempenhava esse papel. Marx dissera que as relações entre mercadorias (equivalência, preço, troca) são dotadas de autonomia, e que desse modo não só acabam por tomar o lugar das relações pessoais como por representá-las. Já Lukács combina duas ideias diferentes. Em primeiro lugar, a ideia de que a objetividade mercantil — a ideia das categorias econômicas e das operações que elas originam — é *o modelo de toda objetividade*, e particularmente da objetividade "científica" no mundo burguês, o que permitiria entender por que as ciências quantitativas da natureza (a mecânica, a física) se desenvolvem na época moderna ao mesmo tempo em que se generalizam as relações mercantis. Elas projetam na natureza uma distinção entre o subjetivo e o objetivo que tem origem nas práticas de troca. Em seguida, a ideia de que a objetivação, ou a racionalização como cálculo e medida de valor, se estende a *todas as atividades* humanas, ou seja, de que a mercadoria se torna o modelo e a forma de todo objeto social.

Lukács descreve, assim, um paradoxo: a racionalidade mercantil estendida à ciência se baseia numa separação entre o lado objetivo e o lado subjetivo da experiência (o que permite *subtrair* o fator subjetivo — necessidades, desejos, consciência — ao mundo dos objetos naturais e de suas leis matemáticas); mas isso é apenas um prelúdio à incorporação de toda subjetividade à objetividade (ou a sua *redução à* condição de objeto, ilustrada pelas "ciências humanas", ou às técnicas de gestão do "fator humano", progressivamente estendidas a toda a sociedade). Na realidade, esse paradoxo expressa a extrema alienação a que chegou a humanidade no capitalismo, o que permite a Lukács reencontrar teses sobre a iminência da inversão revolucionária, próximas das que haviam sido sustentadas por Marx em *A ideologia alemã* (que ele não podia ter lido nessa época, pois o texto só foi publicado em 1932). Mas ele as formula em linguagem muito mais especulativa (hegeliana e schellingiana) e acrescenta um elemento de messianismo político: o proletariado cuja transformação em *objeto* é total está destinado por isso mesmo a se tornar *sujeito* da inversão, vale dizer, "sujeito da história" (formulação inventada por Lukács). Ao abolir sua própria alienação, ele conduz a história ao seu fim (ou a recomeça, enquanto história da liberdade), realizando *praticamente* a ideia filosófica da comunidade humana. Desse modo, a filosofia se realizaria em seu aniquilamento: o que na realidade coincide com um esquema muito antigo do pensamento místico (o fim dos tempos é a volta ao "nada" criador das origens).

A troca e a obrigação: o simbólico em Marx

A extrapolação de Lukács é em si mesma importante, e brilhante, mas tem o inconveniente de *isolar* completamente a descrição do fetichismo de seu contexto teórico em *O Capital*. Ora, isso sugere um tipo completamente diferente de interpretação, centrado nas questões do *direito* e do *dinheiro*, e assim desembocando no que hoje chamaríamos de análise das estruturas simbólicas (terminologia de que Marx não podia se servir, mas que permite explicitar o que está em jogo em suas descrições da dupla linguagem que o universo das mercadorias "fala": linguagem da equivalência e da medida, formalizada pelo signo monetário, e linguagem da obrigação e do contrato, formalizada pelo direito). É a segunda posteridade filosófica de que falei anteriormente.

Citarei aqui dois trabalhos bem diferentes pelas intenções e as condições de redação. O primeiro é o livro do jurista soviético Pachukanis (partidário do "perecimento do Estado", executado durante o terror stalinista), *A teoria geral do direito e o marxismo*, publicado em 1924, quase ao mesmo tempo, portanto, que o livro de Lukács.[65] Seu grande interesse vem do fato de Pachukanis partir novamente da análise marxiana da forma do valor, mas para conduzir uma análise exatamente simétrica da constituição do "sujeito de direito" na sociedade civil-burguesa (para Pachukanis, que de certa forma se inscreve aqui numa tradição do direito natural, contra o positivismo jurídico para o qual toda norma jurídica é apresentada pelo Estado, o fundamento do edifício jurídico é o direito privado, que podemos pôr em correspondência, justamente, com a circulação mercantil). Assim como as mercadorias individuais aparecem como portadoras de valor por natureza, assim também os indivíduos que participam das trocas aparecem como portadores por natureza de vontade e subjetividade. Assim como há um fetichismo econômico das *coisas*, há um fetichismo jurídico das *pessoas*, e na realidade são a mesma coisa, pois o contrato é a outra face da troca, e cada um é pressuposto pelo outro. O mundo vivido e percebido a partir da expressão do valor é na realidade (e Marx o indicara, sendo esta, inclusive, a questão em causa na sua releitura crítica da *Filosofia do direito* de Hegel, onipresente em *O Capital*) um mundo econômico-jurídico.

Análises mais recentes, em particular as de Jean-Joseph Goux,[66] nos permitem esclarecer esse ponto. A estrutura

---

65 Evguiéni Pachukanis, *La Théorie générale du droit et le marxisme*, apresentação de Jean-Marie Vincent, introdução por Karl Korsch, EDI, Paris, 1970.

66 Em Freud, *Marx, économie et symbolique*, Le Seuil, Paris, 1973.

comum ao fetichismo econômico e ao fetichismo jurídico (e moral) é a *equivalência generalizada*, que submete abstrata e igualmente os indivíduos à forma de uma circulação (circulação de valores, circulação de obrigações). Ela supõe um *código* ou uma *medida*, ao mesmo tempo materializada e idealizada, diante da qual a "particularidade", a necessidade individual deve se aniquilar. Simplesmente, num caso, a individualidade é exteriorizada, torna-se objeto ou valor, ao passo que no outro é interiorizada, torna-se sujeito ou vontade, o que permite precisamente que uma complete a outra. Seguindo esse caminho, não vamos dar numa teoria do sujeito da história, ou da passagem da economia (mundo dos indivíduos privados) à comunidade do futuro, como em Lukács e seus sucessores. Mas podemos encontrar em Marx as bases de uma análise dos *modos de sujeição* — sendo um deles o fetichismo econômico-jurídico — que se interessa pela relação das práticas com uma ordem simbólica constituída na história. Cabe notar que essa leitura de inspiração estruturalista (que também é, naturalmente, uma extrapolação) está na realidade muito mais próxima que a de Lukács da crítica da essência humana como qualidade genérica "alojada" nos indivíduos, formulada nas *Teses sobre Feuerbach*. Em compensação, ela obriga a confrontar Marx, passo a passo, com os resultados da antropologia cultural, da história do direito e da psicanálise.

A questão dos "direitos humanos"

Como se dá que interpretações tão diferentes sejam possíveis a partir do mesmo texto? A resposta envolve toda a ideia que se possa ter da "crítica da economia política" em Marx, e sobretudo exigiria que examinássemos de perto o duplo uso, profundamente anfibológico, como diriam os filósofos, que Marx faz aqui do termo *pessoa*: por um lado, *face às* "coisas" (mercadorias e moeda) constituídas pela circulação, as pessoas são os indivíduos reais, preexistentes, envolvidos com outros em uma atividade social de produção; por outro, *com* essas mesmas "coisas", são funções da relação de troca, ou ainda, como diz Marx, "máscaras" jurídicas que os indivíduos devem portar para poderem eles próprios "usar" as relações mercantis. O que seria uma discussão muito técnica e talvez fastidiosa. Mas podemos imediatamente indicar uma grande questão política nela envolvida: a questão da interpretação dos direitos humanos.

A posição de Marx a respeito visivelmente evoluiu. Em seus textos "de juventude" (sobretudo o *Manuscrito, de 1843*, e a *Questão judaica*, de 1844, que contém a famosa exegese das *Declarações dos direitos do homem e do cidadão* francesas) combinam-se, como bem mostrou Bertrand Binoche,[67] uma inspiração procedente de Hegel (crítica da abstração metafísica dos "direitos do homem", que supostamente existiriam por toda eternidade e valeriam para toda sociedade) e uma inspiração procedente de Babeuf e dos comunistas igualitários (crítica do caráter burguês do "homem" universal evocado pelas Declarações, cujos direitos remeteriam todos ao caráter inalienável da propriedade, excluindo o dever de solidariedade social). Os direitos humanos, separados dos direitos do cidadão, surgem então como expressão especulativa da cisão da essência humana entre a realidade das desigualdades e a ficção da comunidade.

---

67 Em seu livrinho *Critiques des droits de l'homme*, PUF, Paris, *1989*.

Essa análise evoluiria profundamente, em particular sob a influência da polêmica entre Marx e Proudhon e da crítica do liberalismo econômico. Nos *Grundrisse*, situa-se um desdobramento importante,[68] no qual Marx identifica a equação da igualdade e da liberdade, que está no próprio cerne da ideologia dos direitos humanos ou da "democracia burguesa", com uma representação idealizada da circulação de mercadorias e do dinheiro, que constitui sua "base real". A estrita reciprocidade entre igualdade e liberdade — ignorada pelas sociedades antigas e negada pelas sociedades medievais, ao passo que as modernas veem nela, pelo contrário, a restauração da natureza humana — pode ser deduzida das condições em que, no mercado, cada indivíduo se apresenta perante o outro como portador do universal, vale dizer, do poder de compra como tal — como homem "sem qualidade particular", qualquer que seja, por sinal, sua condição social (rei ou lavrador) e a grandeza de seus fundos próprios (banqueiro ou simples assalariado)...

Liberdade, igualdade, propriedade

Esse vínculo privilegiado entre a forma da circulação e o "sistema da liberdade e da igualdade" é, naturalmente, conservado em *O Capital*. São exatamente as "propriedades", *Eigenschaften*, atribuídas pelo direito aos indivíduos (a começar pela propriedade de ser proprietário, *Eigentümer*: novamente o jogo de palavras fundamental que constatamos em Stirner), necessárias para a circulação de mercadorias

---

68   Karl Marx, *Manuscrit de 1857-1858 "Grundrisse"*, Éditions Sociales, Paris, 1980, tomo I, pp. 179-190.

como cadeia infinita de trocas "entre equivalentes", e que são universalizadas pelo discurso da política burguesa como expressões da essência do homem. Podemos sugerir, então, que o reconhecimento geral desses direitos, em uma "sociedade civil" que aos poucos absorve o Estado — um "verdadeiro Éden dos direitos inatos do homem" onde "só reinam a Liberdade, a Igualdade, a Propriedade e Bentham"[69] (ou seja, o princípio de utilidade individual) — corresponde à extensão universal das trocas mercantis (o que os clássicos chamavam de "grande república comerciante").

Mas o que interessa a Marx agora são as contradições a que a universalidade dessa forma dá lugar. Na esfera da *produção*, na qual os trabalhadores assalariados entram por contrato, como livres vendedores de sua própria força de trabalho, ela expressa imediatamente uma relação de forças: não apenas pela série ilimitada de violências que recobre, mas enquanto meio de *decompor o coletivo* dos produtores, apesar de necessário tecnicamente para a grande indústria, em uma justaposição forçada de individualidades separadas umas das outras. Trata-se efetivamente, como poderíamos dizer, plagiando Rousseau, de "forçar os indivíduos a serem livres". Simultaneamente, Marx descreve o movimento do capital como o movimento de um grande "autômato" independente dos indivíduos, constantemente "sugando" trabalho excedente de maneira a valorizar a si mesmo, e do qual os capitalistas são apenas instrumentos "conscientes". A referência fundadora dos direitos humanos à vontade livre dos indivíduos é então anulada, exatamente como era anulada a utilidade social de cada trabalho particular. Assim como o valor "em si" era projetado no corpo

---

69   *Le Capital*, livro I, cap. IV, p. 198.

do dinheiro, assim também a atividade, a produtividade, a força física e intelectual são projetadas nesse novo Leviatã constituído pelo capital social, ao qual elas parecem pertencer de maneira quase "teológica", "por natureza", pois os indivíduos só podem dispor delas *por meio dele*.[70]

Entretanto, a ênfase nessas contradições não pode deixar de repercutir no significado dos "direitos humanos", pois em tais condições estes surgem *ao mesmo tempo* como a linguagem com que se mascara a exploração e aquela em que se expressa a luta de classes dos explorados: mais que de uma verdade ou de uma ilusão, trata-se, portanto, de algo que está *em jogo*. E com efeito, *O Capital*, em seu capítulo sobre "A jornada de trabalho", no qual são relatados os primeiros episódios da "guerra civil entre a classe capitalista e a classe operária",[71] ironiza sobre a inutilidade do "pomposo catálogo de direitos inalienáveis do homem", valorizando, em contraste, a "modesta Magna Carta de uma jornada de trabalho limitada pela lei", que permite aos operários "conquistar enquanto classe uma lei de Estado, um obstáculo social mais forte que tudo, que os impede de se vender a si próprios ao capital". Mas em suas perspectivas revolucionárias de superação do capitalismo, o livro não termina com a negação da liberdade e da igualdade individual (o que na época começavam a chamar de coletivismo), mas com a "negação da negação", ou seja, com, "de qualquer maneira, a propriedade individual baseada nas próprias conquistas da era capitalista" (a saber, a socialização dos meios de produção).[72]

---

70   *Ibid.*, cap. XIII, "La machinerie et la grande industrie", § 4, "La fabrique".
71   *Ibid.*, cap. VIII, § 7, ed. cit. pp. 333-338.
72   *Ibid.*, cap. XXIV, § 7, "Tendance historique de l'accumulation capitaliste".

Do ídolo ao fetiche

Poderíamos então fazer o balanço desse percurso que, acompanhando a oscilação do próprio Marx, nos levou da ideologia ao fetichismo e a suas diferentes possibilidades de interpretação? Qualquer comparação, naturalmente, deve levar em conta ao mesmo tempo elementos comuns às duas exposições e a distância que as separa. Por um lado, um texto provisório, jamais publicado (embora traços de suas formulações sejam encontrados em toda parte); por outro, uma exposição longamente trabalhada, instalada pelo autor em um ponto estratégico de sua "crítica da economia política". Entre os dois, uma completa reformulação do projeto "científico" de Marx, uma mudança de terreno, senão de objetivo, uma retificação de suas perspectivas de revolução social, passando da iminência à longa duração.

O que visivelmente há em comum entre a teoria da ideologia e a do fetichismo é o fato de tentarem relacionar a condição dos *indivíduos*, isolados uns dos outros pela extensão universal da divisão do trabalho e da concorrência com a constituição, e o conteúdo das *abstrações* (ou das *generalidades*, dos *universais*) "dominantes" na época burguesa. É também o fato de buscarem analisar a contradição interna que se desenvolve, com o capitalismo, entre a universalidade prática dos indivíduos (a multiplicidade de suas relações sociais e a possibilidade de desenvolverem suas atividades e suas "capacidades" singulares proporcionada pela técnica moderna) e a universalidade teórica dos conceitos de trabalho, valor, propriedade e pessoa (que tende a reduzir todos os indivíduos à condição de representantes intercambiáveis de uma única e mesma espécie ou "essência"). E é, por fim, a utilização de um grande esquema lógico, proveniente de

Hegel e Feuerbach, e constantemente retrabalhado por Marx, mas nunca abandonado como tal: o esquema da *alienação*.

Alienação quer dizer esquecimento da origem real das ideias ou generalidades, mas também inversão da relação "real" entre a individualidade e a comunidade. A *cisão* da comunidade real dos indivíduos é seguida de uma *projeção* ou transposição da relação social em uma "coisa" exterior, um terceiro termo. Simplesmente, em um caso, essa coisa é um "ídolo", uma representação abstrata que parece existir por si mesma no céu das ideias (a Liberdade, a Justiça, a Humanidade, o Direito), ao passo que, no outro, é um "fetiche", uma coisa material que parece pertencer à terra, à natureza, ao mesmo tempo exercendo sobre os indivíduos um poder irresistível (a mercadoria e, sobretudo, o dinheiro).

Mas essa diferença comporta importantes consequências, que se desdobram tanto em Marx quanto em seus sucessores (marxistas ou não). Vamos resumi-las esquematicamente dizendo que o que é esboçado em *A ideologia alemã* é uma teoria da constituição do *poder*, ao passo que o que é descrito em *O Capital* por meio de sua definição do fetichismo é um mecanismo de *sujeição*. Os dois problemas, naturalmente, não podem ser totalmente independentes, mas chamam nossa atenção para processos sociais distintos, encaminhando de maneiras diferentes a reflexão sobre a libertação.

Essa alternativa poderia ser exposta em toda uma série de registros.

É o caso, por exemplo, do que diz respeito à referência ao trabalho e à produção. Na esfera da ideologia, a ênfase recai na denegação ou no esquecimento das condições materiais de produção e dos limites que elas impõem. No terreno ideológico, toda produção é negada, ou é sublimada, tornando-se uma "criação" livre. Por isso, a reflexão sobre a divisão entre trabalho manual e intelectual, ou sobre a diferença intelectual, é central, aqui. Vimos que ela permitia a Marx explicar o mecanismo graças ao qual uma dominação ideológica de classe se reproduz e se legitima. Sob o aspecto da teoria do fetichismo, pelo contrário, a ênfase recai na maneira como toda produção é subordinada à reprodução do valor de troca. O que se torna central é a forma da circulação mercantil, e a correspondência, termo a termo, que se estabelece nela entre os conceitos econômicos e os conceitos jurídicos, a forma igualitária da troca e do contrato, a "liberdade" de vender e comprar e a "liberdade" pessoal dos indivíduos.

Poderíamos mostrar, ainda, que os fenômenos de alienação de que tratamos aqui se desenvolvem em sentido inverso: por um lado, estão relacionados à crença, ou têm a ver com o "idealismo" dos indivíduos (com os valores transcendentes em que acreditam: Deus, ou a Nação, ou o Povo, ou mesmo a Revolução); por outro, estão relacionados à percepção, têm a ver com o realismo ou o "utilitarismo" dos indivíduos (com as evidências da vida cotidiana: a utilidade, o preço das coisas, as regras de comportamento "normal"). Isso já não deixaria de ter consequências políticas, pois sabemos que a política (inclusive a política revolucionária) é ao mesmo tempo uma questão de ideais e uma questão de hábitos.

O Estado ou o mercado

Mas essa diferença nos conduz finalmente à grande oposição que resume todas as anteriores. A teoria da ideologia é fundamentalmente uma *teoria do Estado* (entenda-se: do mundo de dominação inerente ao Estado), ao passo que a do fetichismo é fundamentalmente uma *teoria do mercado* (entenda-se: do mundo de sujeição, ou de constituição do "mundo" de sujeitos e objetos de forma inerente à organização da sociedade como mercado e à sua dominação por forças mercantis). Essa diferença se explica provavelmente pelos momentos, e mesmo os lugares diferentes (Paris, Londres: a capital da política e a capital dos negócios) em que Marx elaborou uma e outra, e pela ideia diferente que tinha então das condições e dos objetivos da luta revolucionária. Da ideia de uma derrubada da dominação burguesa, que se tornou contraditória com o desenvolvimento da sociedade civil, passou-se à ideia de resolução de uma contradição inerente ao mundo de *socialização* produzido pelo capitalismo.

Ela também se explica — embora as duas coisas estejam evidentemente ligadas — pelas fontes principais de sua reflexão, que também são os objetos de sua crítica. A teoria do fetichismo foi elaborada em contraponto à crítica da economia política, porque Marx encontrou em Smith e sobretudo em Ricardo uma "anatomia" do valor inteiramente baseada na quantificação do trabalho e na noção "liberal" de uma regulação automática do mercado pelo jogo das trocas individuais. Em compensação, se ele teorizou a ideologia em função do problema do Estado, foi porque Hegel, como vimos, fornecera uma surpreendente definição do Estado de direito como hegemonia se exercendo sobre a sociedade.

Pode então ser esclarecido o fato deveras notável de que os teóricos contemporâneos que, sem exceção, devem algo essencial ao conceito marxiano de ideologia e particularmente à sua concepção das *condições de produção* da ideologia ou das ideias, encontrem inevitavelmente questões de origem hegeliana: os "intelectuais orgânicos" (Gramsci), os "aparelhos ideológicos de Estado" (Althusser), a "nobreza de Estado" e a "violência simbólica" (Pierre Bourdieu). Mas

Engels, ao redescobrir o conceito de ideologia em 1888 (em *Ludwig Feuerbach e o fim da filosofia clássica alemã*), já se propunha a mostrar o que faz do Estado "a primeira potência ideológica" e a desvendar a sucessão histórica das "concepções do mundo" ou das formas da ideologia dominante que conferem aos Estados de classe sua legitimidade (religiosa ou jurídica). Em compensação, é na posteridade da análise do fetichismo que devemos buscar tanto as fenomenologias da "vida cotidiana" comandada pela lógica da mercadoria, ou pela simbólica do valor (a escola de Frankfurt, Henri Lefebvre, Guy Debord, Agnès Heller) como as análises do imaginário social estruturado pela "linguagem" do dinheiro e da lei (Maurice Godelier, Jean-Joseph Goux ou Castoriadis, que substitui a estrutura pela instituição, ou mesmo Jean Baudrillard, que de certa forma inverte Marx ao estudar o "fetichismo do valor de uso" em vez do "fetichismo do valor de troca").

4

TEMPO E PROGRESSO: AINDA UMA FILOSOFIA DA HISTÓRIA?

As discussões precedentes podem dar a impressão de que a filosofia em Marx, no fundo, teria apenas um significado *prévio*. Uma vez proclamada uma saída imediata da filosofia, o que encontraríamos, de fato? A crítica da ideologia e a análise do fetichismo. Ora, uma é o pressuposto da volta às próprias coisas, a travessia da consciência abstrata que se edificou sobre o esquecimento de suas origens na divisão do trabalho. Ao passo que a outra é o avesso da crítica da economia política, suspendendo a aparência de objetividade das formas mercantis para remontar a sua constituição social e identificar a "substância" do valor: o "trabalho vivo".

Significaria isso que, do ponto de vista de Marx, a filosofia se esgota em uma crítica da razão (ou da desrazão) sociológica, econômica e política? Evidentemente, não é esse o seu projeto. A crítica da ideologia ou a crítica do fetichismo já fazem parte do conhecimento. São um momento no reconhecimento da *historicidade das relações sociais* (e, em consequência, se levarmos em conta a equação programática postulada na VI tese sobre Feuerbach, da historicidade da "essência humana"). Elas postulam que a divisão do trabalho, o desenvolvimento das forças produtivas e a luta de classes se manifestam como seu próprio contrário. A consciência teórica autonomizada na ideologia e a representação espontânea dos sujeitos e dos objetos induzida pela circulação de mercadorias têm a mesma forma geral, que consiste em construir a ficção de uma "natureza", negar o tempo histórico, negar sua própria dependência a condições transitórias ou pelo menos *extrair-se delas*, por exemplo, relegando-as ao passado.

Como é dito em *Miséria da filosofia* (1847): "Os economistas têm uma maneira singular de proceder. Para eles, existem apenas dois tipos de instituições: as da arte e as da natureza. As instituições do feudalismo são instituições artificiais, as da burguesia são instituições naturais. Nisso, eles se parecem com os teólogos, que também estabelecem dois tipos de religiões. Toda religião que não seja a sua é uma invenção dos homens, ao passo que a sua própria religião é uma emanação de Deus. Ao dizer que as relações atuais — as relações de produção burguesas — são naturais, os economistas dão a entender que se trata de relações nas quais se cria a riqueza e se desenvolvem as forças produtivas de acordo com a natureza. Logo, essas relações são elas próprias leis naturais independentes da existência do tempo. São leis eternas que devem reger sempre a sociedade. E assim houve história, mas não há mais."⁷³

O momento crítico no trabalho de Marx remete, portanto, a uma oposição entre a natureza, ou o ponto de vista "metafísico", e a história (Gramsci falaria de "historicismo absoluto"). E a filosofia de Marx, acabada ou não, atribui a si mesma a tarefa de pensar a materialidade do tempo. Mas essa questão, como também vimos, é indissociável de uma demonstração constantemente reiniciada: o capitalismo e a "sociedade civil-burguesa" trazem em si mesmos a necessidade do comunismo. Estão, como diria Leibniz, "grávidos do futuro". E esse futuro é *amanhã*. O tempo, ao que tudo indica, é apenas outro nome para o progresso, a menos que seja a condição de sua possibilidade formal. É essa questão que devemos examinar, para encerrar.

A negação da negação

Hoje ainda não esquecemos as famosas frases do prefácio da *Contribuição à crítica da economia política* (1859):⁷⁴

"[...] Na produção social de sua existência, os homens entram em relações determinadas, necessárias, independentes de sua vontade, relações de produção que correspondem a um grau determinado de desenvolvimento de suas forças

---

73 Karl Marx, *Misère de la philosophie. Réponse à la Philosophie de la misère de M. Proudhon*, II. "La métaphysique de l'économie politique", 1. "La méthode, septième et dernière observation", Éditions Sociales, Paris, 1961, p. 129.

74 K. Marx, *Contribution à la critique de l'économie politique*, trad. de M. Husson e G. Badia, Éditions Sociales, Paris, 1957, pp. 4-5.

produtivas materiais [...]. Em certo estágio de seu desenvolvimento, as forças produtivas materiais da sociedade entram em contradição [...] com as relações de propriedade no seio das quais se moviam até então. De formas de desenvolvimento das forças produtivas que eram, essas relações passam a entravá-las. Abre-se, então, uma época de revolução social. A mudança na base econômica subverte mais ou menos rapidamente toda a enorme superestrutura [...]. Uma formação social nunca desaparece antes que estejam desenvolvidas todas as forças produtivas que ela tem espaço para conter, relações de produção novas e superiores nunca vêm substituí-las antes que as condições de existência material dessas relações tenham eclodido no próprio seio da velha sociedade. Por isso, a humanidade só tenta equacionar problemas que seja capaz de resolver, pois, a um exame mais atento, se haverá de constatar sempre que o próprio problema só surge onde as condições materiais para resolvê-lo já existem ou pelo menos estão em vias de emergir. Em linhas gerais, os modos de produção asiático, antigo, feudal e burguês moderno podem ser qualificados como épocas progressivas da formação social econômica [...]."

Cabe reler em seguida certas formulações marcantes do *Capital* (1867):[75] "[...] o que está em embrião no sistema da fábrica é a educação do futuro, que associará, para todas as crianças acima de uma certa idade, o trabalho produtivo ao ensino e à ginástica, e isso não só como método para aumentar a produção social, mas também como o único método para produzir homens que tenham desenvolvidas todas as suas dimensões [...]. A indústria moderna não considera

---

75 No livro I, cap. XIII, "La machinerie et la grande industrie", *op. cit.*, p. 544 *sq*.

nem trata jamais a forma atual de um processo de produção como se fosse definitiva. Por isso, a sua base técnica é revolucionária, ao passo que a de todos os modos de produção passados era essencialmente conservadora [...]. Por outro lado, ela reproduz, em sua forma capitalista, a antiga divisão do trabalho e suas particularidades fossilizadas. Vimos que essa contradição absoluta [...] se desencadeava na imolação orgiástica ininterrupta da classe operária, na dilapidação desmedida das forças de trabalho e na devastação da anarquia social. Eis o lado negativo. Mas se doravante a mudança de trabalho não se impõe mais [...] com a eficácia cega e destruidora de uma lei da natureza que em toda parte se choca com obstáculos, em compensação a própria grande indústria faz [...] da substituição dessa monstruosidade [...], por uma disponibilidade absoluta do homem ante as exigências cambiantes do trabalho, uma questão de vida ou morte; como o faz da substituição do indivíduo parcial, simples suporte de uma função social de detalhe, por um indivíduo totalmente desenvolvido para o qual diversas funções sociais representam outros tantos modos de atividade que se sucedem uns aos outros [...]. [...] não resta a menor dúvida de que, graças à inelutável conquista do poder político pela classe operária, o ensino tecnológico, teórico e prático também conquistará seu lugar nas escolas operárias. Como tampouco não resta a menor dúvida de que a forma capitalista de produção e as relações econômicas dos operários, nela, estão em contradição diametral com esses fermentos de subversão e com o objetivo visado: a abolição da antiga divisão do trabalho. O desenvolvimento das contradições de uma forma de produção histórica, contudo, é o único caminho histórico que conduz à sua dissolução e à sua reconfiguração [...]."

Por fim, vamos citar as frases conclusivas do mesmo livro I, já evocadas acima:[76] "[...] Uma vez tendo esse processo de transformação decomposto de maneira suficientemente profunda e global o conjunto da velha sociedade, quando os trabalhadores são transformados em proletários e suas condições de trabalho em capital, quando o modo de produção capitalista está instalado em suas próprias bases, a socialização posterior do trabalho e a transformação posterior da terra e dos outros meios de produção em meios de produção explorados de maneira social, ou seja, coletivos, assumem uma forma nova [...]. O que é preciso expropriar agora não é mais o trabalhador independente trabalhando em economia própria por sua conta, mas o capitalista que explora um grande número de trabalhadores. Essa expropriação se efetua pelo jogo das leis imanentes da própria produção capitalista, pela centralização dos capitais [...]. À medida que diminui regularmente o número de magnatas do capital que usurpam e monopolizam todas as vantagens desse processo de mutação contínua, agrava-se o peso da miséria, da opressão, da servidão, da degenerescência, da exploração, mas também a raiva de uma classe operária em constante aumento, formada, unificada e organizada pelo próprio mecanismo do processo de produção capitalista. O monopólio do capital torna-se um entrave ao modo de produção que amadureceu ao mesmo tempo que ele e sob sua dominação. A centralização dos meios de produção e a socialização do trabalho atingem um ponto em que se tornam incompatíveis com seu invólucro capitalista. Esse invólucro então é explodido. Passou a hora da propriedade

---

[76] Cap. XXIV, "La prétendue 'accumulation initiale'"; § 7: "Tendance historique de l'accumulation capitaliste", *op. cit.*, pp. 855-857.

privada capitalista. Os expropriadores são expropriados [...].
A produção capitalista gera, por sua vez, com a inexorabilidade de um processo natural, sua própria negação. É a negação da negação [...]."

Ambiguidade da dialética

Como duvidar então que Marx tenha sido no século XIX, entre Saint-Simon e Jules Ferry, um típico representante da ideia (ou da ideologia) de *progresso*? "Poucas sugestões são tão fantasistas", escreve Robert Nisbet em sua *History of the Idea of Progress*,[77] "quanto a dos marxistas ocidentais que hoje pretendem extrair Marx da tradição evolucionista e progressista do século XIX." Simplesmente, para ele, o progresso não é a modernidade, não é o liberalismo, nem muito menos o capitalismo. Ou melhor, "dialeticamente", é o capitalismo na medida em que torna o socialismo inevitável, e reciprocamente, é o socialismo na medida em que resolve as contradições do capitalismo...

Esta é sem dúvida uma das causas do descrédito filosófico em que caiu hoje a "concepção materialista da história" à qual está ligado o nome de Marx. Pois vivemos atualmente a *decadência da ideia de progresso*, para retomar uma expressão de Georges Canguilhem.[78] A noção de dialética, em sua versão hegeliana (dialética do "espírito"), ou marxiana (dialética dos "modos de produção" e das "formações sociais"), ou pós-engelsiana (dialética da "natureza"), ocupa

---

77 Basic Books, Nova York, 1980.
78 G. Canguilhem, "La décadence de l'idée de progrès", *Revue de métaphysique et de morale*, n° 4, 1987.

a esse respeito uma posição fundamentalmente ambivalente. Por alguns, é vista como uma alternativa ao positivismo do progresso. Ao esquema de um movimento contínuo, uniformemente ascendente — "o progresso é o desenvolvimento da ordem", na expressão de Auguste Comte, que reconhecia sua dívida com a filosofia do Iluminismo e particularmente com Condorcet —, ela opõe a representação das crises, dos conflitos "inconciliáveis" e do "papel da violência na história". Por outro lado, contudo, ela pode ser designada como a realização plena da ideologia do progresso (da sua *força* irresistível), pois visaria reunir todo esse "negativo" em uma síntese superior, para dotá-lo de sentido e pô-lo "em última instância" a serviço daquilo que ele parecia contradizer.

O objetivo deste capítulo, contudo, é mostrar que as coisas são menos simples do que uma mera inversão dos julgamentos de valor poderia fazer supor. São menos simples para o próprio Marx (cujas opiniões, aqui, não importarão tanto quanto seus raciocínios e investigações). E o são também em razão da multiplicidade de questões englobadas pela noção demasiado rápida de um "paradigma" do progresso. Em vez de ler em Marx a *ilustração* (entre outras) de uma ideia geral, o que é interessante é utilizá-lo como um *revelador*, um analisador dos problemas inerentes a uma dada ideia.

As ideologias marxistas do progresso

Mas devemos primeiro tomar a plena medida do lugar ocupado pelo marxismo, como teoria e como movimento ou "crença" de massa, na história social da ideia de progresso. Se, até bem tarde em nossa época, não houve apenas doutrinas mais ou menos influentes (e quem afirma que elas não existem mais?), mas algo como um "mito" coletivo do progresso, devemos isso essencialmente ao marxismo. Foi ele, por excelência, que perpetuou a ideia de que "os que estão embaixo" desempenham um papel *ativo* na história, impulsionando-se a si mesmos e a própria história "para cima". Na medida em que a ideia de progresso inclui, mais que uma esperança, uma certeza antecipada, essa representação lhe é absolutamente indispensável, e nada entenderíamos da história do século XX se fizéssemos abstração dela. Pelo menos desde a experiência da Primeira Guerra Mundial, como escreveu Valéry, as civilizações "sabem que são mortais", e a espontaneidade do progresso tornou-se propriamente inverossímil... Só a ideia de que ele se cumpre de modo revolucionário, ou de modo reformista, por iniciativa das massas aspirando a sua própria libertação, é que pode, portanto, dar crédito a essa representação. Foi para isso que serviu o marxismo, e não deve surpreender que, ao mesmo tempo, ele não tenha cessado de reforçar em seu próprio seio essa preeminência da representação do progresso.

É justo falar aqui de marxismo, e não apenas de socialismo. A tese do progresso social (de sua inevitabilidade, de sua positividade) de fato é um componente de toda a tradição socialista, tanto em sua corrente "utópica" como na corrente "científica". Saint-Simon, Proudhon, Henry George (*Progresso e pobreza* é publicado em 1879). Mas foi o marxismo que, de fato, propôs uma versão dialética dessa tese (de certa maneira *redobrando* o conteúdo da ideia) e assegurou sua circulação entre os grandes movimentos sociais e políticos dos diferentes "mundos" europeus e extraeuropeus.

Cada um à sua maneira, com alguns anos de intervalo, Gramsci e Walter Benjamin criticaram-no impiedosamente no interior do movimento, e justamente por esse motivo. Nos *Cadernos do cárcere*, Gramsci descrevia o "economicismo" da II e da III Internacional como um fatalismo pelo qual os trabalhadores e suas organizações forjam uma visão do mundo "subalterna" que faz da emancipação a consequência inevitável do desenvolvimento das técnicas. E Benjamin, em seu último texto, as teses de 1940 *Sobre o conceito de história*,[79] fala de um "historicismo" marxista que seria a tentativa (vã, por definição) de retomar, no caso dos oprimidos, a visão contínua e cumulativa característica dos dominantes ou "vencedores", certos de "nadar a favor da corrente". Essa descrição (que não deixa de evocar formulações nietzscheanas) soa incontestavelmente justa.

BENJAMIN

Nascido em Berlim em 1892 e morto em Port-Bou em 1940 (tendo se suicidado por medo de ser entregue à Gestapo pela polícia franquista), Walter Benjamin muitas vezes é erroneamente considerado um representante da escola de Frankfurt (Adorno, Horkheimer e o primeiro Marcuse, e mais tarde Habermas), da qual foi apenas um "companheiro de caminhada" desconfiado e mal compreendido. Na juventude, ele sofre forte influência de Georges Sorel, autor em 1908 de *Reflexões sobre a violência* (cf. a coletânea *Mythe et Violence*,

---

[79] Walter Benjamin, "Sur le concept d'histoire", em *Œuvres III*, "Folio", Gallimard, Paris, 2000. Ver o comentário de Michael Löwy: *Walter Benjamin. Avertissement d'incendie*, PUF, Paris, 2001.

Denoël/ Lettres nouvelles, Paris, 1971), e de Kafka, sendo amigo íntimo do teórico e historiador da mística judaica Gershom Scholem. Mais tarde, seria convertido ao comunismo por sua companheira, Asja Lacis, uma revolucionária lituana, mantendo forte ligação durante alguns anos com Bertolt Brecht, com quem compartilha projetos de literatura militante. Sua tese de doutorado sobre *O conceito de crítica estética no romantismo alemão* (1919, Flammarion, Paris, 1986) e seu trabalho posterior sobre *As origens do drama barroco alemão* (*ibid.*) não lhe permitem obter a habilitação universitária e o condenam à insegurança, agravada pela chegada do nazismo ao poder. O essencial de seu trabalho, constituído de fragmentos e ensaios (vários deles sobre o grande inspirador de sua obra da maturidade, *Baudelaire*), destinava-se a formar uma obra histórica, filosófica e estética sobre as "passagens parisienses" na arquitetura do Segundo Império, na qual é analisada a combinação de fantástico e racionalidade que faz a "cotidianidade" moderna (Walter Benjamin, *Paris capitale du XIXe siècle, Le livre des passages*, trad. de J. Lacoste, Éditions du Cerf, Paris, 1989; e cf. Christine Buci-Glucksmann, *La Raison baroque de Baudelaire à Benjamin*, Galilée, Paris, 1984; Susan Buck-Morss, *The Dialectics of Seeing: Walter Benjamin and the Arcades Project*, The MIT Press, Cambridge USA, 1989). Depois da distância que tomou em relação à URSS e no contexto trágico do nazismo, sua crítica das ideologias do progresso se orienta — particularmente nas *Teses sobre o conceito de história*, de 1940 — para uma reflexão a um tempo política e religiosa sobre o "tempo presente" (*Jetztzeit*), momento de ruptura na história, no qual se defrontam a destruição e a redenção.

Cabe aqui lembrar o que foram as três grandes realizações do "progressismo" marxista:

- em primeiro lugar, a ideologia da social-democracia alemã, e, de maneira mais geral, da II Internacional. Suas divergências internas (epistemológicas: por estar dividida desde o início entre uma concepção naturalista, na qual a lição de Marx é combinada à de Darwin, e uma concepção ética, em que Marx é antes relido com os óculos de Kant; políticas: com a oposição entre revisionismo — Bernstein, Jaurès — e ortodoxia — Kautsky, Plekhanov, Labriola) simplesmente ressaltam o consenso quanto ao essencial: a certeza do sentido da história.
- Depois, a ideologia do comunismo soviético e do "socialismo real". Designada por Althusser[80] como uma "revanche póstuma da II Internacional", ela também apresenta seus próprios debates: voluntarismo econômico stalinista; marxismo pós-stalinista aos poucos se voltando para a gestão do *status quo* e dividido entre os dois círculos de interesses às vezes antagônicos do "campo socialista" e do "movimento comunista internacional". O mais interessante aqui seria analisar a extrema tensão que a caracterizou (e que certamente explica boa parte da sua influência), tensão essa entre um projeto de resistência à modernização capitalista (e até de *retorno* aos modos de vida comunitários que ele destrói) e um projeto de *ultramodernidade,* ou de superação dessa modernidade, por um "salto à frente" para o futuro da humanidade (não apenas "os sovietes

---

80   Em sua *Réponse à John Lewis, François Maspero, Paris, 1973.*

e a eletrificação", segundo a palavra de ordem de Lenin em 1920, mas a exploração do cosmo).
- Por fim, a ideologia do *desenvolvimento socialista*, ao mesmo tempo elaborada no Terceiro Mundo e projetada sobre ele do exterior, depois da descolonização. O importante aqui é que existe uma variante marxista e uma variante não marxista da ideia de desenvolvimento. Mas suas fronteiras não são fixas: trata-se, antes, de uma permanente emulação intelectual e política. Foi ao se tornar no século XX um projeto de desenvolvimento para a "periferia" da economia mundial capitalista (de China a Cuba, passando por Argélia ou Moçambique) — e apresentando mais uma vez suas variantes reformistas e revolucionárias, suas esperanças e suas catástrofes — que o marxismo melhor revelou a profundidade do vínculo que o liga à ideia central comum do economicismo progressista elaborado pelo pensamento do Iluminismo, de Turgot e Adam Smith a Saint-Simon. Mas não é menos incontestável que, sem o desafio — em parte real, em parte imaginário — representado pela "solução marxista", as teorias do planejamento e do Estado aplicadas ao Terceiro Mundo não seriam apresentadas como teorias alternativas do desenvolvimento *social* — como podemos constatar desde que passaram a prevalecer de maneira absoluta o liberalismo monetarista e sua contrapartida, a "ingerência humanitária".

Era importante relembrar essa história, ainda que de maneira alusiva, porque ela nos leva a relativizar a própria crítica do progresso, ou pelo menos a não aceitar sem desconfiança todas as suas evidências. O fato de a mais recente das grandes realizações do progressismo marxista ter sido uma ideologia ao mesmo tempo estatal, nacionalista e populista para sair do subdesenvolvimento deveria nos dissuadir de proclamar levianamente o "fim das ilusões de progresso" *a partir da Europa*, e de maneira geral do "centro" (ou do "Norte"), como se nos coubesse mais uma vez determinar onde, quando e por quem devem ser buscadas a racionalidade, a produtividade e a prosperidade. As funções desempenhadas na história do movimento operário pela imagem da marcha para a frente da humanidade e a esperança de ver um dia coincidirem a realização individual e a salvação coletiva também esperam, ainda, uma análise detalhada.[81]

A integralidade da história

A crítica do progresso, em vias de ser banalizada pelas filosofias "pós-modernas",[82] apresenta ainda outras armadilhas. Ela se anuncia quase sempre em uma linguagem que é, ela própria, historicista: como crítica de uma representação dominante, substituição de um "paradigma" por outro. Ora, essas noções indiferenciadas são mais que duvidosas. Haveria realmente *uma noção, um paradigma* do progresso, que teria reinado desde a filosofia do Iluminismo até o socialismo e o marxismo? De modo algum. Nenhuma discussão

---

81 Sobre a maneira como o marxismo transcreveu a ideia revolucionária de socialização para uma linguagem evolucionista, cf. Jean Robelin, *Marxisme et socialisation*, Méridiens/Klincksieck, Paris, 1989. Sobre as imagens socialistas do futuro no século XIX e no século XX, Marc Angenot, *L'Utopie collectiviste*, PUF, 1993.

82 Cf. Jean-François Lyotard, *La Condition post-moderne*, Éditions de Minuit, Paris, 1979.

sobre o tema pode dispensar uma análise dos componentes da ideia de progresso, cuja conjunção não é automática.

As representações de progresso que se formam no fim do século XVIII apresentam-se antes de mais nada como teorias (ou melhor, ideias) da integralidade da história, segundo um modelo de curva espaço-temporal, o que dá lugar a diferentes alternativas. A integralidade da história pode ser apreendida na distinção entre suas "etapas", na "lógica" da sua sucessão. Ou então pode ser apreendida no caráter decisivo de um movimento privilegiado (crise, revolução, inversão) que afete a totalidade das relações sociais, o destino da humanidade. Da mesma forma, ela pode ser pensada como um processo indefinido, do qual só fica caracterizada a orientação (Bernstein, o pai do "revisionismo", diria em uma frase que ficou famosa: "O objetivo final [*Endziel*] não é nada, o movimento é tudo").[83] Ou então, pelo contrário, pode ser definida como o processo que leva a um termo: "estado estacionário" de homogeneidade ou equilíbrio (como em Cournot ou Stuart Mill) ou mesmo "ultraimperialismo" de Kautsky — muito mais que em Hegel, embora todos esses conservadores, liberais ou socialistas compartilhem uma mesma imagem da resolução final das tensões e desigualdades.

Mas, sobretudo, essas diferentes maneiras de representar a história como uma teleologia pressupõem a combinação de duas teses independentes uma da outra. Uma postula a *irreversibilidade* e a linearidade do tempo — por isso a recusa (e a apresentação como mítica ou metafórica) de qualquer ideia de um tempo cósmico e de uma história política cíclicos

---

[83] Édouard Bernstein, *Les Présupposés du socialisme* (Die Voraussetzungen des Sozialismus und die Aufgaben der Sozialdemokratie, 1899), Le Seuil, Paris, 1974.

ou aleatórios. Cabe notar desde logo que a irreversibilidade não é necessariamente ascendente: baseando-se ou não nos modelos físicos da "degradação da energia", boa parte dos teóricos da história do século XIX, assim, opôs à ideia de progresso a ideia de decadência, ao mesmo tempo permanecendo no interior do mesmo pressuposto (basta pensar no *Ensaio sobre a desigualdade das raças humanas* de Gobineau, publicado a partir de 1853 e invocado mais tarde para tentar dar crédito, frente ao esquema da "luta de classes", à "luta de raças"). À ideia de irreversibilidade deve acrescentar-se, portanto, mais outra: a de *aperfeiçoamento* técnico ou moral (ou consistindo na combinação dos dois). Aperfeiçoamento não significa apenas passagem do menos ao mais, ou do pior ao melhor, mas comporta a ideia de um "balanço" positivo dos inconvenientes e vantagens, o que hoje chamaríamos de *optimum* (pensamos aqui na maneira como o esquema leibniziano do "melhor dos mundos possíveis" é encontrado na tradição progressista do liberalismo: de Bentham, com sua definição da utilidade como máximo de satisfação para o maior número possível de indivíduos, a Rawls atualmente, com seu "princípio de diferença", postulando que só são justas as desigualdades que melhoram a situação dos mais desfavorecidos).[84]

Enfim, uma representação da história como progresso pode reiterar a ideia de mudança com a de uma *capacidade sempre maior* de mudar, e é sobretudo aqui que a ênfase na educação pode se ligar internamente à ideia de progresso. Passamos, então, a um quarto componente das teorias clássicas do progresso, que em certo sentido é o mais

---

84   John Rawls, *A Theory of Justice* (1972), Oxford University Paperback, 1980, § 13 (Le Seuil).

importante politicamente, mas também é o mais problemático filosoficamente: a ideia de que a transformação é uma transformação *de si*, logo, uma *autotransformação*, ou melhor ainda: uma *autogeração*, na qual se realiza a autonomia dos sujeitos.[85] Mesmo o domínio das forças naturais e a conquista dos recursos do planeta devem ser pensados, em última análise, nessa perspectiva. Como dizia Marx nos *Manuscritos de 1844*, a indústria e as ciências da natureza são "o livro aberto das forças essenciais do homem". Vemos ressurgir aqui, por conseguinte, o problema da práxis, com a diferença de que não se trata de pensar uma transformação individual, mas uma transformação coletiva. É por definição uma ideia laica, ou pelo menos contrária a toda representação do curso da história como resultado de uma vontade divina. Mas não é necessariamente incompatível com diferentes transposições dos esquemas teológicos do "plano" ou da "economia" da natureza. A dificuldade está em pensá-la de modo imanente, ou seja, sem fazer intervir uma força ou um princípio exterior ao próprio processo.

Uma teoria da evolução?

Os teóricos do século XIX estão em busca de "leis" da mudança ou da transição histórica, de modo a situar a sociedade moderna entre o *passado*, que as "revoluções"

---

85 "*Tudo que chamamos de história universal nada mais é que a geração do homem pelo trabalho humano, o devir da natureza para o homem; existe, portanto, a prova evidente e irrefutável da sua geração por si mesmo, do processo do seu nascimento.*" [*K. Marx, Manuscrits de 1844 (Économie politique et philosophie), trad. e apr. de E. Bottigelli, Éditions Sociales, Paris, 1962, p. 99.*]

(industrial, política e até religiosa) relegaram a uma pré-história da modernidade, e o *futuro* mais ou menos próximo que a instabilidade e as tensões atuais deixam pressentir. Em sua imensa maioria, eles resolveram esse problema pela adoção de esquemas evolucionistas. O evolucionismo é, para empregar novamente a terminologia de Canguilhem, a "ideologia científica" por excelência do século XIX — vale dizer, o ponto de troca entre os programas de investigação científica e um imaginário teórico social (a "necessidade inconsciente de acesso direto à totalidade").[86] Nesse sentido, praticamente não é possível não ser evolucionista no século XIX, exceto propondo de novo uma alternativa teológica para a ciência. Até Nietzsche, que escreveu (em *O Anticristo*, 1888) que "o progresso nada mais é que uma ideia moderna, ou seja, uma ideia falsa", está longe de escapar disso!

Mas isso também quer dizer que o evolucionismo é o elemento intelectual em que se defrontam os conformismos e os ataques contra a ordem estabelecida. Situar todos os evolucionismos no mesmo plano é estar condenado a ver na história das ideias, segundo o comentário de Hegel, apenas uma vasta "noite em que todos os gatos são pardos". O importante, pelo contrário, é o que os distingue uns dos outros, os pontos de heresia em torno dos quais eles se opõem entre si. A *luta de classes* não é a *luta de raças*,

---

86   Georges Canguilhem, "Qu'est-ce qu'une idéologie scientifique?", em *Idéologie et rationalité dans l'histoire des sciences de la vie*, Librairie Vrin, Paris, 1977. Uma excelente exposição do evolucionismo antes e depois de Darwin é Canguilhem, Lapassade, Piquemal e Ulmann, *Du développement à l'évolution au XIXᵉ siècle*, reed. PUF, Paris, 1985; cf. também *De Darwin au darwinisme: science et idéologie*, editado por Yvette Conry, Librairie Vrin, Paris, 1983.

assim como as dialéticas de Hegel, Fourier ou Marx não são a lei spenceriana de "diferenciação" crescente (evolução do simples para o complexo), ou a lei de "recapitulação" da evolução no desenvolvimento dos indivíduos, imposta por Haeckel a todas as disciplinas antropológicas inspiradas pelo evolucionismo biológico.

Podemos, então, nos voltar de novo para Marx. O objeto específico ao qual ele aplicou esquemas de evolução é a história das "formações sociais", consideradas como determinadas por seu "modo de produção". Como vimos, existe nele uma *linha de evolução* progressiva dos modos de produção. Ela classifica as sociedades em relação a um critério intrínseco: a *socialização*, ou seja, a capacidade dos indivíduos de controlar coletivamente suas próprias condições de vida. E essa linha é única, o que significa não só que ela permite determinar avanços e recuos (seja *entre* as sociedades, seja no curso de sua história política), mas também que estabelece uma relação necessária entre os "começos" e o "fim" da história (ainda que esse fim, o comunismo, seja entendido como o começo de uma outra história).

Essas concepções deram a volta ao mundo, e o próprio Marx encontrou para expô-las formulações de impacto que, em certo sentido, a tradição marxista se limitaria a glosar. Evoquei algumas anteriormente. A comparação entre elas mostra claramente que a ideia de evolução progressiva, em Marx, é inseparável de uma tese sobre a racionalidade da história, ou, se preferir, a inteligibilidade de suas formas, tendências e conjunturas.

Um esquema da causalidade (dialética I)

Essa tese se exprime para começar, como mostra o prefácio à *Crítica da economia política*, na forma de um esquema de causalidade histórica. Não sendo ele próprio um conhecimento, mas um programa de investigação e explicação, ele é enunciado em termos qualitativos, e mesmo metafóricos: "base" e "superestrutura", "forças produtivas" e "relações de produção", "vida material" e "consciência de si" não são em si mesmas realidades, são categorias *à espera* de aplicação concreta. Algumas provêm diretamente da história e da economia política, ao passo que outras são importadas da tradição filosófica. Esse esquema de causalidade tem uma importância comparável a outras inovações teóricas no mundo da explicação do real: é o caso do esquema aristotélico das "quatro causas"; ou do esquema newtoniano da força de atração, da matéria ("força de inércia") e do vácuo; ou do esquema darwiniano de variabilidade individual e "seleção natural"; ou do esquema freudiano das instâncias do "aparelho psíquico"...

Na forma como o encontramos aqui, temos de constatar que esse esquema comporta uma tensão quase insuportável. Pois ao mesmo tempo ele *subordina* inteiramente o processo histórico a uma teleologia preexistente,[87] e, no entanto,

---

87 "As relações de produção burguesas são a última forma antagônica do processo de produção social, não no sentido de um antagonismo individual, mas de um antagonismo que nasce das condições de existência social dos indivíduos; entretanto, as forças produtivas que se desenvolvem no seio da sociedade burguesa criam ao mesmo tempo as condições materiais para resolver esse antagonismo. Com essa formação social acaba, portanto, a pré-história da sociedade humana..." (Prefácio de *Contribution ..., op. cit.*).

afirma que o motor da transformação nada mais é que as contradições da vida material, "cientificamente constatáveis". Não surpreende, assim, que tenha sofrido constantemente interpretações divergentes, objeto de questionamentos permanentes na história do "materialismo histórico".

Veremos que os desdobramentos do *Capital* trazem a esse esquema geral, senão correções, pelo menos um grau maior de complexidade. Na verdade, eles expõem o "processo" ou o "desenvolvimento" das relações sociais em *três níveis* de generalidade decrescente.

Temos, para começar, como anteriormente, a linha de progresso dos modos de produção sucessivos (asiático, escravagista, feudal ou senhorial, capitalista, comunista), que fornece um princípio de inteligibilidade para a sucessão das formações sociais concretas. Esse nível é o mais manifestamente *finalista*, que provém, sem outra mudança senão uma "inversão materialista", da maneira como Hegel e outros filósofos da história tinham ordenado as épocas da história universal (o "despotismo oriental" torna-se o "modo de produção asiático", o "mundo antigo" torna-se o "modo de produção escravagista" etc.). Mas também é o mais *determinista*: não só pela linearidade, mas pela maneira como fundamenta o tempo irreversível da história em uma lei do desenvolvimento ininterrupto da produtividade do trabalho humano. Observemos, contudo, que se trata de uma determinação global, que não exclui, em detalhe, nem bloqueios, nem estagnação, nem mesmo uma volta atrás.

DETERMINAÇÃO EM ÚLTIMA INSTÂNCIA

O prefácio à *Contribuição à crítica da economia política* de 1859 constituiu durante muito tempo a exposição canônica da "concepção materialista da história", embora explicitamente seja apenas um programa. Os marxistas lhe dedicaram milhares de páginas de comentários, da melhor e da pior qualidade. A expressão "determinação em última instância", cujo esclarecimento passou-se a buscar nesse texto, não aparece literalmente nele. Seria forjada mais tarde por Engels: "O momento determinante na história é, *em última instância*, a produção e a reprodução da vida real [...]. Se alguém tortura essa proposição para obrigá-la a dizer que o fator econômico é o *único* determinante, transforma-a em uma frase vazia, abstrata, absurda." (Carta a Bloch de 21 de setembro de 1890: cf. Marx e Engels, *Études philosophiques*, Éditions Sociales, Paris, 1974). A comparação dos dois textos com sua posteridade sugere, contudo, que a formulação de Engels *ainda carece* de um elemento de demarcação clara com o economicismo, e mesmo o tecnologismo, pois esses "desvios" continuaram a se manifestar na aplicação do esquema marxiano de determinação dos diferentes níveis ou instâncias da prática social. Isso decorre manifestamente do fato de que a "determinação em última instância" — por mais sutis sejam as dialetizações ou reações recíprocas que ela autoriza entre sociedade global ("formação social") e modo de produção, "base econômica" e "superestrutura político-ideológica", forças produtivas e formas de propriedade — apenas ressalta ainda mais absolutamente a teleologia do desenvolvimento histórico. Entendemos então por que, ao mesmo tempo em que escrevia que "a hora solitária da última instância não chega nunca", Althusser propunha substituir as noções de ação recíproca e de ação em retorno das superestruturas sobre a base pela noção de "sobredeterminação", que traduz a complexidade irredutível do "todo social" postulado pela dialética materialista ("Contradição e sobredeterminação", em *A favor de Marx, op. cit.*).

Nesse nível, a luta de classes não intervém nem como o princípio da explicação, nem como o seu resultado de conjunto. A cada modo de produção correspondem certas formas de propriedade, um certo modo de desenvolvimento das forças produtivas e de relação entre o Estado e a economia, *logo*, uma certa forma da luta de classes. Esta não se desenrola da mesma maneira entre senhores e seus servos ou meeiros que entre capitalistas e seus operários.[88] No fim das contas, o fim ou a superação da luta de classes em uma sociedade comunista nada mais é que uma consequência entre outras dessa evolução. Encontramos de novo o quadro comparativo evocado na análise do fetichismo da mercadoria, simplesmente ordenado no tempo.

---

88   *Le Capital*, livro I, cap. VIII, *"La journée de travail"*, § 2: *"La fringale de surtravail. Fabricant et boyard"*, p. *262 sq*.

A instância da luta de classes

Ora, em *O Capital*, Marx quis se concentrar num objeto muito mais específico — não sem razão, já que ele questiona a necessidade da revolução. Trata-se da "contradição" entre as relações de produção e o desenvolvimento das forças produtivas, assim como da forma que ela assume no capitalismo. Aqui, é importante ler os textos com toda atenção. As formulações que a ortodoxia consagrou, depois de Engels no *Anti-Dühring* (mas também do próprio Marx em *Miséria da filosofia* ou no *Manifesto Comunista*), fortemente influenciadas pela tradição saint-simoniana, devem ser abandonadas. Não se trata, evidentemente, de opor à fixidez da propriedade burguesa a mobilidade em si progressista das forças produtivas (assim como, mais tarde, Keynes e Schumpeter oporiam o empreendedor, o industrial, ao especulador financeiro). Trata-se da contradição crescente *entre duas tendências*: a socialização da produção (concentração, racionalização, universalização da tecnologia) e a tendência à fragmentação da força de trabalho, à superexploração e à insegurança para a classe operária. Assim é que a luta de classes intervém decisivamente como a operadora do processo de resolução da contradição, de que não se pode prescindir. Só a luta que se organiza a partir da "miséria", da "opressão" e da "raiva" dos proletários pode "expropriar os expropriadores", alcançar a "negação da negação", ou seja, a reapropriação de suas próprias forças absorvidas no movimento incessante de valorização do capital.

Esse ponto é tanto mais importante porque Marx fala aqui de *necessidade*, e mesmo de necessidade inelutável. Vemos que essa não é a necessidade que se imporia do exterior à classe operária, mas a que se constitui em sua própria atividade ou prática de libertação. O caráter político do processo é frisado pelo uso implícito do modelo da Revolução Francesa — com a diferença de que a dominação que se trata de "explodir" não é a de um poder monárquico, mas do capital na organização da produção social. Embora o oprima, o capital não está "fora" do seu povo. É ele que produz "seus próprios coveiros". Analogia esclarecedora, portanto, mas problemática.

Por fim, Marx dedica muitas análises a um *terceiro* nível de desenvolvimento, ainda mais particular: a transformação do próprio modo de produção, ou, se quiserem, o movimento de acumulação. Nos capítulos centrais do *Capital* — dedicados à "produção de mais-valia absoluta e relativa",[89] à luta pela duração das jornadas de trabalho e às etapas da revolução industrial (manufatura, maquinaria, grande indústria) —, não é um simples resultado quantitativo que o interessa (a capitalização crescente de dinheiro e de meios de produção), mas sim a maneira como evoluem a qualificação dos operários, a disciplina de fábrica, o antagonismo entre o assalariamento e a direção capitalista, a proporção do emprego e do desemprego (logo, a concorrência entre os trabalhadores potenciais). A luta de classes intervém aqui de maneira ainda mais específica, *dos dois lados ao mesmo tempo*. Pelo lado dos capitalistas, cujos "métodos de produção de mais-valia" são todos eles métodos de pressão sobre o "trabalho necessário" e o grau de autonomia dos operários. E pelo lado dos

---

89 A palavra *"survaleur" [valor excedente]*, que substitui na última tradução francesa a expressão tradicional, mas ambígua, de *"mais-valia"*, equivale exatamente ao alemão Mehrwert: neologismo criado por Marx para designar o aumento do valor do capital, que decorre do trabalho operário excedente (em alemão: Mehrarbeit; em inglês: surplus value/surplus labour) [português: mais-valia/mais-trabalho].

proletários, que reagem à exploração e assim levam o capital a buscar constantemente novos métodos. De tal maneira que, a rigor, a própria luta de classes se torna um fator de acumulação, como vemos na repercussão da limitação das jornadas de trabalho nos métodos de organização "científica" do trabalho e nas inovações tecnológicas — o que Marx chama de passagem da "mais-valia absoluta" para a "mais-valia relativa" (3ª e 4ª seções do livro I). A luta de classes intervém inclusive num *terceiro lado*, o do *Estado*, pivô da relação de forças entre as classes, que é levado pelo agravamento da contradição a interferir no próprio processo de trabalho por uma "regulação social", cada vez mais orgânica.[90]

Detive-me nesses desdobramentos um pouco mais técnicos, primeiro, para convencer o leitor de que os problemas da filosofia da história em Marx não devem ser discutidos no nível das declarações mais gerais, mas no nível das análises, que também é o da explicitação máxima dos conceitos. Trata-se simplesmente de tratar Marx como teórico: o que vale para as figuras da consciência em Hegel vale para o modo de produção em Marx. "Ler *O Capital*" ainda está na ordem do dia. Mas quero também extrair deles a seguinte observação: é precisamente a combinação dos três níveis de análise, da linha de evolução de toda a sociedade até o antagonismo cotidiano no processo de trabalho, que constitui o

---

90 Livro I, cap. XIII, § 9: "Législation de fabriques (Clauses concernant l'hygiène et l'éducation). Sa généralisation en Angleterre" (p. 540 sq.). *Foi a chamada escola "obreirista" italiana que mais vigorosamente frisou esse aspecto do pensamento de Marx: cf. Mario Tronti, Ouvriers et capital, Christian Bourgois, Paris, 1977; Antonio Negri, La Classe ouvrière contre l'État, Éditions Galilée, Paris, 1978. Ver também o debate entre Nicos Poulantzas (Pouvoir politique et classes sociales, François Maspero, Paris, 1968) e Ralph Miliband (Marxism and Politics, Oxford, 1977) sobre a "autonomia relativa do Estado" na luta de classes.*

que Marx entende por racionalidade da explicação histórica. Para dizê-lo então em termos mais filosóficos, resulta daí que Marx recorreu cada vez menos a *modelos* de explicação preexistentes, e que, cada vez mais, *construiu uma racionalidade* sem verdadeiro precedente. Essa racionalidade não é a da mecânica nem da fisiologia ou da evolução biológica, nem tampouco de uma teoria formal do conflito e da estratégia, embora possa neste ou naquele momento recorrer a essas referências. A luta de classes, na incessante mudança de suas condições e formas, é por si mesma seu próprio modelo.

É este precisamente o primeiro sentido que podemos atribuir à ideia de dialética: uma lógica ou forma de explicação especificamente adaptada à intervenção determinante da luta de classes no próprio tecido da história. Nesse sentido, Althusser estava certo ao insistir na transformação a que Marx submete as formas anteriores da dialética, particularmente suas formas hegelianas (seja no caso do confronto entre "senhor e servidor" na *Fenomenologia do espírito* ou no da "divisão entre sujeito e objeto" na *Ciência da lógica*). Não porque nada lhes deve (pelo contrário: em certo sentido, deve-lhes tudo, pois não cessa de trabalhar com elas), mas por *inverter* a relação que as "figuras" especulativas mantêm com a análise concreta das situações concretas (como diria Lenin). As situações não ilustram momentos dialéticos preexistentes. Antes, são elas próprias tipos de processos ou de desenvolvimentos dialéticos, cuja série é possível conceber como aberta. Pelo menos é este o *sentido* em que se empenha o trabalho de Marx.

O "lado mau" da história

Mas essa inversão de perspectiva apenas ressalta ainda mais as dificuldades, e mesmo as aporias, com que se choca, novamente, esse projeto de racionalidade. Devemos distinguir seu significado antes de voltar à maneira como afinal se estabelecem, em Marx, as relações entre "progresso" e "dialética".

Uma frase marcante pode nos servir de guia aqui: "A história avança pelo lado mau." Marx a usou em *Miséria da filosofia* para contestar Proudhon, que tentava conservar, de cada categoria ou forma social, o "lado bom", que faz progredir a justiça.[91] Mas ela extrapola esse uso e se volta contra seu autor: a própria teoria de Marx, ainda vivo então, se viu confrontada com o fato de que a história avança pelo lado mau, o lado que ela não havia previsto, que questiona sua representação da necessidade e, a rigor, a certeza — que ela julga poder extrair dos próprios fatos — de que, justamente, a história *avança*, e de que não é, como a vida segundo Macbeth, "a narrativa de um idiota, cheia de ruído e fúria e desprovida de sentido".

Quando Marx pratica a ironia às custas de Proudhon, o objetivo é recusar uma visão *moralizante* e *otimista* (logo, no fim das contas, conformista) da história. Proudhon fora o primeiro a tentar adaptar esquemas hegelianos à evolução das "contradições econômicas" e ao advento da justiça social. Sua concepção do progresso e da justiça repousava na ideia de que os valores de solidariedade e liberdade se impõem em razão da própria universalidade que representam. Marx

---

91   K. Marx, *Misère de la philosophie, op. cit.*: *"[...] é sempre o lado mau que acaba levando a melhor sobre o lado belo. É o lado mau que produz o movimento que faz a história, ao constituir a luta."* (Cabe lembrar que Marx escreveu Miséria da filosofia diretamente em francês.)

quis lembrar-lhe (em 1846) que a história não se faz "pelo lado bom", ou seja, em virtude da força intrínseca e da excelência dos ideais humanistas, nem muito menos pela força de convicção e a educação moral, e sim pela "dor do negativo", o confronto dos interesses, a violência das crises e revoluções. Ela é menos a epopeia do direito que o drama de uma guerra civil entre as classes, ainda que não tome necessariamente uma forma militar. Demonstração estritamente de acordo com o espírito de Hegel, que nesse ponto tinha sido muito mal compreendido por Proudhon e outros porta-vozes do reformismo.

Demonstração que, por isso mesmo, não pode deixar de relançar nossa questão. Decididamente, nada está mais de acordo com a ideia de um desfecho garantido do que uma dialética do "lado mau" entendida nesse sentido. Pois ela tem como função, justamente — e é este realmente o caso em Hegel —, mostrar que o *fim* racional do desenvolvimento histórico (seja chamado de resolução, ou reconciliação, ou síntese) é suficientemente poderoso para *passar por seu contrário*: a "desrazão" (violência, paixão, miséria), e, nesse sentido, para reduzi-lo ou absorvê-lo. Poderíamos dizer inclusive, em termos circulares, que é a capacidade que essa ideia evidencia de converter a guerra, o sofrimento e a injustiça em fatores de paz, prosperidade e justiça que "prova" sua força e sua universalidade. Se hoje podemos ler em Hegel algo diferente de uma longa "teodiceia" (segundo sua própria expressão, retomada de Leibniz), ou seja, uma demonstração de que o "mal" na história é sempre particular, relativo, ao passo que o fim positivo que ele prepara é universal e absoluto, não o devemos à maneira como ele foi transformado por Marx? E, mais ainda, à maneira como essa transformação marxista da dialética encontrou historicamente seus próprios limites?

Na extremidade do movimento crítico, encontramos então a formulação de Benjamin nas já citadas *Teses sobre a filosofia da história* (tese IX): "É esse o aspecto que o anjo da história deve ter necessariamente. Ele tem o rosto voltado para o passado. Onde se apresenta a nós uma sucessão de acontecimentos, ele vê uma só e única catástrofe, que não cessa de amontoar ruínas sobre ruínas e as atira aos seus pés. Ele gostaria de se deter, despertar os mortos e reunir os vencidos. Mas do paraíso sopra uma tempestade que veio dar nas suas asas, tão forte que o anjo não consegue mais fechá-las. Essa tempestade o impulsiona incessantemente em direção ao futuro, para o qual ele dá as costas, enquanto as ruínas se acumulam até o céu à sua frente. Essa tempestade é o que chamamos de progresso."

A história não avança apenas "pelo lado mau", mas *do lado mau*, o lado da dominação e da ruína. Nesse texto, devemos realmente ouvir, para além do "marxismo vulgar", ou para além de Marx, uma terrível ironia voltada em particular contra o trecho da Introdução ao Curso de Hegel sobre a filosofia da história que descreve a ruína das civilizações passadas como a condição do progresso do espírito, vale dizer, da *conservação* do que havia de universal no "princípio" dessas civilizações.[92] A ideologia proletária estaria baseada na ilusão mortífera de retomar e prolongar esse movimento, que nunca serviu para libertar os explorados, mas para instituir a ordem e a lei. Resta então, como

---

92 "Caminhamos em meio a ruínas [...]. Trata-se aqui da categoria do negativo [...] que nos faz ver como aquilo que foi mais nobre e mais belo foi sacrificado no altar da história [...]. No nascimento e na morte, a Razão vê a obra produzida pelo trabalho universal do gênero humano..." (G. W. F. Hegel, *La Raison dans l'histoire*, UGE 10/18, Paris, 1986, p. 54, 68).

única perspectiva de salvação, a esperança de uma cesura ou interrupção imprevisível do tempo, de uma "parada messiânica do devir" que faria "uma época determinada sair por arrombamento do curso da história" (tese XVII) e ofereceria aos dominados, aos "vencidos" de toda a história, a chance improvável de conferir sentido a suas lutas dispersas e obscuras. Perspectiva que ainda se declara revolucionária, mas não dialética — para começar, no sentido de que invalida radicalmente a ideia de prática, ou de libertação como transformação, por seu próprio trabalho.

Haveria então, para uma dialética marxista, um caminho possível entre o "lado mau" de Hegel e o "lado mau" de Benjamin? Se de fato foi esse o caso historicamente, pelo menos no sentido de que, *sem Marx* (e sem a diferença de Marx em relação a Hegel), essa crítica de Hegel jamais teria sido produzida, trata-se aqui de investigar até que ponto uma expressão teórica corresponde realmente a essa singularidade histórica. Mas isso não pode ser discutido independentemente dos acontecimentos que vieram cruzar com a teoria.

A contradição real (dialética II)

Marx encontrou pelo menos duas vezes o "lado mau" da história, como lembrei acima: em 1848 e em 1871. Sugeri que a teoria de *O Capital* é, *também*, em certo sentido, uma resposta longamente adiada, formidavelmente desenvolvida, mas inacabada, ao fracasso das revoluções de 1848, à "decomposição" do proletariado que devia "decompor" a sociedade burguesa. Como, então, se espantar com o fato de se poder ler nela *também* a crítica interna da ideia de progresso?

Em *O Capital*, Marx praticamente nunca emprega esse termo (*Fortschritt, Fortgang*), senão para lhe opor, no espírito de Fourier, o quadro das devastações cíclicas do capitalismo (o "dispêndio orgiástico" de recursos e vidas humanas ao qual corresponde, na prática, sua "racionalidade"). Logo, de maneira *irônica*: enquanto não for resolvida a contradição entre a "socialização das forças produtivas" e a "dessocialização" dos homens, o discurso do progresso oferecido pela filosofia e a economia política burguesas não passará de escárnio e mistificação. Mas a contradição só pode ser resolvida, ou simplesmente reduzida, pela inversão da *tendência*, pela afirmação de uma *contratendência*.

Aqui se revela o segundo aspecto: o que interessa a Marx não é o *progresso*, mas o *processo*, que para ele é o conceito dialético por excelência.[93] O progresso não é dado, não é programado, só pode resultar do desenvolvimento dos antagonismos que constituem o processo, e, por conseguinte, é sempre relativo a eles. Ora, o processo não é nem um conceito moral (espiritualista) nem um conceito econômico (naturalista), mas um conceito lógico e político — tanto mais lógico por ser construído mediante o retorno, para além de Hegel, à ideia de que a contradição é inconciliável; e tanto mais político por dever buscar suas "condições reais",

---

93   "A palavra *processo, que expressa um desdobramento considerado no conjunto de suas condições reais, faz parte há muito tempo da língua científica de toda a Europa. Na França, foi introduzida inicialmente de maneira tímida, em sua forma latina: processus. Depois resvalou, despojada desse disfarce pedante, para os livros de química, de fisiologia etc., e algumas obras de metafísica. Acabará sendo plenamente naturalizada. Cabe observar de passagem que os alemães, como os franceses, na língua corrente, usam a palavra 'processo' em seu sentido jurídico."* (Le Capital, livro I, cap. V, "Procès de travail et procès de valorisation", nota de Marx para a edição francesa, op. cit., p. 200.)

logo, sua necessidade, em seu contrário aparente, a esfera do trabalho e da vida econômica.

Podemos dizer as coisas de outra maneira, recorrendo a uma metáfora matemática muito usada por Marx: o que o interessa no curso da história não é tanto a *forma geral* da curva, a "integral", mas a *diferencial*, o efeito de "aceleração"; logo, a relação de forças que atua a cada momento e determina o sentido da progressão. Trata-se, portanto, da maneira como, individualmente e sobretudo coletivamente, a "força de trabalho" resiste e tendencialmente *escapa* à condição de mercadoria que lhe é imposta pela lógica do capital. O termo ideal de uma tal lógica seria o que Marx chama de submissão ou "subsunção" *real* da força de trabalho, em oposição a uma subsunção simplesmente *formal*, limitada ao contrato de trabalho:[94] uma existência, para os trabalhadores, integralmente determinada pelas necessidades do capital (qualificação ou desqualificação profissional, desemprego ou excesso de trabalho, austeridade ou consumo forçado, segundo o caso). Mas esse limite é historicamente inacessível. Em outras palavras, a análise de Marx tende a identificar o elemento da impossibilidade material contido no modo de produção capitalista: o *mínimo incompressível* com o qual se choca seu "totalitarismo" próprio, e do qual procede, em sentido inverso, a prática revolucionária do trabalho coletivo.

O *Manifesto* já dizia que a luta dos trabalhadores começa "com sua própria existência". E *O Capital* mostra que o primeiro momento dessa luta é a existência de um *coletivo* de trabalhadores, seja na fábrica ou na empresa, seja fora dela, na

---

94 *Le Capital*, livro I, cap. XIV: "*Survaleur absolue et relative*". *Cf.* também *Un chapitre inédit du Capital*, apresentação de Roger Dangeville, UGE 10/18, Paris, 1971.

cidade, na política (mas na realidade sempre *entre* esses dois espaços, passando de um ao outro). A "forma salário" tem como pressuposto tratar os trabalhadores exclusivamente como pessoas individuais, para poder vender e comprar sua força de trabalho como uma coisa de maior ou menor valor, para poder "discipliná-los" e "responsabilizá-los". Mas o coletivo é uma condição constantemente ressurgente da própria produção. *Na realidade, há sempre dois coletivos* de trabalhadores, imbricados um no outro, formados pelos *mesmos* indivíduos (ou quase), e, no entanto, incompatíveis. Um coletivo-capital e um coletivo-proletariado. Sem o coletivo proletário, que nasce da resistência à coletivização capitalista, o próprio "autocrata" capitalista não poderia existir.

Em direção à historicidade

É o segundo sentido da "dialética" em Marx que esclarece o primeiro. O modo de produção capitalista — cuja "base é revolucionária" também — *não pode deixar de mudar*. A questão então é saber em que sentido. Seu movimento, diz Marx, é uma impossibilidade constantemente adiada. Não uma impossibilidade moral ou uma "contradição nos termos", mas o que poderíamos chamar de uma *contradição real*, igualmente distinta de uma contradição puramente formal (termos abstratos que se excluem em virtude de sua definição) e de uma simples oposição real (forças exteriores entre si que agem em sentido contrário, e das quais podemos calcular a resultante, o ponto de equilíbrio).[95] Toda a originalidade da

---

95   A possibilidade de pensar uma "contradição real" é a pedra de toque da dialética marxista. Cf. Henri Lefebvre, *Logique formelle et*

dialética marxista está então na possibilidade de se pensar sem concessão que a contradição *não é uma aparência*, nem mesmo "no fim das contas" ou "ao infinito". Ela não é sequer uma "astúcia" da natureza, como a *insociável sociabilidade* de Kant, ou da razão, como a *alienação* hegeliana. A força de trabalho nunca para de se transformar em mercadoria, e, assim, de entrar na forma do coletivo capitalista (que, no sentido forte, é o próprio capital, como "relação social"). Entretanto, esse processo comporta um resíduo incoercível, *ao mesmo tempo* pelo lado dos indivíduos e pelo do coletivo (uma vez mais, essa oposição nos parece não pertinente). E é essa impossibilidade material que inscreve a mudança de direção da tendência capitalista na necessidade, qualquer que seja o momento em que ela intervém.

As questões da *contradição*, da *temporalidade* e da *socialização* são, portanto, rigorosamente indissociáveis. Vê-se bem o que está em jogo: desde Dilthey e Heidegger, a tradição filosófica pede uma teoria da *historicidade*. Entendemos com isso que os problemas de finalidade, ou de sentido, que se colocam no nível do curso da história da humanidade imaginariamente considerada como uma totalidade, reunida em uma única "Ideia" ou em uma única grande narrativa, são substituídos por problemas de causalidade ou de ação recíproca das "forças da história", que se apresentam a cada momento, em cada *presente*. A esse respeito, o que caracteriza a importância de Marx é que, provavelmente pela primeira vez desde o *conatus* ("esforço") de Spinoza, a

---

logique dialectique, Éditions Sociales, Paris, *3ª* ed., *1982;* Pierre RAYMOND, *Matérialisme dialectique et logique*, François Maspero, Paris, *1977. Ela foi vigorosamente contestada, em particular por Lucio Colletti,* "Contradiction dialectique et non-contradiction", *em Le Déclin du marxisme,* PUF, *Paris, 1984. Sua reformulação era o próprio objeto da elaboração de Althusser.*

questão da historicidade (ou da "diferencial" do movimento, da instabilidade da tensão do presente na direção de sua própria transformação) é proposta no elemento da prática e não no da consciência, a partir da produção e das condições de produção, e não da representação e da vida do espírito. Ora, o que se constata, ao contrário dos gritos de alarme lançados preventivamente pelo idealismo, é que essa mudança de direção não é uma redução, muito menos uma substituição da causalidade histórica pelo determinismo natural. Novamente, como nas *Teses sobre Feuerbach*, nós *saímos* da alternativa entre subjetivismo e "antigo materialismo" — só que dessa vez, francamente para o lado do materialismo. Em todo caso, da imanência. Desse ponto de vista, a contradição é um operador mais decisivo que a práxis (que, no entanto, está incluída nela).

Entretanto, a questão de saber de que maneira uma concepção da historicidade como "contradição real" — que se desenvolve entre tendências contemporâneas — poderia coexistir com uma representação da "totalidade da história" — feita de etapas de evolução e de sucessivas revoluções — de modo algum era eliminada com isso. Tornava-se até mais conflituosa. Acontece que, em 1871, Marx encontrou de novo o "lado mau" da história e, como já disse, o resultado disso na prática foi a interrupção do seu empreendimento. A partir desse momento, ele não para de trabalhar, mas está convencido de não mais poder "acabar", de não mais chegar a uma "conclusão". *Não haverá conclusão*.

Vale a pena, contudo, examinar as *retificações* induzidas por essa situação. Temos conhecimento de pelo menos duas. Uma foi determinada conjuntamente pelo ataque de Bakunin contra a "ditadura marxista" na Internacional e pela discordância de Marx com o projeto de programa redigido em 1875 por Liebknecht e Bebel com vistas ao Congresso de Unificação dos Socialistas Alemães. Ela desemboca naquilo que mais tarde ficaria conhecido no marxismo como a questão da "transição". A outra, logo depois, decorreu da necessidade de responder a teóricos do populismo e do socialismo russo que o interrogavam sobre o futuro da "comuna rural". Ela coloca a questão do "desenvolvimento não capitalista". Nenhuma das duas questionou o esquema de causalidade. Mas ambas fazem vacilar a relação de Marx e de sua dialética com a representação do tempo.

A verdade do economicismo (dialética III)

Nos anos que se seguem à repressão da Comuna e à dissolução da Internacional (declarada em 1876, mas praticamente assegurada no congresso de Haia em 1872), fica claro que a "política proletária" de que Marx pretende ser o porta-voz e à qual, em *O Capital*, pensa conferir fundamentos científicos, não tem nenhum lugar garantido na configuração ideológica do "movimento operário" ou do "movimento revolucionário". As tendências dominantes são reformistas e sindicalistas, parlamentares ou antiparlamentares. O mais significativo, a esse respeito, é a formação dos partidos "marxistas", sendo o principal deles a social-democracia alemã. Depois da morte de Lassalle (o velho rival de Marx, como ele ex-dirigente da revolução de 1848) e da constituição do Reich, ela se unifica no congresso de Gotha (1875), por iniciativa dos discípulos de Marx (Bebel, Liebknecht). Marx lê seu projeto de programa, inspirado no "socialismo científico", e descobre que, construído em torno da ideia de um

"Estado popular" (*Volksstaat*), ele combina na verdade uma utopia da redistribuição integral do produto aos trabalhadores com uma "religião do Estado" que não exclui sequer o nacionalismo. Acontece que ele acaba de ser atacado violentamente por Bakunin, que denuncia no marxismo um duplo projeto de ditadura: ditadura "científica" dos dirigentes sobre os militantes (o *partido* seguindo o modelo do *Estado* que pretende combater) e ditadura "social" dos operários sobre as outras classes exploradas (em particular os camponeses), logo, das nações industriais sobre as agrárias, como a Rússia. Marx fica então entre os seus adversários e os seus partidários, como entre o martelo e a bigorna...[96] No exato momento em que o marxismo se apresenta como um meio para que a classe revolucionária escape do dilema sempre renascente entre uma simples incorporação à ala "democrática" da política burguesa e um anarquismo (ou anarco-sindicalismo) *antipolítico*, ressurge a questão de saber se existe uma política marxista propriamente dita.

Ora, de certa maneira Marx respondera antecipadamente a essa questão. A única política marxista possível é a que surge do próprio movimento histórico, e ele toma

---

[96] Os documentos essenciais são constituídos pelas "notas marginais" (*Randglossen*) *redigidas por Marx, por um lado no livro de Bakunin Estatismo e anarquia, publicado em 1873, e por outro no "Projeto de Programa do Partido Operário Alemão", redigido em 1875. As primeiras permaneceram inéditas até serem editadas no século* XX *com outros manuscritos de Marx (atualmente são encontradas sobretudo no volume* XVIII *de Marx-Engels Werke, Dietz Verlag, Berlim, 1964, pp. 597-642). As segundas, transmitidas na época aos dirigentes socialistas alemães em caráter privado (Marx declara ter afinal considerado inútil dá-las a público, pois os operários socialistas tinham lido no projeto de programa o que ele não continha, a saber, uma plataforma revolucionária...), foram acrescentadas por Engels, vinte anos depois, à sua própria Crítica do programa de Erfurt (1892).*

como exemplo a democracia direta inventada pela Comuna de Paris, a "forma enfim encontrada do governo da classe operária" (*A guerra civil na França*), por ele considerada o núcleo de uma nova definição da *ditadura do proletariado*. Mas essa resposta não permite compreender por que tantos operários, tantos militantes seguem outras ideologias ou outros "sistemas", e por que é necessária uma *organização* ou uma *instituição* para sua educação e disciplina, frente ao Estado burguês. Estamos longe, de qualquer maneira, da "classe universal", portadora da iminência do comunismo...

O enfraquecimento do Estado

A essa questão, as *Randglossen* sobre Bakunin e sobre o programa de Gotha não respondem diretamente. Mas fornecem uma resposta indireta, ao introduzir o conceito de transição: "Entre a sociedade capitalista e a sociedade comunista se situa o período de transformação revolucionária da primeira na segunda. Isso corresponde a um período de transição política no qual o Estado só poderia ser a ditadura revolucionária do proletariado."[97] E pouco antes ele esboça a distinção entre as "duas fases da sociedade comunista", uma na qual ainda reinam a troca de mercadorias e a forma salarial como princípio de organização do trabalho social, a outra na qual "terá desaparecido a humilhante subordinação dos indivíduos à divisão do trabalho" e na qual "o trabalho não será apenas um meio

---

97   "Gloses marginales au programme du Parti ouvrier allemand", em K. Marx e F. Engels, *Critique des programmes de Gotha et d'Erfurt*, Éditions Sociales, Paris, 1950, p. 34. Sobre as sucessivas variantes da teoria da "ditadura do proletariado", cf. meu artigo no *Dictionnaire critique du marxisme*, op. cit., assim como Jean Robelin, *Marxisme et socialisation*, op. cit.

de viver, mas se tornará ele próprio a primeira necessidade vital", o que permitirá "superar definitivamente o horizonte limitado do direito burguês" e regular as relações sociais com base no princípio "De cada um segundo sua capacidade, a cada um segundo suas necessidades." O conjunto dessas indicações constitui uma descrição antecipada do *enfraquecimento do Estado* na transição para o comunismo, ou melhor: uma antecipação do momento histórico (qualquer que seja sua duração) no qual vai se desenvolver uma política de massa tendo como conteúdo o enfraquecimento do Estado.

A tradição do marxismo ortodoxo (e especialmente do marxismo *de Estado*, nos países socialistas, a partir do fim da década de 1920) tirou dessas indicações o embrião de uma teoria das *etapas* ou *estágios* do "período de transição" para a sociedade "sem classes", que culminou na definição do *socialismo*, distinto do *comunismo*, como um "modo de produção" específico, e que desde então naufragou, com o próprio sistema dos Estados socialistas. Independentemente de suas funções de legitimação do poder (que Marx teria chamado de "apologéticas"), essa utilização se inscrevia naturalmente num esquema evolucionista. Não creio que fosse isso que o próprio Marx tinha em vista. A ideia de um "modo de produção socialista" é perfeitamente contraditória com sua representação do comunismo como *alternativa* ao capitalismo, cujas condições já seriam preparadas pelo próprio capitalismo. Quanto à ideia de um "Estado socialista" ou "Estado do povo inteiro", pós-revolucionário, ela reproduz mais ou menos o que ele criticava em Bebel e Liebknecht, como bem mostrou Henri Lefebvre.[98] Em compensação, está

---

98 Henri Lefebvre, *De l'État*, vol. II, *Théorie marxiste de l'État de Hegel à Mao*, UGE, col. 10/18, Paris, 1976.

claro que o espaço identificado "entre a sociedade capitalista e a sociedade comunista", descrito aqui em termos de período ou fase, é o espaço próprio da política. Todos esses termos nada mais traduzem senão a *volta da prática revolucionária*, dessa vez como atividade organizada, no tempo da evolução. Como se fosse necessário que esse tempo se abrisse ou se distendesse para dar lugar, "entre" o presente e o futuro, a uma *antecipação prática* da "sociedade sem classes", nas condições materiais da antiga (o que Lenin chamaria, em formulação logicamente reveladora, de um "Estado/não Estado", marcando claramente sua natureza de questão, e não de resposta). Igualmente distante da ideia de iminência e da ideia de uma maturação progressiva, a "transição" entrevista por Marx é uma figura política da "não contemporaneidade" do tempo histórico consigo mesmo, mas que permanece inscrita por ele no *provisório*.

A comuna russa

Uma abertura comparável pode ser lida na correspondência de Marx, alguns anos depois, com os representantes do populismo e do socialismo russo. Mal se defendera ele perante Bakunin de preparar uma hegemonia dos países industrialmente desenvolvidos sobre os países "subdesenvolvidos" (cabe lembrar que ele escrevera no Prefácio da primeira edição de *O Capital* que os primeiros "mostram a imagem de seu próprio futuro" aos segundos), eis que se vê na contingência de resolver o debate em que se opõem duas categorias de leitores russos de *O Capital*: aqueles que, da lei tendencial (expropriação dos pequenos proprietários pelo capital, seguida da expropriação do capital pelos trabalhadores) apresentada por ele como uma "fatalidade histórica", tiram a conclusão de que o desenvolvimento do capitalismo na Rússia é uma condição prévia do socialismo; e os que veem na vitalidade da "comuna rural" cooperativa o embrião do que hoje chamamos de "desenvolvimento não capitalista", prefigurando o comunismo. Marx responde uma primeira vez em termos gerais em 1877.[99] Em 1881, é de novo solicitado por Vera Zassulich, uma das dirigentes do grupo Libertação do Trabalho. Conhecemos os quatro rascunhos de sua resposta, da qual só uma versão muito sucinta foi enviada à destinatária.[100] Uma mesma ideia reaparece em todos esses textos. O que impressiona é que essa ideia — justa ou não — é perfeitamente clara. E não menos impressionante é que Marx tem a maior dificuldade, não de formulá-la, mas de *assumi-la*.[101]

---

99 Trata-se da *Carta à redação de "Otetchestvenniye Zapisky" (os Anais da Pátria), conhecida como "Carta a Mikhailovski"*. *O texto pode ser encontrado em particular na coletânea editada por Maurice Godelier em* CERM/*Éditions Sociales, Sur les sociétés précapitalistes. Textes choisis de Marx, Engels, Lénine, 1970, p. 349 sq.*

100 "Cara cidadã, Uma doença dos nervos que me acomete periodicamente há dez anos me impediu de responder antes à sua carta..." (*Ibid., pp. 318-342*). *Note-se que todas essas cartas foram escritas em francês. Marx aprendera a ler russo, mas não escrevia.*

101 No mesmo momento, Engels esboçava considerações semelhantes a partir da leitura dos trabalhos do historiador Georg Maurer sobre as antigas comunidades germânicas (cf. "La Marche", em F. Engels, *L'Origine de la famille, de la propriété privée et de l'État*, Éditions Sociales, Paris, 1975, p. 323 sq.; e o comentário de Michaël Löwy e Robert Sayre, *Révolte et mélancolie. Le romantisme à contre-courant de la modernité*, Payot, Paris, 1992, p. 128 sq.). *Esses trabalhos, contudo, ainda são dominados pela influência do evolucionismo antropológico de Lewis Morgan,* Ancient Society (1877) (La Société archaïque, *apresentação de Raoul Makarius, Anthropos Paris, 1985), por quem Marx tinha grande admiração.*

Em primeiro lugar, a *lei tendencial* exposta em *O Capital* não se aplica independentemente das circunstâncias históricas: "É necessário descer da teoria pura à realidade russa para discuti-la [...]. [...] os que acreditam na necessidade histórica da dissolução da propriedade comunal na Rússia não podem em caso algum provar essa necessidade por meio da minha exposição da marcha fatal das coisas na Europa ocidental. Precisariam, pelo contrário, fornecer argumentos novos e absolutamente independentes do desenvolvimento feito por mim."

Em segundo lugar, a comuna rural (instituída pelo governo czarista depois da abolição da servidão em 1861) traz em seu seio uma contradição latente (um "dualismo íntimo") entre a economia não mercantil e a produção para o mercado, que tem todas as chances de ser agravada e explorada pelo Estado e o sistema capitalista, e conduzirá a sua dissolução (ou seja, à transformação de certos camponeses em empresários e dos outros em proletariado agrícola ou industrial) *se o processo não for interrompido*: "Para salvar a comuna russa, é necessária uma revolução russa."

Em terceiro lugar, enfim, a forma comunitária ("agrupamento social de homens livres, não ligados por laços de sangue"), que foi preservada por uma evolução singular ("situação única, sem precedente na história"), é um *arcaísmo*; mas esse arcaísmo *pode* servir à "regeneração da Rússia", vale dizer, à construção de uma sociedade comunista, evitando os "antagonismos", as "crises", os "conflitos" e os "desastres" que marcaram o desenvolvimento do capitalismo no Ocidente, considerando-se que essa sociedade é *contemporânea* (termo retomado por Marx com insistência) das formas mais desenvolvidas da produção capitalista, cujas técnicas pode tomar de empréstimo ao "meio" circundante.

O que é proposto nesses textos, então, é a ideia de uma multiplicidade concreta das vias de desenvolvimento histórico. Mas essa ideia é indissociável da hipótese mais abstrata segundo a qual há, na história das diferentes formações sociais, uma multiplicidade de "tempos" contemporâneos uns dos outros, alguns dos quais se apresentam como uma progressão contínua, ao passo que outros efetuam o curto-circuito entre o mais antigo e o mais recente. Essa "sobredeterminação", como diria Althusser, é a própria forma assumida pela *singularidade* da história. Ela não segue um plano preexistente, mas resulta da maneira como distintas unidades histórico-políticas, mergulhadas em um mesmo "meio" (ou coexistindo em um mesmo "presente"), reagem às tendências do modo de produção.

Antievolucionismo?

Assim, por uma surpreendente reviravolta da situação, sob a pressão de uma questão vinda do exterior (e certamente também das dúvidas suscitadas nele quanto à exatidão de algumas de suas formulações, devido à aplicação então proposta pelos "marxistas"), o *economicismo* de Marx dá à luz o seu contrário: um conjunto de hipóteses *antievolucionistas*. Essa ironia da teoria é o que podemos chamar de terceiro tempo da dialética em Marx. Como não ver que há uma convergência latente entre as respostas a Bakunin e Bebel e a resposta a Vera Zassulich? Uma pode ser considerada a recíproca das outras: aqui, o novo ainda precisa abrir caminho nas "condições" do antigo, após intervenção de uma ruptura política; lá, o antigo precisa dar um curto-circuito no mais recente, para utilizar seus resultados "na contracorrente".

Como não ver, também, que essas proposições que em parte se mantiveram privadas, quase clandestinas, e meio rasuradas, são implicitamente contraditórias, senão em relação às análises da contradição real em *O Capital*, pelo menos em relação a certos termos utilizados por Marx vinte anos antes, no prefácio à *Contribuição à crítica da economia*, quando ele apresentou seu esquema de causalidade, em estreita associação com a imagem de uma linha única de desenvolvimento da história universal? "Uma formação social nunca desaparece antes que estejam desenvolvidas todas as forças produtivas que ela tem espaço para conter [...]. Por isso, a humanidade só tenta equacionar problemas que seja capaz de resolver [...]", escrevia ele na época. E agora: "[...] mas é muito pouco para o meu crítico. Ele precisa absolutamente metamorfosear o meu esboço histórico da gênese do capitalismo na Europa ocidental em uma teoria histórico-filosófica da marcha geral, fatalmente imposta a todos os povos, quaisquer que sejam as circunstâncias históricas em que se encontrem, para chegarem, em último lugar, a essa formação econômica que garante, com a maior expansão dos poderes produtivos do trabalho social, o desenvolvimento mais integral do homem. Mas eu lhe peço desculpas. (O que ao mesmo tempo me honra muito e me envergonha muito.) [...] acontecimentos de uma analogia impressionante, mas ocorridos em meios históricos diferentes, deram esses resultados completamente díspares [desenvolvimento ou não do assalariamento]. Estudando cada uma dessas evoluções à parte, para em seguida compará-las, facilmente se encontra a chave desse fenômeno, mas isso jamais será possível com a chave universal de uma teoria histórico-filosófica geral, cuja suprema virtude consiste em ser supra-histórica".[102]

---

102 "Lettre à Mikhaïlovski", *op. cit.*

Assim como não há capitalismo "em geral", mas unicamente um "capitalismo histórico",[103] feito do encontro e do conflito de múltiplos capitalismos, assim também não há história universal, apenas historicidades singulares.

ENGELS

A colaboração de Friedrich Engels (1820-1895) com Marx durante quarenta anos impossibilita distinções maniqueístas (o "bom dialético" Marx e o "mau materialista" Engels); mas ela não impede de reconhecer sua originalidade intelectual nem de tomar a medida da transformação pela qual ele faz passar a problemática marxista. Os momentos fortes de sua intervenção situam-se em 1844 — quando ele publica *Situação da classe trabalhadora na Inglaterra*, livro em que se expressa uma versão muito mais complexa que em Marx, na mesma época, da crítica do assalariamento como alienação da essência humana — e também depois de 1875. Na verdade, foi Engels que se empenhou em conferir uma forma sistemática ao "materialismo histórico", e, para isso, em articular a estratégia revolucionária, as análises de conjuntura e a crítica da economia política. O aspecto mais interessante para nós é a *retomada do conceito de ideologia*, a partir do *Anti-Dühring* (1878). Engels oferece inicialmente uma definição epistemológica, centrada na aparência de "verdades eternas" das noções de direito e moral. Nos esboços do mesmo período

---

103 I. Wallerstein, *Le Capitalisme historique*, La Découverte, col. *Repères, Paris, 1985*.

publicados mais tarde (1935) com o título "Dialética e natureza" (cf. Engels, *Dialectique de la nature*, Éditions Sociales, Paris, 1952), essa definição leva praticamente ao *oposto* das teses de *A ideologia alemã*: longe de não ter "história própria", a ideologia se insere em uma *história do pensamento*, cujo fio condutor é a contradição entre o idealismo e o materialismo, que é sobredeterminada pela oposição entre o modo de pensamento "metafísico" (que Hegel chamava de "entendimento") e o modo de pensamento "dialético" (que Hegel chamava de "razão"). Trata-se, evidentemente, frente à filosofia universitária, de dotar o marxismo de uma garantia de caráter científico. Mas esse projeto permanece em suspenso, em virtude de suas aporias implícitas e porque a questão principal não é essa, mas sim o enigma da *ideologia proletária*, ou da *concepção do mundo comunista* — expressão preferida por Engels por permitir contornar a dificuldade de uma noção de "ideologia materialista". Os últimos textos (de *Ludwig Feuerbach e o fim da filosofia clássica alemã*, 1888, à *Contribuição à história do cristianismo primitivo*, de 1894-1895, e ao artigo "Socialismo de juristas", escrito com Kautsky em 1886) discutem ao mesmo tempo dois aspectos do problema: a sucessão de "concepções do mundo dominantes" — ou seja, a passagem de um pensamento religioso a um pensamento laico (essencialmente jurídico), e daí a uma visão política do mundo baseada na luta de classes — e o mecanismo de formação das "crenças" coletivas na relação das massas com o Estado. O materialismo histórico, assim, é dotado de um objeto e de um desfecho.

Certamente não poderemos então evitar a pergunta: essa retificação não deveria repercutir em outros aspectos do "materialismo histórico"? Antes de tudo, sem dúvida, na maneira como o prefácio da *Contribuição à crítica da economia* descrevia a "derrubada da superestrutura" como consequência mecânica da "mudança da base econômica". O que são, de fato, o "meio", a "alternativa", o "dualismo", a "transição política" senão outros tantos conceitos ou metáforas obrigando a pensar que o Estado e a ideologia agem sobre a economia, e mesmo constituem, em circunstâncias dadas, a própria base sobre a qual agem as tendências da "base"? Mas não é menos certo que nenhum teórico, a partir do momento em que de fato encontra algo novo, pode *reformular* a si mesmo: não se tem força para isso, ou vontade, não se tem "tempo"... São outros que o fazem. E vale a pena observar aqui que a "ação inversa da ideologia", *a verdadeira noção de economicismo* (ou seja, o fato de as tendências da economia só se realizarem por seu contrário: as ideologias, as "concepções do mundo", inclusive a dos proletários), é justamente o programa de investigação de Engels no fim da década de 1880. E é verdade que, cem anos depois, mais uma vez se defrontando com o lado mau da história, os marxistas ainda trabalham nele.

LENIN FILÓSOFO?

A partir do momento em que o "materialismo dialético" era identificado como um "marxismo-leninismo" (enquanto o corpo embalsamado do "fundador" era depositado no mausoléu da Praça Vermelha em Moscou), o pensamento de Lenin — extraído dos 47 volumes de suas *Œuvres complètes* (Éditions de Moscou) por milhares de comentários — tornava-se algo que não era uma filosofia, mas sim uma *referência* obrigatória, a única que dava direito à expressão. Hoje, o movimento é inverso (um exegeta recente considera que se trata de um caso psicopatológico: Dominique Colas, *Le Léninisme*, PUF, Paris, 1982) e será necessário muito tempo para que se possa realmente *estudar* as argumentações de Lenin, em seu contexto e sua economia.

No marxismo francês, dois filósofos que se opõem sob todos os aspectos analisaram com liberdade a relação de Lenin com a filosofia. Henri Lefebvre (*Pour connaître la pensée de Lénine*, Bordas, Paris, 1957, e sua edição, com Norbert Guterman, dos *Cahiers sur la dialectique de Hegel*, NRF, Paris, 1938) baseou-se sobretudo nos inéditos de 1915-1916, nos quais Lenin buscou nos filósofos clássicos — particularmente Hegel, mas também em Clausewitz — os meios de pensar "dialeticamente" a guerra como um processo, no qual continuam a agir as contradições políticas (cf. o vol. 38 das *Œuvres complètes*). Louis Althusser (*Lénine et la philosophie*, François Maspero, Paris, 1969), cujas análises seriam prolongadas por Dominique Lecourt (*Une crise et son enjeu*, François Maspero, Paris, 1973), buscou em uma releitura de *Materialismo e empírio-criticismo* (1908, em *Œuvres complètes*, tomo 14) os elementos de uma concepção "prática" da filosofia, como traçado de uma linha de demarcação entre o materialismo e o idealismo na complexidade das conjunturas intelectuais, em que se determinam reciprocamente a ciência e a política.

Mas há outros momentos filosóficos em Lenin, sendo estes certamente os mais interessantes:

1) a reformulação da ideia do proletariado como "classe universal" tentada em *O que fazer?* (1902, OC, tomo 5), contra a ideia de "espontaneidade revolucionária", em termos de direção intelectual da revolução democrática (à qual seria oposta a réplica de Rosa Luxemburgo, depois da revolução de 1905: "Grève de masse, parti et syndicat", em *Œuvres I*, Petite collection Maspero, Paris, 1976);

2) na outra extremidade, o trabalho teórico sobre a contradição da revolução socialista ("Estado" e "não Estado", trabalho assalariado e trabalho livre), que vai da utopia inicial (*O Estado e a Revolução*, 1917, OC, tomo 25) às últimas reflexões sobre *A cooperação* (1923, OC, tomo 33) (a esse respeito, ler também Robert Linhart, *Lénine, les paysans, Taylor*, Éditions du Seuil, Paris, 1976, e Moshe Lewin, *Le Dernier Combat de Lénine*, Éditions de Minuit, Paris, 1978).

5

A CIÊNCIA E A REVOLUÇÃO

O leitor que me seguiu até aqui gostaria, bem sei, de fazer duas críticas (pelo menos).

Em primeiro lugar, pensa ele, você foi de uma exposição das ideias de Marx a uma discussão "com Marx", mas sem deixar claro quando se passa de uma à outra. Daí vem a facilidade com que se permite projetar "vozes" no texto, interpretar seus silêncios ou pelo menos suas meias palavras.

Em segundo lugar, prossegue ele, você não expôs de fato a doutrina de Marx: se já não o soubéssemos por outras fontes, não aprendemos aqui como ele definiu a luta de classes, fundamentou a tese de sua universalidade e de seu papel de "motor da história", demonstrou que a crise do capitalismo é inevitável e que sua única saída é o socialismo (ou o comunismo) etc. Da mesma forma, não nos deu meios de saber onde e por que ele se enganou, se alguma coisa do marxismo pode ser "salva", se ele é compatível ou incompatível com a democracia, a ecologia, a bioética etc.

Vou começar por essa última crítica, e me declaro inteiramente culpado. Tendo optado por investigar a maneira como Marx trabalha na filosofia, assim como a filosofia em Marx, eu precisava afastar não só o ponto de vista do "sistema", como o da doutrina. A filosofia não é doutrinária, não consiste em opiniões ou teoremas ou leis sobre a natureza, a consciência, a história... Nem, sobretudo, no enunciado das *mais gerais* dentre essas opiniões ou leis. Esse ponto é particularmente importante aqui, porque a ideia de uma "síntese geral" em que a luta de classes seja articulada com a economia, a antropologia, a política, a teoria do conhecimento é, pura e simplesmente, o tipo do *diamat* ainda há pouco oficializado no movimento comunista internacional (cabendo reconhecer que, à parte o grau de sutileza, o mesmo ideal de "generalização" também prevalece em muitos *críticos* do *diamat*). Essa forma, naturalmente, é ela própria interessante do ponto de vista da história das ideias. Ela encontra certos estímulos em Marx e outros, mais deliberados, em Engels (que tinha diante de si concorrentes com os quais devia competir: as "teorias do conhecimento", "filosofias da natureza" e "ciências da cultura" do último terço do século XIX). Essa forma encontrou alguns dos seus mais fervorosos admiradores entre os neotomistas da Universidade Pontifícia (esse espantoso episódio pode ser lido em Stanislas Breton, *De Rome à Paris, Itinéraire philosophique*).[104]

Voltando resolutamente as costas à ideia de doutrina, eu quis problematizar certas questões que determinam o

---

104   Desclée de Brouwer, Paris, 1992.

pensamento de Marx — pois se é verdade, como ele mesmo afirmava em *A ideologia alemã* (*L'Idéologie allemande*, p. 11), que "as mistificações" "já estão nas perguntas" antes de estar nas respostas, não caberia supor que isso se aplique ainda mais às desmistificações, vale dizer, aos conhecimentos? E, para isso, decidi retomar do interior o movimento teórico que incessantemente "desloca as linhas" dessas perguntas. Escolhi para isso três percursos que me parecem privilegiados (outras escolhas certamente eram possíveis).

Três percursos filosóficos

O primeiro, partindo da crítica das definições clássicas da "essência humana", tanto espiritualistas-idealistas como materialistas-sensualistas (o que Althusser propôs chamar de humanismo teórico, e que poderíamos chamar também de antropologia especulativa), conduz à problemática da *relação social*. Mas à custa de uma oscilação significativa entre um ponto de vista radicalmente negativo e *ativista* (o das *Teses sobre Feuerbach*, no qual a relação nada mais é que a atualização da práxis), e um ponto de vista construtivo e *positivo* (o de *A ideologia alemã*, no qual ela coincide com a divisão do trabalho e o comércio ou comunicação — formas de desenvolvimento das *forças produtivas*). Poderíamos dizer que, num caso, a comunidade humana (o comunismo) se faz pela total evacuação do velho mundo, e, no outro, pela plenitude do novo que, na verdade, já está presente. Num caso, a prática revolucionária prima absolutamente sobre qualquer pensamento (a verdade é apenas um dos seus momentos). No outro, ela é, senão submetida ao pensamento, pelo menos apresentada em todas as suas implicações por uma *ciência* da história. Revolução, ciência (revolução na ciência, ciência da revolução): temos aí os termos de uma alternativa que, no fundo, nunca foi resolvida por Marx. O que também significa que ele nunca aceitou sacrificar uma pela outra — prova da sua intransigência intelectual.

O segundo percurso, enxertado no anterior, parte de uma crítica das ilusões e pretensões da "consciência" para chegar a uma problemática da *constituição do sujeito* nas formas de sua alienação (alienação à "coisa", ao fetichismo da circulação mercantil, mas também alienação à "pessoa", ao fetichismo do processo jurídico — embora eu reconheça que o *status* do conceito de "pessoa" em Marx é profundamente incerto). Esse segundo percurso não é linear, mas marcado por uma notável bifurcação (abandono do termo ideologia). Ele passa por uma série de análises: o "horizonte social" da consciência (que é o das relações individuais e de sua limitação histórica); a diferença intelectual, logo, a dominação *fora* do pensamento e *no* pensamento; e, enfim, a estrutura simbólica de *equivalência* entre os indivíduos e suas "propriedades", que é comum à troca mercantil e ao direito (privado).

Por fim, há o terceiro percurso: o que vai da invenção de um esquema de causalidade (materialista no sentido de que derruba o primado da consciência ou das forças espirituais, mas para lhes atribuir um lugar de "mediação", de instância subordinada na eficácia do modo de produção) a uma *dialética da temporalidade, imanente* ao jogo das forças da história (que não são "coisas"!). Encontramos vários esboços dessa dialética em Marx, sendo o principal o da "contradição real" — ou seja, das tendências e contratendências de socialização, ou das realizações antagônicas do coletivo, envolvidas uma na outra —, que ocupa grande parte do *Capital*. Mas também é necessário — se nos dispusermos a assumir alguns riscos na leitura dos últimos textos de Marx — reconhecer toda a importância da ideia de transição do capitalismo para o comunismo (aqui, o momento da prática revolucionária efetua um espetacular retorno ao espaço que fora monopolizado pela "ciência das formações sociais"), como também da ideia de vias de desenvolvimento alternativas, *singulares*, que esboça uma crítica interna do evolucionismo.

A dificuldade desse terceiro percurso está em que a revelação de uma dialética temporal passou pelo seu contrário, prevalecendo na maior parte dos textos *gerais* de Marx (que afinal são raros) a ideia de uma *história universal* da humanidade, a linha de evolução ascendente, uniformemente progressiva, dos modos de produção e das formações sociais. Aqui, é necessário ser honesto, reconhecer que esse evolucionismo "materialista" e "dialético" é tão *marxista* quanto a análise da contradição real — e que, historicamente, tem até mais razões para ser identificado com *o marxismo*. É, sem dúvida, no que já pensava Marx ao fazer o famoso gracejo relatado por Engels em carta a Bernstein de novembro de 1882: "O que é certo é que eu não sou marxista." E Gramsci ao escrever seu artigo de 1917 "A Revolução contra *O Capital*"[105] (outro gracejo), com a ressalva de que *O Capital* é justamente o texto de Marx em que é mais viva a tensão entre os dois pontos de vista. O que está em questão em tudo isso, evidentemente, é saber se, como afirma uma formulação do livro III de *O Capital* absolutamente sintonizada com a tradição idealista da filosofia da história, a sociedade

---

105 Ver o texto em seus Écrits politiques, Gallimard, tomo I (1914-1920), ou em Antonio Gramsci, *Textes (seleção e apresentação de André Tosel)*, Messidor/Éditions Sociales, Paris, *1983*.

sem classes pós-capitalista será "a passagem do reinado da necessidade para o reinado da liberdade",[106] ou se a luta (atual) *pelo* comunismo representa um *devir necessário da liberdade* (vale dizer, a inscrição de um movimento de libertação em suas próprias condições materiais).

A obra em construção

Mas voltemos à primeira objeção que me poderia ser feita. Eu disse que ler Marx como filósofo supõe instalar-se ao lado da doutrina, privilegiar os conceitos e problematizar seu movimento de construção, desconstrução e reconstrução. Mas acredito que é necessário dar mais um passo, sem temor de incoerência, dizer que *essa doutrina não existe*. Com efeito, onde estaria ela? *Em quais textos?* "Ele não teve tempo", como se sabe, e aqui se trata de algo bem diferente de uma distinção entre um Marx jovem ou velho, filósofo ou cientista. Dispomos apenas de resumos (o prefácio da *Contribuição*), manifestos (grandiosos), esboços longos e articulados, mas que acabam sempre bruscamente e que — vale lembrar — o próprio Marx *nunca publicou* (*A ideologia alemã*, os *Grundrisse* ou o "Manuscrito de 1857-1858"). Não há doutrina, apenas fragmentos (e, além disso, análises e demonstrações).

Que fique bem claro: Marx não é para mim um "pós-moderno" antes do tempo, e não pretendo sustentar que

---

[106] *Le Capital, livro III, op. cit.*, tomo terceiro, *p. 199*. Cf. também Engels, *Anti-Dühring (Monsieur E. Dühring bouleverse la science)*, trad. de E. Bottigelli, Éditions Sociales, Paris, 1950, pp. 322-324.

seu pensamento envolve uma busca deliberada do inacabado. Estaria tentado, isto sim, a pensar que de fato ele não teve tempo de construir uma doutrina porque *a retificação andava mais rápido*. Ela não só antecipava as conclusões como a crítica das conclusões. Por mania intelectual? Talvez, mas essa mania estava a serviço de uma dupla ética: ética de *teórico* (de cientista) e ética de *revolucionário*. Encontramos mais uma vez os mesmos termos. Marx seria demasiado teórico para "alinhavar" suas conclusões e demasiado revolucionário tanto para se dobrar aos reveses como para ignorar as catástrofes, continuar como se nada tivesse ocorrido. Demasiado erudito e demasiado revolucionário para se escorar na esperança do messias (embora essa incontestavelmente fizesse parte dos subentendidos do seu pensamento; mas um teórico ou um político não se define pelo que recalca, ainda que sua energia em certa medida provenha daí, e ainda que o que é recalcado — por exemplo, o religioso — faça parte daquilo que mais seguramente chega aos ouvidos dos "discípulos", dos "sucessores").

Mas então temos o direito de interpretar as meias palavras de Marx. Não de considerar os fragmentos do seu discurso como cartas que poderíamos embaralhar à vontade, indefinidamente. Mas o direito, sim, de fincar pé em suas "problemáticas", em suas "axiomáticas", em suas "filosofias", enfim, para levá-las ao extremo (a suas contradições, limites e aberturas). Desse modo, em uma conjuntura totalmente nova, vemos o que podemos fazer com ele e contra ele. Muito do que foi esboçado em Marx está longe de ter encontrado sua forma definitiva. Muito do que hoje parece impotente, criminoso, ou simplesmente caduco no "marxismo" já o era — se assim posso dizer — antes dele, pois não se tratava de uma invenção do marxismo. Entretanto, ainda que tivesse apenas enfrentado a questão da alternativa ao "modo de produção dominante" *no próprio seio* desse modo (que também é, mais que nunca, um modo de circulação, um modo de comunicação, um modo de representação...), ele ainda teria utilidade para nós!

A favor de e contra Marx

Mas temos de reconhecer que o marxismo é hoje uma filosofia improvável. Isso se deve ao fato de a filosofia de Marx estar no longo e difícil processo de separação do "marxismo histórico", que precisa superar os obstáculos acumulados por um século de utilização ideológica. Ora, não se trata, para ela, de voltar ao ponto de partida, mas, pelo contrário, de aprender com sua própria história e se transformar nesse percurso. Quem quiser hoje filosofar em Marx não vem apenas depois dele, mas *depois do marxismo*: não pode se limitar a registrar o corte provocado por Marx, devendo também refletir sobre a ambivalência dos efeitos que ele produziu — tanto entre seus seguidores quanto entre seus adversários.

Deve-se também ao fato de que a filosofia de Marx não pode ser hoje nem uma doutrina de organização nem uma filosofia universitária; ou seja, está sempre em posição precária em relação a toda instituição. É certo que o ciclo de um século que mencionei (1890-1990) assinala o fim de toda vinculação mútua entre a filosofia de Marx e qualquer organização, principalmente um Estado. Isso quer dizer que o marxismo não poderá mais funcionar como empreendimento de legitimação: é uma condição pelo menos *negativa* da sua vitalidade; quanto à condição positiva, depende da parte que os conceitos de Marx vão ocupar na crítica de outros empreendimentos de legitimação. Mas a dissolução do vínculo (conflituoso) entre o marxismo e as organizações políticas nem por isso facilita sua transformação em filosofia universitária — no mínimo, porque a Universidade levará muito tempo para fazer a análise do seu próprio antimarxismo. Também aqui, o positivo e o negativo estão em suspenso: o próprio futuro de uma filosofia universitária é incerto, e o papel que ideias provenientes de Marx podem desempenhar na resolução dessa outra crise não pode ser determinado *a priori*. Mas, de qualquer maneira, é necessário levantar hipóteses, o que me leva às razões que me fazem pensar, como dizia ao começar, que Marx será lido e estudado em diversos lugares no século XXI. Cada uma delas, como veremos, também é uma razão de se opor a Marx — mas obedecendo a uma relação de "negação determinada", ou seja, encontrando em seu próprio texto as questões que só podem ser desenvolvidas, em pontos precisos, levando em conta o oposto de suas teses.

Em primeiro lugar, uma prática viva da filosofia sempre é um confronto com a não filosofia. A história da filosofia é feita de renovações tanto mais significativas quanto mais indigesta para ela é a exterioridade pela qual ela se mede. O deslocamento a que Marx submeteu as categorias da dialética é um dos exemplos mais claros dessa "migração" do pensamento filosófico, que o conduz a reconstituir a própria forma de seu discurso a partir do seu outro. Mas esse deslocamento, por mais decididamente que tenha sido efetuado, não está acabado — nem está perto de sê-lo, pois a terra estrangeira a ser abordada, *história*, muda incessantemente de configuração. Digamos que a humanidade não pode abandonar um problema que ainda não resolveu.

Em segundo lugar, a historicidade, pois é dela que se trata uma das questões mais abertas da atualidade. Isso decorre, entre outras coisas, do fato de a universalização da relação social anunciada pelas filosofias da história ser doravante um *fato consumado*: já não existe senão um único espaço das técnicas e da política, da comunicação e das relações de poder. Mas essa universalização não é nem uma humanização nem uma racionalização, ela coincide com exclusões e cisões mais violentas do que anteriormente. Se deixarmos de lado os discursos morais, que opõem a essa situação a reformulação de princípios jurídicos e religiosos, restam apenas, ao que parece, duas possibilidades: voltar à ideia da "guerra de cada um contra cada um" (de que falava Hobbes), que requer a construção de uma *potência* exterior de coerção, ou mergulhar a historicidade no elemento da *natureza* (o que parece se delinear na presente renovação das filosofias da vida). Além disso, há uma terceira, cuja forma, justamente, foi esboçada por Marx: pensar a mudança das instituições históricas (ou melhor: a "mudança da mudança" — logo, a alternativa às mudanças imediatamente observáveis) a partir das relações de forças que lhes são imanentes, de maneira não só retrospectiva, mas sobretudo prospectiva, ou, se quiserem, conjectural. É necessário aqui — indo de encontro aos modelos da mudança de direção e da evolução linear, adotados sucessivamente por Marx e periodicamente resgatados por seus sucessores — liberar a terceira noção, que aos poucos foi se tornando clara para ele: a da *tendência* e de sua contradição interna.

Em terceiro lugar, uma filosofia *crítica* não é apenas uma reflexão sobre o inesperado que a história apresenta; é preciso que ela pense sua própria determinação como atividade intelectual (vale dizer, que ela seja, segundo uma formulação muito antiga, "pensamento do pensamento" ou "ideia da ideia"). A esse respeito, Marx está na situação mais instável possível, em razão da teorização da ideologia que esboçou. Eu disse que a filosofia não lhe perdoava esse conceito, ou que o fazia por muito pouco, transformando-o numa espécie de incômodo permanente e às vezes declarado (um bom exemplo recente é o livro de Paul Ricœur: *Lectures on Ideology and Utopia*).[107] É que a ideologia designa para a filosofia seu próprio elemento de formação, não só como um "impensado" interior, mas como uma relação com os interesses sociais e com a própria diferença intelectual, para sempre irredutível a uma simples oposição entre razão e desrazão. A ideologia é, para a filosofia, o nome materialista de sua própria finitude. Entretanto, a mais flagrante das incapacidades do marxismo consiste precisamente na tarefa cega que representava para ele seu próprio funcionamento ideológico, sua própria idealização do "sentido da história" e sua própria transformação de massas, partidos e Estados em religião secular. Vimos que pelo menos uma das causas dessa situação tem a ver com a maneira como Marx *opôs* na juventude a ideologia à prática revolucionária do proletariado, no mesmo movimento transformando a segunda em um absoluto. Por isso, devemos aqui sustentar *ao mesmo tempo* duas posições antitéticas: a filosofia será "marxista" enquanto a questão da verdade estiver em jogo, para ela, na análise das ficções de universalidade a que ela atribui autonomia; mas primeiro, ela deve ser "marxista" *contra Marx*, fazendo da denegação da ideologia em Marx o primeiro objeto de sua crítica.

---

107 Columbia University Press, Nova York, 1986, tr. fr. Seuil, Paris, 1997.

Em quarto lugar, a filosofia de Marx é, entre Hegel e Freud, o exemplo de uma ontologia moderna da relação, ou, para voltar à expressão que já empreguei, do transindividual. Significa isso que ela se instala *para além* da oposição entre individualismo (ainda que "metodológico") e organicismo (ou "sociologismo"), retraçando sua história e mostrando suas funções ideológicas. Mas isso não basta para caracterizar sua originalidade, pois a *relação* pode ser pensada no modo da interioridade ou no da exterioridade — e mesmo, mais uma vez, no da naturalidade. E isso seria ilustrado na filosofia contemporânea, por um lado, pelo tema da *intersubjetividade* (não há um "sujeito" isolado que imagine o mundo, e sim uma comunidade originária de múltiplos sujeitos) e, por outro, pelo da *complexidade* (cujas exposições mais sedutoras se baseiam metaforicamente na nova aliança entre a física e a biologia). Marx não pode ser reduzido a nenhuma dessas duas posições. Isso decorre do fato de que, nele, o transindividual foi pensado fundamentalmente como o correlato da *luta de classes*, estrutura social "última" que divide ao mesmo tempo o trabalho, o pensamento e a política. Filosofar a favor de Marx e contra ele quer dizer aqui colocar a questão não do "fim da luta de classes" — eterno desejo piedoso da harmonia social —, mas sim de seus *limites internos*, ou seja, das formas do transindividual que, apesar de confirmarem-na a todo momento, permanecem absolutamente irredutíveis a ela. A questão das grandes "diferenças antropológicas" comparáveis à diferença intelectual (a começar pela diferença sexual) pode servir de fio condutor. Mas também é possível que, até nessa distância tomada em relação a Marx, o modelo da articulação entre uma problemática dos *modos de produção* (ou da "economia", no sentido geral do termo) e uma problemática do *modo de sujeição* (logo, de constituição do "sujeito", pela ação das estruturas simbólicas) seja uma referência constantemente necessária — justamente porque ela é a expressão dessa dupla recusa do subjetivismo e do naturalismo que periodicamente reconduz a filosofia para a ideia de dialética.

Em quinto lugar, enfim, tentei mostrar que o pensamento da relação social é, em Marx, a contrapartida do primado atribuído à prática revolucionária ("transformação do mundo", "contratendência", "mudança na mudança"). Com efeito, transindividual é, para começar, essa reciprocidade que se estabelece entre o indivíduo e o coletivo no movimento da insurreição libertadora e igualitária. O mínimo incompressível de individualidade *e* de socialidade descrito por Marx a propósito da exploração capitalista é um fato de resistência à dominação que ele quis mostrar não ter sido inventado ou suscitado, pois sempre já começou. Podemos admitir que foi para fundar essa tese que ele retomou uma periodização da história universal que lhe permitia pensar que a luta dos que "estão embaixo" vem do próprio fundo da história coletiva.

Entretanto, devemos aqui dar mais um passo, pois se Marx tivesse sido apenas o pensador da revolta, o sentido de sua constante oposição à utopia estaria completamente perdido. Essa oposição nunca quis ser um retorno *para aquém* da potência insurrecional e imaginativa representada pelo espírito de utopia. E o seria tanto menos por reconhecermos na ideologia o elemento ou a própria matéria da política, dando definitivamente as costas à veia positivista do marxismo. Mas isso vai apenas sublinhar ainda mais a interrogação contida no duplo movimento *antiutópico* de Marx: o que é designado pelo termo "práxis" e o que é nomeado pela "dialética". É o que chamei de *ação no presente*, e o que tentei analisar como um conhecimento *teórico* das condições materiais que constituem o "presente". Depois de ter por muito tempo designado a *redução* da rebelião à ciência, ou o inverso, a dialética poderia vir simplesmente a designar a questão infinitamente aberta de sua *conjunção* (Jean-Claude Milner empregou esse termo em *Constat*)[108] — o que significa não reduzir Marx a um programa mais modesto, mas lhe atribuir por muito tempo o papel de "passagem incontornável" entre a filosofia e a política.

---

108 Verdier, Paris, 1992. Registro simplesmente aqui que Deleuze, por sua vez, se serve da expressão "síntese disjuntiva" (ver *Différence et Répétition*, PUF, *Paris, 1968*). *Aparentemente, é o inverso. Mas a questão da unidade dos contrários é a mesma.*

ANTROPOLOGIA FILOSÓFICA OU ONTOLOGIA DA RELAÇÃO? QUE FAZER DA "VI TESE SOBRE FEUERBACH"?[109]

(Complemento, 2014)

Marx escreveu as *Teses sobre Feuerbach* — um conjunto de onze aforismos que não estavam destinados a publicação nessa forma — ao longo do ano de 1845, quando trabalhava no manuscrito de *A ideologia alemã* (que também permaneceu inédito). Engels as encontrou depois da morte de Marx e as publicou como anexo de sua

---

109   Esta exposição foi originalmente minha contribuição (em inglês) ao simpósio "The Citizen-Subject Revisited", 24 de outubro de 2011, Department of English, SUNY Albany, Nova York.

brochura de 1888: *Feuerbach e o fim da filosofia clássica alemã* (fazendo ligeiras correções, das quais voltarei a tratar).[110]

Hoje, essas teses são consideradas um dos formulários mais emblemáticos da filosofia ocidental, equiparado a outros textos em geral curtos (ou incompletos) cujo conteúdo aparentemente enigmático, mas contendo em potencial infinitos desdobramentos especulativos, vai de par com uma escrita com ares de manifesto, que interpela o leitor e assinala a entrada em cena de um novo modo de pensamento. Desse ponto de vista, elas passaram a ocupar um lugar entre os fragmentos do *Poema* de Parmênides (vi século AEC) e os aforismos do *Tractatus* de Wittgenstein (1919). Algumas das fórmulas nelas contidas (em particular a XI Tese: "Os filósofos se limitaram até agora a interpretar o mundo de maneira diferente, o que importa é transformá-lo") adquiriram o mesmo significado de "virada" na história da filosofia que o *to gar auto estin te noein kai einai*,[111] ou o *Worüber man nicht sprechen kann, darüber*

---

[110] Marx morrera em 1883. Engels explicou que Marx mantinha tanto segredo em torno das *Teses sobre Feuerbach que sequer as mostrara a ele, embora no mesmo período colaborassem e escrevessem "a quatro mãos"* (*A sagrada família*, *A ideologia alemã*, *Manifesto Comunista*...). *Como veremos, certas correções efetuadas por Engels nessa que considerava uma "redação apressada" estão longe de não ter nenhum efeito no sentido do texto. É também o caso na XI Tese, na qual a introdução de um aber ("mas") entre as duas proposições acaba conferindo o sentido de uma oposição exclusiva à distinção entre "interpretação do mundo" e sua "transformação", sentido que ela não tem necessariamente.*

[111] "O mesmo é pensar e ser." (Fragmento III do *Poema*). *Ver a tradução francesa comentada por Barbara Cassin, Parménide. Sur la nature ou sur l'étant. La langue de l'être?*, Seuil, Paris, 1998.

muss man schweigen,[112] mas também que o *ordo et connexio idearum idem est ac ordo et connexio rerum* de Spinoza[113] ou a simetria de Kant na *Crítica da razão pura: Gedanken ohne Inhalt sind leer, Anschauungen ohne Begriffe sind blind.*[114]

Em tais condições, é ao mesmo tempo tentador e bem imprudente embarcar em um novo comentário. Mas aqui, toda vez que nos preocupamos com o lugar ocupado por Marx nos debates contemporâneos, é incontornável voltar à letra das teses e testar nossa compreensão do que elas dizem, assim como das palavras de que se servem para dizê-lo. É a experiência que eu gostaria de tentar hoje a propósito da VI Tese, para discutir em particular o emprego, nela, do termo *Verhältnis*, que podemos traduzir como "relação", com implicações que não são sempre as mesmas. Elas dizem respeito à lógica, à política e à ética, e sobretudo afetam a posição que somos levados a assumir num debate crucial quanto à diferença entre uma "antropologia filosófica" (como diz a tradição derivada de Dilthey, à qual aderiu Sartre em sua interpretação de Marx) e uma "ontologia social" (ou, como preferia dizer Lukács em sua obra tardia, uma "ontologia do ser social"). Esbocei uma contribuição a esse debate em meu livrinho sobre *A Filosofia de Marx*, de 1993, apresentando as formulações de Marx como exemplo de um pensamento do "transindividual", que se situaria virtualmente *fora* da alternativa clássica entre individualismo

---

112 "Sobre aquilo de que não se pode falar, deve-se calar." (Proposição 7, em Ludwig Wittgenstein, *Tractatus logico-philosophicus*, trad. fr. de Gilles-Gaston Granger, Gallimard, Paris, *1993*).

113 "A ordem e a conexão das ideias correspondem à ordem e à conexão das coisas." (Spinoza, Ética, Parte II, Proposição 7.)

114 "Pensamentos sem conteúdo são vazios, intuições sem conceitos são cegas", Kant, *Crítica da razão pura (1781/1787)*, B *75*/A *51*.

e organicismo (ou holismo).[115] Gostaria então de voltar com mais detalhes ao tema.

Na versão original de Marx, o texto da VI Tese se apresenta assim:

> Feuerbach löst das religiöse Wesen in das menschliche Wesen auf. Aber das menschliche Wesen ist kein dem einzelnen Individuum inwohnendes Abstraktum. In seiner Wirklichkeit ist es das ensemble der gesellschaftlichen Verhältnisse.
> Feuerbach, der auf die Kritik dieses wirklichen Wesens nicht eingeht, ist daher gezwungen: 1. von dem geschichtlichen Verlauf zu abstrahieren und das religiöse Gemüt für sich zu fixieren, und ein abstrakt — isoliert — menschliches Individuum vorauszusetzen.
> 2. Das Wesen kann daher nur als "Gattung", als innere, stumme, die vielen Individuen natürlich verbindende Allgemeinheit gefasst werden.

O que assim foi traduzido para o francês por Georges Labica em sua edição crítica, acompanhada de um comentário insubstituível:

> Feuerbach resolve a essência religiosa na essência *humana*. Mas a essência humana não é uma abstração inerente ao indivíduo singular. Em sua realidade efetiva, ela é o conjunto das relações sociais.

---

115 Um volume foi publicado na Itália, discutindo diferentes aspectos históricos e filosóficos da questão do "transindividual": *Il transindividuale. Soggetti, relazioni, mutazioni, op. cit.*

ANTROPOLOGIA FILOSÓFICA OU ONTOLOGIA DA RELAÇÃO?
QUE FAZER DA "VI TESE SOBRE FEUERBACH"?

Feuerbach, que não entra na crítica dessa essência real efetiva, é, por conseguinte, obrigado a: 1. Fazer abstração do curso da história e fixar o sentimento religioso para si, e pressupor um indivíduo humano abstrato — *isolado*. 2. A essência, portanto, só pode ser captada doravante como "gênero", como universalidade interna, muda, ligando os numerosos indivíduos *de modo natural*.[116]

Essas fórmulas têm sido objeto de numerosos comentários. Entre os que hoje podem ser considerados clássicos, vou me deter particularmente nos de Ernst Bloch e Louis Althusser, que se situam nas duas extremidades de uma oposição. O comentário extremamente detalhado (quarenta páginas) das *Teses sobre Feuerbach* feito por Bloch foi publicado originalmente, em 1953, na revista oficial dos filósofos da República Democrática Alemã, sendo posteriormente incorporado à *magnum opus* do filósofo, *O princípio esperança* (publicado entre 1954 e 1959).[117] O que Bloch vê

---

116 Georges Labica, *Karl Marx. Les Thèses sur Feuerbach*, PUF, Paris, "Philosophies", 1987. Ver também Pierre Macherey, *Marx 1845. Les "Thèses" sur Feuerbach, tradução e comentário, Paris, Amsterdã, 2008.

117 Sobre Ernst Bloch, ver *Le Principe espérance, volume I*, trad. fr. de Françoise Wuilmart, Gallimard, Paris, 1976, pp. 301-344 (capítulo XIX: "La transformation du monde ou les onze Thèses de Marx sur Feuerbach", reproduzindo "Keim und Grundlinie. Zu den Elf Thesen von Marx über Feuerbach", Deutsche Zeitschrift zur Philosophie, 1:2, 1953, p. 237 sq.). *O princípio esperança*, escrito essencialmente durante o exílio de Bloch nos Estados Unidos entre 1938 e 1947, foi publicado na RDA depois do retorno de Bloch e antes do seu novo exílio na República Federal da Alemanha (RFA). Sobre Althusser, ver *Pour Marx [1965]*, prefácio de Étienne Balibar, La Découverte, Paris, 1996 (em particular o capítulo VII: "Marxisme et Humanisme"). Althusser voltou à interpretação das Teses sobre Feuerbach de maneira muito mais crítica em um texto póstumo (datado de 1982): "Sur la pensée marxiste", Futur antérieur, n° especial

nas teses é, antes de tudo, a construção completa do conceito da práxis revolucionária, vista como a "palavra de ordem que resolve" a antítese metafísica entre o "sujeito" e o "objeto", ou ainda entre o pensamento filosófico e a ação política. A ideia central de Marx seria a ideia do caráter intrinsecamente "transformável" (*veränderbar*) da realidade, cujo conceito não envolve apenas a ideia de um estado de coisas *dado* ou das relações que resultam de um processo acabado, mas também, sempre desde logo, de uma *possibilidade objetiva vindoura* ou de um *"novum"* excedente em relação ao presente que o abriga — o que nem o materialismo nem o idealismo clássicos jamais teriam admitido. Reclassificando as teses em três grupos (o grupo relativo à teoria do conhecimento, que apresenta a práxis, em oposição à intuição — ou *Anschauung* — como critério da verdade; o grupo antropológico-histórico, que dispõe frente a frente a alienação, em suas formas tanto religiosas como burguesas, e o "verdadeiro materialismo", que define a relação social como aquilo que se metamorfoseia a partir de si mesmo; e, por fim, o grupo relativo à teoria-práxis, no qual a ideia da "crítica" se concretiza com a superação do mundo *dado*), Bloch constrói uma espécie de silogismo cuja conclusão seria o *Losungswort*:[118] "transformação do mundo". De modo completamente diferente, Althusser se

---

"*Sur Althusser. Passages*", *1993*. *Entre as críticas suscitadas na França pela interpretação de Althusser (particularmente a da VI Tese), remetemos em particular à que foi feita, muito ampliada, por Lucien Sève (Marxisme et Théorie de la Personnalité, Éditions Sociales, Paris, 1969, p. 82 sq.: "a concepção marxista do homem", reed. Messidor, 1981).*

118 Em alemão, ao mesmo tempo "palavra de ordem" e "resolução" ou "palavra final". A etimologia é próxima de *"Erlösung"*: *redenção, libertação*.

interessa pelo sintoma de um "corte epistemológico" se efetuando no pensamento de Marx, e que seria constituído pelas *Teses sobre Feuerbach*: Marx está em vias de se desvincular definitivamente de uma interpretação humanista feuerbachiana do comunismo, para então entrar na problemática científica das relações sociais e da luta de classes como motor da história, e as teses refletem essa transição. Sua terminologia, que muitas vezes devemos ler em sentido contrário ao mais evidente, revela a emergência de novas ideias no interior de uma antiga linguagem que elas tentam fazer dizer algo diferente daquilo para o qual ela havia sido construída, anunciando uma teoria sem verdadeiro precedente (o materialismo histórico), cujas implicações ainda estão *por vir*. O exemplo por excelência dessa hermenêutica da torção dos conceitos, suspensos entre adequação e inadequação, é justamente a práxis, que em Althusser se torna o "nome" filosófico daquilo que, na obra posterior de Marx (particularmente na introdução de 1857 à *Crítica da economia política*) tornar-se-ia o "sistema das práticas sociais articuladas".[119] Essas interpretações são antitéticas, mas é interessante ver que tanto Bloch como Althusser frisam a importância, para entender Marx, de um esquema da temporalidade que inclua objetivamente o futuro no presente, na condição de possibilidade subversiva — com a diferença de que, para Bloch, esse esquematismo caracteriza a *história*, a *experiência*, ao passo que para Althusser caracteriza a *teoria* (ou, como ele também diria, o *discurso*).[120]

---

119 Sobre *práxis e práticas na história da filosofia*, ver meu artigo: Étienne Balibar, *"Praxis"*, op. cit.

120 Cabe notar que esse esquematismo da antecipação é muito diferente da ideia tradicional, herdada de Leibniz por Hegel, de um presente "grávido do futuro", que ele fará nascer de maneira

Mas para nosso propósito o mais interessante é a maneira como esses dois comentadores enfrentam o paradoxo recoberto pela VI Tese, em virtude das duas maneiras sucessivas como ela define a essência humana (*das menschliche Wesen*). Esse paradoxo repercute em toda a tradição do discurso "antropológico", vinda de Kant, Hegel, Humboldt e sobretudo, naturalmente, de Feuerbach, que afirmava em *A essência do cristianismo*, de 1841, que "o segredo do discurso teológico é a experiência antropológica".[121] À tese central de Feuerbach, segundo a qual a ideia de Deus e de seus atributos é feita de representações imaginárias "invertidas" da essência humana, Marx objetaria sem rodeios: "Mas a essência humana não é uma abstração inerente ao indivíduo singular. Em sua realidade efetiva, ela é o conjunto das relações sociais." Tomada ao pé da letra, essa formulação aparentemente não deixa outra possibilidade senão reconhecer que o conceito de essência humana (*menschliches Wesen*) é necessário e mesmo fundamental, reiterando em consequência o primado da questão antropológica ("O que é o homem?") em filosofia — com a ressalva de que seria necessário entendê-la de duas maneiras diferentes: a má (atribuída a Feuerbach) enuncia (ou implica) que "a essência humana [é] uma abstração inerente ao indivíduo singular"; a boa (de que o próprio Marx se prevalece) postula que "a essência humana é o conjunto das relações

---

espontânea ou violenta. É mesmo o contrário disso. Seria necessário, naturalmente, relacionar essa convergência ao fato de Bloch e Althusser (de maneira independente) terem feito da "não contemporaneidade para si" a estrutura típica do presente.

121 Ver Ludwig Feuerbach, *L'Essence du christianisme, trad. fr. e apr. de Jean-Pierre Osier, Gallimard, Paris, "Tel", 1992; assim como o precioso comentário de Philippe Sabot, Ludwig Feuerbach. L'Essence du christianisme (introdução e cap. 2 "L'essence de la religion en général"), Ellipses, "philo-textes", Paris, 2001.*

sociais". Bloch se interessa aqui, sobretudo, pela desmistificação irônica que permite a Marx — levando a crítica feuerbachiana da religião além de si mesma, e assim fazendo de Feuerbach o último representante da tradição "naturalista" que vai do estoicismo à religião burguesa dos direitos do homem — resgatar finalmente um *humanismo real*, imanente à crítica da sociedade burguesa (mais tarde reconceitualizada como "capitalismo"). Althusser, todavia, pretende levar o comentário em outra direção: para ele, o próprio emprego da expressão "essência humana" implica a equivalência entre um *humanismo teórico* e uma *antropologia filosófica* com os quais é preciso romper para desenvolver uma teoria materialista do "conjunto" (vale dizer, do sistema, da articulação) das "relações sociais", explorando as transformações incessantes daquilo que faz o "humano" em sociedade — as relações de dominação e os conflitos de classes — e destruindo a própria ideia de *atributos* universais ou invariáveis que pudessem ser encontrados em todo sujeito ou indivíduo particular. Em um único movimento, essa historicização radical — ou desessencialização — invalida a antropologia no nível da teoria e faz do humanismo uma ideologia. Na formulação de Marx, as palavras mais importantes, assim, seriam: "em sua realidade efetiva" (*in seiner Wirklichkeit*). Elas funcionam como uma injunção teórica (um "poste indicador") no interior do antigo discurso da essência, para assinalar que ele não é mais viável, e determinam que seja substituído por outro discurso, no qual não se trata do homem em geral, mas da análise das relações sociais. "Social" se opõe a "humano", assim como "relações" se opõe a "essência".

Se dessa base voltarmos por um momento ao comentário de Bloch, duas coisas nos chamarão a atenção. A primeira, naturalmente, é que ele é formalmente atingido pela crítica de Althusser, pois sustenta que existem duas antropologias sucessivas, assim como existem dois tipos de materialismo, e também dois tipos de humanismo — sendo um deles abstrato, pois se baseia na ideia de atributos eternos do "homem", ao passo que o outro, segundo as próprias palavras de Marx, é "real" e trata das transformações históricas da sociedade que vão gerar um "homem novo".[122] Mas a segunda é que Bloch se permitia assim estabelecer o elo entre a VI Tese e os textos contemporâneos de Marx que tratam, justamente, do humanismo como ideologia: em particular a famosa crítica dos pressupostos da "Declaração dos direitos do homem e do cidadão" contida no artigo *Sobre a questão judaica*.[123] Isso o leva a enfatizar que a antropologia da "essência abstrata" é ela própria *historicamente produzida*: o que ela expressa na linguagem da filosofia é a concepção política da burguesia ascendente, que tomou para uso próprio a velha temática do "direito natural" (*Naturrecht*) vinda da Antiguidade para proporcionar um fundamento universal à sua própria

---

[122] O conceito de *humanismo real é utilizado por Marx sobretudo no livro (escrito com Engels) que antecede imediatamente as Teses sobre Feuerbach: A sagrada família ou A crítica da Crítica Elipses: Contra Bruno Bauer e consortes (1844). Ver em particular o início do prefácio:* "O humanismo real não tem um inimigo mais perigoso na Alemanha que o espiritualismo ou o idealismo especulativo, que, no lugar do homem individual real, põe a 'Consciência de si' ou o 'Espírito' e ensina, com o Evangelista: 'É o espírito que vivifica tudo, a carne não serve para nada.' Nem é preciso dizer que esse espírito desencarnado só tem espírito na imaginação. O que combatemos na Crítica de Bauer é precisamente a reprodução caricatural da especulação. Para nós, ela é a expressão mais acabada do princípio germano-cristão, que joga sua última cartada metamorfoseando a própria 'Crítica' em uma potência transcendente" *(trad. fr. de Erna Cogniot, Éditions Sociales, Paris, 1969, p. 13).*

[123] Karl Marx, *Sur la question juive [1844], apr. e com. de Daniel Bensaïd, La Fabrique, Paris, 2006.*

instituição da cidadania no contexto nacional.[124] Bloch, assim, não se limita a indicar que o humanismo abstrato tem uma dimensão de classe, também nos mostra a dificuldade de criticar *todo* humanismo ou discurso antropológico sem se desvincular ao mesmo tempo de uma perspectiva *universalista* (inclusive, naturalmente, do universalismo de um projeto socialista ou comunista).

As argumentações cruzadas de Bloch e Althusser adquirem particular interesse para nós no momento em que os debates a respeito do *universalismo* em suas diferentes figuras (não apenas o universalismo burguês ou proletário, mas o universalismo "planetário" pós-colonial, ou o universalismo de "gênero") tendem a substituir em filosofia a "querela do humanismo", tal como foi conduzida no interior e no exterior dos círculos marxistas nas décadas de 1960 e 1970. Talvez possamos dizer que essa nova "querela", tão viva quanto a anterior — que por um lado ela prolonga, e, por outro, desloca para novas questões —, tornou-se hoje o foco do trabalho filosófico, na medida em que ele também implica a política. Minha posição nesse ponto, já exposta em outros contextos, consiste em postular que "humanismo" e "antropologia" são duas noções e duas questões na verdade distintas, das quais devemos tratar separadamente. Por paradoxal que soe a expressão antropologia "não humanista" ou mesmo "anti-humanista" aos ouvidos de um filósofo clássico, pode ser que hoje ela se revele não só possível, mas necessária.[125]

---

124 Ver Ernst Bloch, *Droit naturel et dignité humaine* [1961], trad. fr. de Denis Authier e Jean Lacoste, Payot, Paris, 1976.
125 Tomo emprestada a expressão "querela do humanismo" a Althusser, que em 1967 projetara escrever com esse título um trabalho que ficou inacabado (ver Louis Althusser, Écrits philosophiques et politiques, tomo II, Stock-IMEC, Paris, 1995, pp.

É nessa questão em particular que pode se revelar muito esclarecedora uma releitura minuciosa das *Teses sobre Feuerbach*. É o que faço aqui no caso da VI, procedendo da seguinte maneira: 1) em uma primeira parte, cuidarei da parte *negativa* (*pars destruens*) da tese de Marx — em outras palavras, de sua crítica da "essência abstrata" inerente ao "indivíduo isolado" — tentando trazer à luz o que ele visa na história das ideias (para além do próprio Feuerbach); 2) em uma segunda parte, cuidarei da parte *positiva* (*pars construens*) — em outras palavras, da equivalência proposta entre "essência humana" e "relações sociais" — tomando como chave certas esquisitices de sua terminologia; 3) em uma terceira parte, enfim, discutirei brevemente por si mesmo o *ponto de heresia* definido por Marx; em outras palavras, vou me perguntar que orientações suas formulações têm como efeito *abrir* ou, pelo contrário, *fechar* (e mesmo *proibir*) no debate antropológico — sobre o qual bem vemos hoje que, se antecedeu Marx, também sobreviveu a ele, e pode prosseguir depois dele de uma nova maneira.

O enunciado negativo: "A essência humana não é uma abstração inerente ao indivíduo singular"

Para enxergar com clareza na semântica e na gramática o enunciado de Marx, é preciso voltar ao original alemão.

433-532), e a ela associo "querela do universalismo" (ver Étienne Balibar, *Citoyen sujet et autres essais d'anthropologie philosophique*, PUF, Paris, 2011).

ANTROPOLOGIA FILOSÓFICA OU ONTOLOGIA DA RELAÇÃO? QUE FAZER DA "VI TESE SOBRE FEUERBACH"?

As traduções são úteis porque suas dificuldades revelam questões latentes de interpretação: com efeito, as palavras conceitos utilizadas por Marx cobrem um *espectro* de significados que em geral não têm equivalente perfeito na língua francesa. Nesse sentido, são intraduzíveis, e sua tradução constitui uma tarefa interminável. Em sentido inverso, cabe assinalar desde já, para em seguida voltar ao tema, o sintoma representado pelo recurso de Marx a uma "palavra estrangeira" em sua língua (que vem a ser uma palavra da língua francesa: *ensemble* (conjunto), "germanizada" pela adição do artigo).

"Ser" e "essência"

Os problemas começam com a categoria diretriz da tese: *Wesen*. Como vimos, a tradução corrente é "essência". O que parece tanto mais difícil de evitar na medida em que Marx está discutindo o livro de Feuerbach *A essência do cristianismo* (*Das Wesen des Christentums*), que, como lembrei, sustenta a tese de uma projeção imaginária da essência humana na figura da essência divina. Mas o termo *Wesen* também é habitualmente usado em alemão para designar um "ser" qualquer, de tal maneira que — fora do contexto — "*ein menschliches Wesen*" seria traduzido como "um ser humano". Ora, a correlação dos conceitos de *ser* e *essência* (em grego: *to on* e *ousia*) existe desde o início no discurso da metafísica. É o caso particularmente em Aristóteles, cuja herança continua a se dividir entre, por um lado, os empiristas nominalistas, para os quais os únicos "seres reais" são os indivíduos ("substâncias individuais", diz Aristóteles), ao passo que os "universais" (isto é, as noções gerais ou as essências) constituem abstrações intelectuais que se aplicam a uma multiplicidade de indivíduos dotados das mesmas propriedades. Por outro lado, isso também se aplica aos realistas essencialistas, para os quais os indivíduos singulares "participam" de ideias gerais ou de essências que podem ser concebidas como tipos ou gêneros — e mesmo extraem delas a sua existência, composta de forma e matéria, o que faz das próprias essências seres *mais reais* que a realidade empírica.

Esse fundo metafísico antecede de muito longe a "ideologia burguesa", mas é necessário restituí-lo para entender o que agora vai levar Marx a considerar questões de tipo ontológico. Existe, contudo, outro mais próximo (embora não independente): é o fundo hegeliano, de que Marx e Feuerbach estão igualmente impregnados. Vamos nos remeter aqui ao trecho crucial da *Fenomenologia do espírito* (1807) em que Hegel define o "espírito" (*der Geist*) — termo genérico para pensar todas as figuras da consciência que também são figuras institucionais, engajadas na historicidade. Hegel fala de uma *Tun aller und jeder* ("atividade de todos e de cada um"), que é reunida e interiorizada pelo espírito, ou ainda de uma "essência espiritual" (*das Wesen aller Wesen*).[126] Não devemos nos apressar a caracterizar isso como jargão dialético espiritualista: trata-se de refletir dialeticamente a transição da consciência individual (para a qual a subjetividade e a objetividade se apresentam como contrários) para figuras coletivas intersubjetivas (ou transindividuais) nas quais o sujeito e o objeto se tornam aspectos complementares de uma mesma

---

126   Ver G. W. F. Hegel, *La Phénoménologie de l'Esprit*, tomo II, pp. 9-13 (trad. fr. de Jean Hyppolite, Aubier, Montaigne, Paris, 1941). Na *Ciência da lógica*, Hegel distingue claramente "lógica do ser" (*Sein*) e *"lógica da essência" (Wesen), diferençando os dois termos concorrentes. Mas se trata então do ser imediato ou simplesmente dado, não "refletido". Na Fenomenologia, pelo contrário, muitas vezes os significados se sobrepõem.*

historicidade. Ora, Marx jamais abandonaria essa problemática. Uma vez mais, contudo, a terminologia da essência não reflete todas as conotações do enunciado: se traduzirmos as passagens respectivamente como *um ser espiritual* e *o ser de [todos] os seres*, surge uma nova dimensão, que não é apenas ontológica mas *ontoteológica*, como diria Heidegger — retomando uma formulação kantiana para denunciar a confusão entre o ser dos seres (ou, do seu ponto de vista, o "ser sendo") e um "ser supremo". Compreendemos então que todas essas fórmulas se inscrevem em uma cadeia significante, na qual a tese *teológica* (a essência das essências é Deus) e a tese *antropológica* defendida por Feuerbach (para quem a essência das essências, que é a essência humana, designa também um "ser supremo", na medida em que todos os outros — inclusive Deus — estão compreendidos em sua representação) se subordinam a uma terceira, propriamente especulativa, enunciada por Hegel: a essência das essências *é o espírito*, que também é ontologicamente o ser supremo. Ela serve de transição histórica entre as duas anteriores, na medida em que "espírito" (*Geist*) pode ser entendido seja como atributo transcendente da divindade ou "espírito divino", seja como faculdade transcendental do homem ou "espírito humano" (razão humana).

O fato de desdobrar assim os subentendidos da frase de Marx acrescenta elementos muito importantes à discussão sobre seu sentido e suas consequências, pois nos faz ver que Marx, qualquer que fosse nessa época sua admiração pela "crítica da religião" feita por Feuerbach, tinha entendido perfeitamente que uma antropologia que tenha como categoria central a "natureza humana" ou a "essência do homem" corre o risco de constituir apenas outra teologia (ainda que secularizada), na qual Homem ou Humanidade funcionam como nomes divinos, ou nomes de Deus — desde que o humano seja dotado, nela, de atributos ou poderes suficientemente transcendentes eles próprios (como a consciência de si, a autoemancipação ou a capacidade de autocriação).[127] Mas ele também nos permite entender de que maneira Marx por sua vez acabou sendo apanhado no mesmo círculo, já que categorias ou nomes como História, Sociedade, Revolução e mesmo Práxis são suscetíveis de aparecer como instâncias do Espírito, não obstante as declarações de materialismo, ou mesmo graças a elas. Essas categorias vão então oscilar entre uma referência teológica e uma referência antropológica. Sabemos que é exatamente o que ocorreu na tradição marxista — a tal ponto que muito poucos marxistas foram imunizados contra a retomada de seus conceitos em uma perspectiva ontoteológica. Bloch e Althusser não constituem exceção. A questão que se impõe a nós, então, é: se é verdade que Marx tomou consciência dessa possibilidade, dando a entender que no fundo Feuerbach não passava de um "teólogo burguês" no exato momento em que revelava o fundo metafísico de seu materialismo, qual é a *estratégia conceitual* pela qual ele tenta *não repetir* mais

---

[127] Essa posição sem dúvida é herética, mas perfeitamente defensável no interior de uma tradição teológica cristã (a de que Deus fez o homem...). A ideia de que a verdadeira essência de Deus é o Homem, na medida em que se cria ou se emancipa ele próprio, vai da gnose da Antiguidade ao protestantismo moderno, e daí passa à ideia de substituir por uma "religião da Humanidade" a "superstição" do Deus transcendente e de sua potência mítica (defendida na França, em particular, por Auguste Comte). Feuerbach faz aí às vezes de elemento de transição: ver Simon Decloux, S. J., "À propos de l'athéisme de Feuerbach", I e II, *Nouvelle Revue théologique*, n° *90 e 91, 1969*, e Philippe Sabot, "*L'anthropologie comme philosophie*. L'homme de la religion et la religion de l'Homme selon Ludwig Feuerbach", *Methodos. Savoirs et textes*, n° *5, "La subjectivité", 2005*.

uma vez o efeito de significação ontoteológica, justamente quando quer continuar a falar de um *menschliches Wesen*, ou seja, de uma essência humana ou de um ser humano em geral? Vemos que expressões como "antropologia histórica" e "ontologia social" não resolvem a questão, mas a solução tampouco pode consistir em *se livrar* de toda a problemática antropológica, ou mesmo ontológica.

A abstração e a realidade efetiva

Se quisermos mais um indício de que as tensões conceituais subjacentes ao emprego de certas palavras e certas formas proposicionais no texto de Marx pedem uma comparação estreita com Hegel, vamos encontrá-lo na oposição entre a *abstração* (*ein Abstraktum*) e a realidade (*Wirklichkeit*). De onde vem essa antítese? Da lógica hegeliana em geral, sem dúvida, mas também, mais uma vez, do trecho-chave da *Fenomenologia do espírito* em que Hegel descreve a entrada em cena do espírito, para em seguida, finalmente, identificá-lo com o "espírito de um povo", o que o leva a postular que as figuras singulares ou individuais (que, de maneira notável, ele chama metonimicamente de "consciências") não passam de *abstrações* ou momentos abstratos do próprio espírito *efetivo* (*wirklicher Geist*).[128] Compreendemos então de que maneira, na grande oposição que estrutura a parte negativa da VI Tese, pode parecer que Marx ao mesmo

---

128 "Todas as figuras anteriores da consciência são abstrações desse espírito *(Abstraktionen desselben)." (Phénoménologie de l'Esprit, op. cit., p. 11.) Hegel retoma aqui temas de sua juventude (defendidos em particular no Sistema da vida ética, de 1802-1803) que estariam no cerne de sua filosofia da história nas obras da maturidade.*

tempo reivindica um nominalismo (à maneira de Stirner, o inimigo jurado de Feuerbach),[129] para o qual ideias gerais ou nomes de espécies como a Humanidade não passam de abstrações vazias, e rejeita a ideia de indivíduos isolados, tal como imaginados pela teoria política ou econômica burguesa, apoiada na metafísica. É que a essência comum e a individualidade "egoísta" são ambas igualmente abstratas quando as "separamos" do que lhes confere *efetividade*: não simplesmente uma "realidade", no sentido de uma existência de fato, de um "ser aí" observável (*Dasein*), mas um processo de realização ou uma *operação* (cabe lembrar, com efeito, que *Wirklichkeit* vem de *Werk* e do verbo *wirken*, equivalentes alemães dos termos latinos *opus*, *operari*, e do grego *ergon*, *energeia*; o "ser em ato" que procede de uma obra). É exatamente o que Hegel tinha definido como *espírito*, enquanto "essência absoluta e real que sustenta a si mesma" (*das sichselbsttragende absolute reale Wesen*), e o que o próprio Marx identificaria com o conjunto dos processos sociais de transformação que afetam as relações sociais. Marx retomava, portanto, a maneira como Hegel praticava a *rejeição simultânea* das "essências" antitéticas, ainda mais abstratas por se julgarem capazes, cada uma por sua conta, de superar a abstração. Mas isso não impede que ele por sua vez se proponha a subverter radicalmente a lógica dessa

---

129 Quanto mais se prolonga a redação das *Teses sobre Feuerbach* durante o ano de *1845*, mais se torna verossímil que elas tenham sido influenciadas pela crítica feroz de toda categoria "essencialista" proposta por Stirner em O *único e sua propriedade*, que visa particularmente o conceito feuerbachiano de "homem genérico" (*Gattungswesen*) e seu comunismo baseado na ideia do homem como "*Gemeinwesen*" (homem comunitário ou da comunidade, a comparar com o zoon politikon aristotélico). O confronto dos dois pontos de vista, sob o ângulo lógico e também político, constituiria o fio condutor de A ideologia alemã.

dupla rejeição, que fizera dela uma operação "espiritual". Para nós, então, toda a questão consistirá em saber até onde leva essa subversão. Antes, porém, devemos examinar outro termo estranho e carregado de significados históricos em que se baseia sua argumentação: a palavra *inwohnend*.

A habitação, a encarnação e a possessão do sujeito

Voltemos à frase crítica, no texto alemão: "[...] *das menschliche Wesen ist kein dem einzelnen Individuum* inwohnendes *Abstraktum*". Até o momento, seguindo a tendência dos comentários, nos fixamos na antítese entre abstração (*Abstraktum*), espontaneamente identificada a uma ideia geral ou universal, e a individualidade (*Individuum*). Negligenciamos o verbo que as liga: o particípio *inwohnend*, traduzido como "inerente" (Labica) ou, melhor ainda, "que reside em" (Macherey). Identificamos aqui uma das pequenas modificações feitas por Engels no texto inicial: no lugar da palavra de Marx, ele escreve em sua edição de 1888 *innewohnend*, o que parece apenas uma diferença de grafia, indo no sentido da modernização. O termo que os dicionários traduzem como "imanente" está próximo do nome *Einwohner* (em contextos mais antigos, *Inwohner*), "habitante" (ou residente) em uma casa, um lugar, um país. Mas também pode evocar a ideia de "possessão" (inclusive no sentido de ser possuído por uma força, um deus, pelo diabo etc.). O original de Marx, contudo, não é simplesmente um *lapsus calami*: não só ele existe (com a mesma etimologia) em um alemão mais arcaico, como o encontramos em contextos teológicos nos quais decalca o latim eclesiástico *inhabitare*, que, com seu substantivo *Inhabitatio*, se distingue dos simples *habitare* e *habitatio* para designar (por convenção) a relação íntima entre as pessoas da Trindade e, em consequência, a pessoa divina e a alma do homem onde ela está "presente".[130] Estudante aplicado do idealismo alemão, Marx deveria estar familiarizado (direta ou indiretamente) com esse contexto. Essa suposição não basta, naturalmente, para fundamentar uma interpretação, mas dá uma indicação quanto à complexidade dos discursos articulando "individualidade" e "abstração da essência" que podem ser abarcados em sua crítica. E, de fato, eles seguem, grosso modo, dois modelos diferentes (remetendo a duas genealogias cruzadas) cuja convergência acabou produzindo a ideia moderna de sujeito transcendental, tal como definida por Kant e seus sucessores: o modelo pós-aristotélico da individuação do sujeito por combinação de uma forma com uma matéria e o modelo pós-agostiniano de subjetivação do indivíduo pela relação singular que ele mantém com seu criador, por intermédio do Cristo, que é precisamente o Mediador, o Verbo encarnado e o Redentor da humanidade.[131]

---

130 Esse emprego é importante em particular em Mestre Eckhart, de onde passa a Jacob Böhme: *Von der Menschwerdung Jesu Christi (1620) (edição online de Gerhard Wehr, Google ebook), 3-1.5 e 3-7.4. Na tradição filosófica e teológica agostiniana, é comum explicar metaforicamente que a alma "habita" (habitat) o corpo, ou que o corpo é a "casa" da alma. Inhabitare/inwohnen indica uma relação mais íntima e mais intensa ao mesmo tempo, que corresponde à "presença" de Deus na alma do fiel. Seu emprego está diretamente associado aos desdobramentos da doutrina da Trindade:* ver Karsten Lehmkuhler, *Inhabitatio: Die Einwohnung Gottes im Menschen,* Vandenhoek & Ruprecht, Gœttingue, 2004. *Daí derivariam todos os tipos de extrapolações (como o imaginário místico dos "castelos" da alma em Santa Teresa) ou inversões (como a tese de Foucault: "a alma, prisão do corpo").*

131 Esta apresentação deve tudo ao trabalho de Alain de Libera sobre a genealogia do sujeito entre escolástica e modernidade: ver sua contribuição ao nosso artigo "Sujet", em *Vocabulaire européen des*

ANTROPOLOGIA FILOSÓFICA OU ONTOLOGIA DA RELAÇÃO?
QUE FAZER DA "VI TESE SOBRE FEUERBACH"?

É ao modelo metafísico, pós-aristotélico, com sua constante oscilação entre interpretação nominalista individualista e interpretação essencialista ou "platônica" (*participação* dos indivíduos no tipo geral da espécie ou do gênero) que se referem quase sempre os comentários sobre a VI Tese de Marx.[132] A essência humana é entendida então como Gênero humano ou Espécie humana (Humanidade genérica), da qual os indivíduos não passariam de casos particulares: "instâncias" ou "suportes" participando dos atributos de uma mesma essência ou, inversamente, contribuindo pela analogia de suas propriedades para a formação de uma ideia geral de seu tipo comum. Encontramos aqui, evidentemente, o uso que o próprio Feuerbach faz da noção de "gênero" (*Gattung*) ou de ser genérico, que, em história natural e em antropologia, denota o tipo comum, e que Marx vai voltar contra ele. *Cada indivíduo* é um representante do tipo, e se pode concebê-lo *separadamente* como formado (ou "criado") *com base em* suas propriedades essenciais: em consequência, *todos* os indivíduos "compartilham" uma mesma relação desse tipo, mas nessa relação que lhes é "comum" eles permanecem *isolados* uns dos outros, pois (ainda que de maneira mais ou menos perfeita) cada um traz em si o *tipo inteiro* (que pode naturalmente ser social ou moral, mais que simplesmente físico). É só *a posteriori*, portanto, quando já foram construídos como indivíduos

---

philosophies, op. cit., assim como os volumes publicados da sua *Archéologie du sujet*, Paris, Vrin, *2007-2014*.

[132] Entre eles o de Pierre Macherey, que o faz com grande refinamento, perseguindo as consequências dessa crítica da metafísica das "formas substanciais" até o momento de confronto entre as filosofias quase contemporâneas de Marx e Auguste Comte. Dele pude extrair sugestões fundamentais.

"genéricos", que eles podem *entrar em relação* uns com os outros de diferentes maneiras — mas essas relações são por definição acidentais, não definem sua essência. Daí o "naturalismo" denunciado por Marx, até no discurso de Feuerbach. Observemos, todavia, que, de Kant a Feuerbach, o idealismo alemão se empenhou em *corrigir* essa representação metafísica, acrescentando-lhe a ideia de que, no caso da *espécie humana*, que nisso se distingue de todas as outras, os indivíduos possuem outra atribuição essencial, relativa à *consciência* que têm de sua relação com o gênero comum. Os seres humanos não se definem apenas pela *filiação* ao gênero humano, mas pela *consciência* que têm dessa filiação (ideia de que o próprio Marx se serviria fartamente em textos anteriores). O que também lhes permite construir uma comunidade moral a partir dessa consciência. Nesse sentido, podemos dizer que seu "ser em comum" ou sua "essência comunitária" (*Gemeinwesen*) invariavelmente já está presente em potencial em sua "essência genérica" (*Gattungswesen*).[133] É lícito ver nessa correção "humanista" uma influência oblíqua, na tradição metafísica, da *outra linhagem* de pensamento da individualidade, justamente a que é indicada pelo emprego por Marx da palavra *inwohnend*. Aqui, precisamos fazer um pequeno desvio pela teologia.

Quem tem mínima familiaridade com a obra de Santo Agostinho (ou com suas inúmeras repercussões na tradição ocidental, tanto filosófica quanto teológica) conhece, naturalmente, o enunciado que consta em *De vera religione*: "*Noli foras ire, in te ipsum redi: in interiore homine habitat veritas*"

---

[133] Hegel constitui nesse sentido um elo essencial entre Kant e Feuerbach, mas em sua *Enciclopédia das ciências filosóficas (1817/1830)* o conceito de "espécie" (*Gattung*) remete apenas à vida animal do homem.

("Não busca do lado de fora, mas entra em ti mesmo: no homem interior que habita a verdade") (cap. 29, § 72).[134] Muitos outros lhe fazem eco na obra do fundador da tradição teológica latina (em particular nas *Confissões* e em *De Trinitate*). Em todos eles está em questão o fato de que o que reside no coração da alma humana (ou de sua parte mais secreta: *interior intimo meo*, dizem as *Confissões*), expressando uma verdade essencial que não é apenas a verdade *da* condição humana, mas *para* o ser humano (pois destinada a lhe permitir encontrar a própria salvação), é precisamente o que a ultrapassa infinitamente (*superior summo meo*) — vale dizer, a presença interior de Deus, a relação singular de cada um com seu Criador, seu Juiz e seu Salvador. É esse o segundo modelo subjacente à crítica de Marx na VI Tese, e que devemos restabelecer em seu devido lugar para entender plenamente em que sentido a introdução das "relações sociais" vai subverter as representações clássicas da "essência humana". Essa tradição certamente comporta ela própria muitas variantes, indo de repetições da tese de Agostinho a interpretações e transformações do que ela enunciava, o que é o caso em particular quando ela é *secularizada* pelas filosofias da época moderna.[135] Uma secularização assim pode

---

134 Ver Œuvres de saint Augustin, volume 8, *La Foi chrétienne, intr., trad. e notas de J. Pegon, rev. por Goulven Madec, Desclée de Brouwer, "Bibliothèque Augustinienne", Paris, 1982.*

135 É público e notório que a formulação de Santo Agostinho é citada por Husserl no fim das *Meditações cartesianas de 1929. Eminentes fenomenólogos, entretanto, criticaram esse uso, sustentando que Husserl levava em consideração apenas um dos aspectos da injunção de Agostinho — o que pede ao filósofo que "faça abstração do mundo" para ter acesso a uma verdade interior —, sem entender que ela também constituía o "lugar" habitado, no homem, pelo Visitante vindo do Alto, ou seja, o Cristo. Ora, essa habitação ou visitação também é o que proíbe ao homem ser (e se*

assumir a forma de uma transposição simplesmente psicológica, mas para nós é mais interessante contemplar variantes *transcendentais*, que confrontam como dessa forma a questão politicamente mais decisiva, dizendo respeito às relações (e às tensões intrínsecas) entre *verticalidade* e *interioridade*, ou entre *transcendência* e *imanência*, inerentes à problemática da subjetividade e do sujeito. Não por acaso, é apenas por referência a esse segundo modelo e à tradição que ele recobre, portanto, que podemos apreender plenamente a dimensão "subjetiva" da crítica marxiana. Ora, do ponto de vista teológico original, o que comanda tudo é uma *unidade de contrários*, na qual a verticalidade da relação entre Deus (o Criador) e seu "sujeito" (a Criatura) deve ser lida duas vezes seguidas, de cima para baixo e de baixo para cima: o Senhor do qual depende a própria existência do sujeito (assim como sua salvação) envia-lhe um mandamento, Ele se revela a ele, Ele vem junto a ele para lhe fazer sentir Seu poder e lhe oferecer Sua graça; mas, inversamente, cabe ao fiel voltar-se para Deus para invocá-Lo, enviar-Lhe sua prece, seu ato de fé, seu reconhecimento, na forma de uma "livre submissão" ou de uma "conversão". Quando esse esquema é secularizado no contexto de um discurso antropológico, a verticalidade é reduzida e a transcendência, simbolicamente anulada, o que não quer dizer necessariamente que não haja mais nenhuma ideia de "soberania" frente à "subjetividade" (embora, sem dúvida alguma, a crítica da religião no Ocidente tenha tendido a se prolongar em crítica da *própria ideia de soberania*), mas sim que a soberania se reduz aos

---

acreditar) seu próprio senhor, e assim o *"despoja"* ou *"expropria"*. Ver Jean-Luc Marion, *Au lieu de soi? L'approche de saint Augustin*, PUF, Paris, 2008, p. *139 sq.*

efeitos de autoridade (e nesse sentido de dominação) que provêm das próprias representações e atividades do homem. O Deus transcendente se torna um "deus mortal" (o Estado), segundo a famosa (e assustadora) alegoria do *Leviatã* de Hobbes. A meio caminho se situam as formas propriamente filosóficas, "transcendentais", da secularização: um exemplo privilegiado está em Kant, com seu conceito de um *imperativo categórico* que é uma espécie de "voz da razão", prescrevendo aos sujeitos humanos que respeitem as regras que permitem a formação de uma comunidade moral de seres razoáveis, em cujo seio, e só nele, podem se emancipar. Entretanto, como reconhecem todos os comentadores avisados, o imperativo categórico ou a voz interior da razão moral "habitam" a interioridade da consciência (ou da subjetividade) kantiana exatamente da mesma maneira como a "verdade" comunicada pela revelação divina habitava a parte secreta da alma na concepção agostiniana do sujeito.

Quando Marx objeta a Feuerbach que sua concepção da essência humana enquanto gênero (*Gattung*) mantém-se "muda" (*stumme*) e só busca pôr "em relação" os múltiplos indivíduos ou "reuni-los" (*verbindende*) por meio de uma universalidade *natural*, poderia parecer que ele afasta essa segunda genealogia (ou que critica Feuerbach por tê-la ignorado). Mas então por que recorrer à palavra "habitar" (*inwohnend*) em vez de "informar" ou "conformar" (*bildend, formierend*)? Às conotações sugeridas aqui pela própria leitura de Feuerbach, poderíamos acrescentar os elementos de interpretação violentamente irônicos fornecidos pelo artigo imediatamente anterior, *Sobre a questão judaica* (1844), isto é, a ideia de que o que "possui" do interior o indivíduo abstrato ou isolado (que também poderíamos designar como o indivíduo *individualizado* ao extremo, chamado nesse contexto de "egoísta") nada mais é que a *ideia da propriedade* (privada), sobre a qual Marx dá a entender em outro contexto que, na época burguesa, tomou o lugar de Deus enquanto "verdade interior" e fonte de injunção soberana para o homem.[136] Compreenderemos assim que Marx não tem em vista apenas uma construção antropológica de tipo metafísico, mas sua relação intrínseca com a conduta moral e a alienação, que, na época burguesa, afeta a relação dos indivíduos consigo mesmos em virtude da inversão que impôs a suas relações sociais. É efetivamente o que vai explicitar a frase seguinte.

O enunciado positivo: "Em sua realidade efetiva, ela é o conjunto das relações sociais"

Chegamos ao momento decisivo em que Marx se desloca de uma crítica do que a "essência humana" *não pode ser* em direção ao que ela *efetivamente é*, designando assim o que constitui o objetivo e o conteúdo determinado da crítica. Aqui deveriam se dissipar todos os aspectos obscuros. Infelizmente, a multiplicidade de comentários e reformulações

---

[136] Mais que a Kant, essa formulação remete a outra maneira de "secularizar" a ideia de verdade que "habita" internamente a individualidade: a que é proposta por John Locke com sua teoria da *identidade pessoal, na qual os sujeitos que "possuem a si mesmos" são ao mesmo tempo "possuídos" por uma ideia abstrata da propriedade privada, inseparável da própria ideia de abstração. Essa ideia muito profunda foi designada como contrapartida ontológica do "individualismo possessivo" por Crawford Brough Macpherson (A teoria política do individualismo possessivo, 1962).* Ver meu estudo: Étienne Balibar, "My Self, my Own. Variations sur Locke", *Citoyen sujet, op. cit.*

a que a formulação deu lugar nos mostra claramente que ela não está isenta de ambiguidade, e mesmo que é portadora de alguma contradição. Não é isso que vai nos deter; muito pelo contrário. Não devemos esquecer que essas "teses" são anotações pessoais lançadas no papel, nunca relidas, mas não fiquemos insensíveis (como fora o caso do próprio Engels) ao que sua escrita tem de propriamente "genial", que lhes confere, em linguagem benjaminiana, um caráter de *iluminação*. Cabe, portanto, tentar extrair o máximo dessa escrita, sem temer investigá-la nos mínimos detalhes.

Passagem à efetividade

O primeiro problema a discutir diz respeito ao valor semântico da *antítese*, marcado pela expressão (hegelianizante, como vimos) "*In seiner Wirklichkeit*", traduzida como "em sua realidade". Vou aqui estabelecer uma oposição entre uma interpretação (logicamente) fraca e uma interpretação forte. A interpretação fraca evidencia uma inversão: deixemos de lado, nos diria Marx, o que era a essência humana na representação de filósofos como Locke, Kant, Feuerbach, que fazem dela uma abstração especulativa, um produto da imaginação, e nos voltemos para o que ela *é realmente*, enquanto essência real (*das wirkliche Wesen*). A "realidade", aqui, é a *verdade*, no sentido do que está *de acordo com os fatos materiais*. O sentido da formulação seria, assim: é falso que a essência humana seja a habitação da individualidade por uma abstração; o que é materialmente verdadeiro é que ela é o conjunto das relações sociais. Entretanto, num contexto hegeliano, como lembrei, é melhor levar em conta a diferença lógica entre "realidade" (*Realität*) e "efetividade" (*Wirklichkeit*). O que não significa apenas que é necessário indicar o que a essência humana *é efetivamente*, mas aquilo *em que se torna quando é efetuada*, isto é, *produzida*, enquanto resultado das operações materiais e históricas — ponto sobre o qual, como vimos em particular com Bloch, Marx não se cansa de insistir no conjunto das *Teses sobre Feuerbach*, recorrendo aos conceitos característicos de práxis e *Tätigkeit* (ou "atividade"). E mais que isso: é preciso pensar o que identifica a essência com uma efetuação ou um processo de realização "em ato". É o que chamo de interpretação forte da VI Tese: o *conceito* de *Wesen* (ser ou essência) *não tem outro conteúdo* que não seja uma atividade ou um processo, em outras palavras, uma práxis.[137] Podemos inclusive levá-lo um pouco mais longe, sugerindo que o movimento de realização que afeta tanto a essência humana quanto o conceito de um ser-essência do homem constitui ao mesmo tempo sua superação dialética ou (como traduz Derrida) sua *relève* (rendição ou redenção). O objeto da crítica marxiana, então, não é apenas *uma representação (ainda) abstrata* da essência humana, à qual se oporia uma concepção concreta da essência, mas a própria noção de uma essência do homem que é uma "abstração". Althusser, assim, tem razão nesse ponto, mas é Bloch que fornece sua chave, aproximando sistematicamente a invenção da

---

137 Se quisermos dar prosseguimento aqui ao confronto entre Hegel e Marx, voltando à letra da lógica *hegeliana que distingue metodologicamente o Sein ("ser") do Wesen ("essência") como um dos momentos dialéticos sucessivos, poderemos dizer que Marx prolonga Hegel no próprio seio de sua lógica (e com isto o retifica): ele faz da* práxis *a "superação" da antítese entre a essência e a abstração, assim como Hegel fizera do* devir *a superação da antítese entre o ser e o nada.*

categoria de práxis nas *Teses sobre Feuerbach* da palavra de ordem de Marx no mesmo período: "realizar a filosofia", o que não seria possível se ela não fosse simultaneamente "negada" ou "rendida" (*aufgehoben*) enquanto simples filosofia. Como sabemos, o inverso também é verdadeiro para Marx: a filosofia não pode ser "negada" sem ser simultaneamente "realizada" (ou sem *se tornar realidade*, sem entrar no real).[138] A isso eu acrescentaria simplesmente o seguinte: no contexto da VI Tese, como a forma típica da filosofia atacada por Marx é o discurso antropológico, devemos poder afirmar que *a antropologia enquanto figura filosófica* (ou, como diria Althusser, "problemática") deve ser ao mesmo tempo negada (*aufgehoben*) e realizada (*verwirklicht*). E como o conceito sobre o qual se baseia a própria possibilidade de uma antropologia filosófica é o conceito de essência humana, é necessário que esse conceito seja ele próprio *aufgehoben*, negado e realizado. Ora, qual é a formulação que cristaliza ao mesmo tempo essa operação dialética e seu resultado conceitual? Evidentemente, o que surge agora com o nome de conjunto das relações sociais (*gesellschaftlichen Verhältnisse*). Vejamos o que isso pode querer dizer.

---

138   Esse tema insiste particularmente no ensaio de 1844, "Introdução à crítica da filosofia do direito de Hegel" (publicado no *Deutsch-Französische Jahrbücher), no qual Marx fala pela primeira vez do proletariado como sujeito da revolução futura (ver meu estudo: Étienne Balibar, "Le moment messianique de Marx", Citoyen sujet, op. cit.).*

Rapports e relations[139]

Mas antes guardemos na memória um triplo dado filológico. Em primeiro lugar, não devemos esquecer que as fórmulas de Marx estão historicamente situadas e condicionadas por um contexto: em 1845, estamos no dia seguinte à invenção ou *introdução* na língua filosófica e política dessa expressão forjada inicialmente em francês — as *relações sociais* —, simultaneamente produzida pelas "três ideologias" pós-revolucionárias (liberalismo, socialismo e conservadorismo), o que é um acontecimento fundamental na história das ideias.[140] Em segundo lugar, "relação" faz parte de um paradigma complexo, cujos termos nunca se recobrem exatamente de uma língua a outra:

---

139 Ambas as palavras podem ser e são quase sempre traduzidas como *relações em português*. Mas todas as vezes que aparecem neste livro *"relação"* ou *"relações"*, temos *rapport* ou *rapports* no original. *A expressão francesa para "relações sociais" é rapports sociaux — tendo rapport, em francês, um campo semântico mais amplo que relation, palavra menos usada. Neste parágrafo e no seguinte, o autor trata justamente das divergências e sobreposições de sentido (entre diferentes línguas) desses e outros vocábulos fundamentais na filosofia de Marx.* [N.T.]

140 Ver Pierre Macherey, "Aux sources des rapports sociaux", *Genèse*, nº 9, outubro de 1992 (reeditado em Études de philosophie *"française"* de Sieyès à Barni, prefácio de Bertrand Binoche, Publications de la Sorbonne, Paris, 2013). *Macherey frisa a importância das obras praticamente contemporâneas de Louis de Bonald (um conservador), François Guizot (um liberal) e Claude de Saint-Simon (um socialista, cuja influência sobre a formação do pensamento de Marx seria difícil superestimar). Ver também Immanuel Wallerstein,* Impenser la science sociale. Pour sortir du XIXe siècle, *trad. fr. de Anne-Emmanuelle Demartini e Xavier Papaïs*, PUF, Paris, 1991. *Um dos conceitos-chave para a formação do paradigma sociológico é o individualismo (provavelmente definido pela primeira vez por Tocqueville em* Da democracia na América, *de 1841), distinto do egoísmo moral, para analisar o comportamento dos sujeitos separados de suas filiações sociais ("estados",*

assim, *"rapport"* e *"relation"* em francês não têm exatamente os mesmos empregos que *"Verhältnis"* e *"Beziehung"* em alemão ou *"relation"* e *"relationship"* em inglês etc. A dificuldade reside sempre na maneira como se desloca o cursor entre conotações de atividade e passividade, objetividade e subjetividade, exterioridade e interioridade — tudo aquilo que Kant teria chamado de "anfibologias da reflexão". Em terceiro lugar, enfim, a discussão de uma fórmula marxiana introduzindo as *relações sociais* (ainda mais para lhes conferir um valor "essencial") não pode escapar à influência retroativa das conceituações posteriores, especificando as "relações sociais" como "relações de produção" e "relações de classes" (*Produktionsverhältnisse, Klassenverhältnisse*) e vinculando gradualmente a elas todo o conjunto das relações sociais, para submetê-las à lei do antagonismo histórico e lhes associar as diferentes formas de dominação. Em que medida as teses de 1845 já raciocinam implicitamente nesses termos? É difícil excluir totalmente essa perspectiva, sobretudo se levarmos em conta a maneira como Marx descreve aqui e nos textos da mesma época — entre eles, mais uma vez, *Sobre a questão judaica* — a alienação da sociedade burguesa como uma cisão e um conflito interno da sociedade consigo mesma, gerados pelo desenvolvimento da propriedade privada. E, no entanto, o que nos deve chamar a atenção é antes o fato de que essas noções *não constam* do texto das *Teses sobre Feuerbach*, no qual tudo se passa, pelo

---

"ordens", famílias, confissões religiosas etc.), sobre o qual cada uma das três ideologias tem um julgamento diferente. Em Sobre a questão judaica, de 1844, Marx continua escrevendo "egoísmo", mas em um sentido muito próximo de "individualismo", para descrever a contradição entre as condições sociais de existência dos indivíduos e seus efeitos na sociedade burguesa.

contrário, como se Marx *evitasse* conferir à categoria da "relação" qualquer *determinação* além do adjetivo "social" (a cujo respeito podemos inclusive nos perguntar, sobretudo no contexto histórico a que me referi, se não é em grande medida redundante: pois o que seriam "relações" que não fossem "sociais"?). Os leitores marxistas se viram, assim, diante de uma alternativa: ou ler a expressão "relações sociais" como uma antecipação ou uma designação implícita dos conceitos do materialismo histórico "por vir", inclusive a função "determinante" da produção social e das lutas de classes (o que fazem tanto Bloch quanto Althusser); ou então ler nas *Teses sobre Feuerbach* uma noção de "relação" virtualmente indeterminada, mais geral ou mesmo *genérica*, o que supervaloriza a continuidade com a tradição da antropologia filosófica e de sua "realização" ou "secularização" em relação à teologia, abrindo a possibilidade de uma *ontologia social* ou *ontologia do social*, cujas categorias fundamentais derivam da equivalência primitiva, axiomaticamente postulada, entre *"rapport"* ou *"relation"*, por um lado, e, por outro, a práxis ou a "transformação" do outro (o que, sob certos aspectos, é a tendência de Gramsci).[141] Temos aí o núcleo de questões filosóficas cujo alcance vai muito longe, e que, naturalmente, só pretendo esclarecer parcialmente.

Como já disse, *"rapport"* e *"relation"* variam em seus empregos, de uma língua a outra e dentro de uma mesma língua. Em inglês, *relation* designa mais comumente uma situação objetiva, mas também comporta um uso lógico (no

---

141 Ver André Tosel, *Praxis. Vers une refondation en philosophie marxiste*, Éditions Sociales, Messidor, Paris, *1984*; *Marx en italiques. Aux origines de la philosophie italienne contemporaine*, Trans Europ Repress, Mauvezin, *1991*.

qual a "relação" se opõe aos "termos" ou às "substâncias"), e *relationship*, preferencialmente, uma relação pessoal apresentando uma dimensão subjetiva. Em francês, é *relation* que antes remete a vínculos pessoais (inclusive quando se fala das "relações sociais" de alguém), e *rapport* que tradicionalmente significa uma proporção ou uma estrutura objetiva (por isso Montesquieu escreveu que "as leis são relações [*rapports*]"). Mas também acontece de *"rapport"* ser aplicado ao "comércio" das pessoas agindo umas sobre as outras, como no emprego hoje em dia corrente de "relação sexual" e também de "relação social" no singular, para designar um comércio que se situa num contexto social ou respeita suas regras... Em alemão, *Beziehung* serve para designar a categoria lógica da relação, mas também para qualificar a atitude de uma pessoa em relação a uma outra. Quanto a *Verhältnis*, próximo de *Verhalten* (conduta, comportamento) e de *sich verhalten* (se comportar, se reportar), serve essencialmente para pensar uma proporção quantitativa ("a relação 3/4"), ou a correlação das partes integrantes de uma instituição, inclusive uma instituição de poder ou dominação: daí vem a expressão hegeliana, depois marxista, *Herrschafts- und Knechtschaftsverhältnisse*, para designar uma relação de dominação e servidão ou sujeição. Vemos que ocorrem permanentemente deslocamento e recobrimentos parciais, o que é importante para nós, pois Marx trabalhava em várias línguas ao mesmo tempo, em especial na intersecção das categorias hegelianas com as noções do idioma político francês.[142]

---

142 Cabe lembrar que cada uma das três línguas da "triarquia europeia" também dispõe na época de um termo proveniente da língua clássica, que acabo de empregar: "commerce" (comércio) em francês (aplicável tanto às operações mercantis quanto às

*A invenção das "relações sociais"
e o problema de sua determinação*

No início do século XIX, sob o duplo efeito da revolução industrial e da Revolução Francesa, que viram do avesso a percepção e o discurso da política, uma geração de escritores franceses (que hoje chamaríamos de historiadores e sociólogos, e mesmo de antropólogos), mas também escoceses e alemães, "inventa" o conceito de *sociedade* em um novo sentido, indo além das ideias clássicas de sociedade civil e associação política, ligadas à ideia de regras normativas para a educação e a interação dos indivíduos de diferentes condições sociais. Doravante, trata-se de pensar um sistema ou uma totalidade cujas instituições, que não cessam de se transformar historicamente, atribuem papéis aos indivíduos, se nutrem de seus sentimentos e suas ideias, mas não se reduzem às intenções individuais nem mesmo a seu conjunto, pois procedem de leis ou tendências objetivas e dos conflitos que elas provocam. É sobre esse fundo comum que se desenvolvem as ideologias concorrentes do período pós-revolucionário — conservadorismo, liberalismo e socialismo — e que surge a ideia de uma nova "ciência", a *sociologia* (que recebe esse nome de Auguste Comte, a partir das intuições dos saint-simonianos). Ora, a noção que aparece no centro das ideologias políticas rivais, assim como no da sociologia nascente, é justamente a de *relações sociais*, no sentido de uma distribuição de funções (ou de uma "divisão do trabalho") e de um modelo de ação recíproca entre

---

relações sexuais ou às trocas epistolares), cujo equivalente inglês é *intercourse, e o equivalente alemão, Verkehr, o conceito mais insistente na obra de Marx imediatamente contemporânea às Teses sobre Feuerbach: A ideologia alemã.*

os indivíduos e grupos, oscilando entre a solidariedade e a dominação. É ela que permite a esses autores explicar a "estrutura" ou "constituição" da sociedade como um todo orgânico, logo, postular de maneira racional a questão de suas "crises", de suas "transformações", assim como das diferenças entre uma "sociedade" (ou, como diria Marx, uma *formação social*) e outra na história e na geografia, abrindo caminho com isso para o *comparatismo* sociológico.[143]

Não resta dúvida de que essa ruptura epistemológica comportava fortes afinidades com as noções hegelianas de *espírito objetivo* e *sociedade civil* (*bürgerliche Gesellschaft*), nas quais Hegel buscara historicizar e diversificar seu conceito fenomenológico de "reconhecimento" (*Anerkennung*), para pensar o aspecto subjetivo (ou melhor: intersubjetivo) das tensões que afetam as relações entre a individualidade e a instituição na história. Mas persistia uma diferença importante: apesar do alto grau de realismo que os caracteriza (decorrente em particular da leitura aprofundada de Montesquieu e Adam Smith por parte de Hegel), os conceitos hegelianos se mantêm *dedutivos*, pois seu objetivo *a priori* é justificar a construção das monarquias constitucionais burguesas, apresentando-as como o desfecho da história da *racionalidade* em política. Não resta dúvida tampouco de que — nas *Teses sobre Feuerbach*, assim como na obra contemporânea que permaneceu inacabada, *A ideologia alemã*, escrita em colaboração com Engels, na qual o conceito "francês" de *relações sociais* é traduzido como *die gesellschaftlichen Verhältnisse* — Marx quis ele próprio contribuir

---

143 Ver Bruno Karsenti, *Politique de l'esprit: Auguste Comte et la naissance de la science sociale*, Hermann, Paris, *2006; D'une philosophie à l'autre. Les sciences sociales et la politique des modernes*, Gallimard, Paris, 2013.

de maneira original para essa mudança epistemológica, associando uma perspectiva comunista de transformação radical da sociedade a um método dialético de análise dos conflitos sociais. Seu objetivo é não só pensar a história em termos de "relações", mas identificar a força imanente de que procedem o desenvolvimento e a mudança das estruturas que "definem" ou configuram a humanidade do homem.

É, portanto, a modalidade específica pela qual as teses dão essa contribuição que deve nos interessar aqui. Vemos que, mesmo quando atacam ferozmente a especulação "filosófica", elas próprias nem por isso deixam de se manter num nível muito especulativo e, sobretudo, amplamente indeterminado. Essa indeterminação quer dizer que as formulações de Marx ainda são aqui muito polivalentes, abertas em potencial a diferentes desdobramentos. Ela também cria o que poderíamos chamar de uma zona de insegurança teórica. Provavelmente era inevitável que, tentando escapar da especulação pura e ir além de uma crítica da abstração que permanecesse ela própria abstrata, Marx quisesse *reduzir essa indeterminação*. É o que, como reconhecem os comentadores em geral, já está amplamente assegurado em *A ideologia alemã*, por meio da caracterização das relações sociais como desdobramentos de uma "relação social" fundamental, a *relação de produção*, pelo viés da *divisão do trabalho* estendida a toda a sociedade. Mas se, sem nos precipitarmos, quisermos ir ao fundo do que permitiu às teses gerar essa posteridade em filosofia, e que permanece (ou volta a ser) crucial para problematizar o pensamento de Marx e as escolhas que ele efetua em função de nossos próprios interesses atuais, devemos dar igual atenção aos dois aspectos: o que *já antecipa* o "materialismo histórico" que está por vir e o que *ainda não* se deixa reduzir a seus axiomas. Desse ponto de vista, acredito que os dois elementos têm igual importância: um reside na articulação dos dois atributos, o "humano" e o "social"; o outro reside no uso enigmático dessa *Fremdwort*, ou palavra estrangeira à língua alemã, importada da língua francesa para designar o efeito combinado das relações sociais cuja soma equivale a uma nova definição da essência humana: "*das* ensemble *der gesellschaftlichen Verhältnisse*". Por que ter recorrido a essa palavra estrangeira, se havia tantas outras possibilidades em alemão?

A socialização do humano e a humanização do social

Por falta de espaço, não entrarei aqui em um comentário de cada uma das ocorrências de "humano" ou de "social" nas *Teses sobre Feuerbach*, concentrando-me nas implicações da x Tese para a resolução da questão antropológica: "O ponto de vista do antigo materialismo é a sociedade civil-burguesa (*bürgerliche Gesellschaft*);[144] o ponto de vista do novo, a sociedade humana ou a humanidade social (*die menschliche Gesellschaft oder die gesellschaftliche Menschheit*)." Mais uma vez temos aqui uma dessas formulações de impacto de que Marx tinha o segredo, de magnífica simetria, mas cuja interpretação não é evidente! As correções propostas por Engels são muito reveladoras: trazem à luz um conteúdo político latente, mas correndo o risco de deslocar as

---

[144] Labica justificadamente segue aqui a sugestão de Jean-Pierre Lefebvre e Pierre Macherey, *Hegel et la société*, PUF, "*Philosophies*", Paris, *1984*, que Pierre Macherey surpreendentemente não mantém em seu próprio comentário das *Teses sobre Feuerbach* (*op. cit.*). Ver também G. W. F. Hegel, *La Société civile-bourgeoise*, apr. e trad. fr. *de Jean-Pierre Lefebvre*, François Maspero, Paris, *1975*.

implicações teóricas. Engels aparentemente temia que a aposição "*die menschliche Gesellschaft*" = "*die gesellschaftliche Menschheit*" fosse considerada tautológica. Por isso — e aqui não devemos esquecer a data: 1888 — a introdução de um conteúdo explicitamente socialista, pela transformação do segundo membro em "*die vergesellschaftete Menschheit*": humanidade *socializada*, vale dizer, uma sociedade (ou um "mundo" social) em que os indivíduos não estão mais *separados* de suas condições de existência coletivas pela instituição da propriedade privada. Sobre essa base, compreendemos que os indivíduos (tanto proletários como burgueses) sejam projetados num tipo de vida "abstrato", que faz do egoísmo ou do individualismo a forma de vida normal ou natural, *alienando* os seres humanos ao desligá-los das relações com o outro, das quais depende, de fato, sua existência prática e afetiva. Uma separação dessa natureza também é inevitavelmente uma insuportável "cisão do eu" (*Selbstzerrissenheit*): é a forma de alienação que as religiões tentam compensar em modo imaginário, projetando no além a esperança de uma reconstituição da comunidade (IV Tese). E para completar essa clarificação, Engels também põe entre aspas o adjetivo "bürgerlich" — uma maneira de indicar que se o termo conserva o sentido técnico que tem na filosofia de Hegel (hoje quase sempre traduzido como "sociedade civil", em oposição a "sociedade política", ou seja, ao Estado), a sociedade de que ele fala também tinha um caráter *burguês*, ou que se tratava de uma sociedade na qual as relações sociais são dominadas pela lógica da propriedade privada, que é a causa do individualismo e da alienação. Podemos, então, explicitar completamente o argumento implicado na X Tese: o "materialismo antigo" (ao qual Feuerbach ainda está ligado) nunca terá condições de superar a alienação que denuncia de maneira tão eloquente, pois ainda se trata de uma filosofia "burguesa" que supõe um indivíduo "naturalmente" separado dos outros (ou referido *isoladamente* à essência humana); pelo contrário, um "novo materialismo" — aquele que tem como categorias fundadoras as relações sociais constitutivas do humano, e a práxis ou o movimento de transformação prática já em ação em toda forma de sociedade — postulará que *a humanidade volta à sua essência* (ao seu modo de ser autêntico) ao *reconhecer* sua própria determinação "social", em vez de negá-la, recalcá-la e contradizê-la. O que significa que o humano desde sempre já era "social" por suas *condições materiais* ou formava *em si* um conjunto de relações sociais, mas que estava *para si* alienado e interiormente cindido, contradizendo sua essência em sua ideologia e em suas instituições — contradição que a sociedade "civil-burguesa" moderna leva evidentemente ao extremo. É necessário que essa contradição agora seja resolvida, e que a sociedade se reconcilie consigo mesma, eliminando *praticamente* suas próprias "produções" alienantes — em outras palavras, que ela se torne ao mesmo tempo plenamente "humana" e efetivamente "social". Isso explica a xi Tese, que se segue imediatamente: o momento não é mais de interpretação do "mundo", mas de sua transformação (revolucionária).

    Essa leitura certamente é compatível com certas afirmações mais claras de Marx sobre os momentos da *emancipação humana*, que podem ser encontradas nas obras do mesmo período, nas quais é enunciada uma dialética da inversão da alienação enquanto separação entre os seres humanos e sua própria essência.[145] Parece-me, contudo, que ela chega

---

145   Os desdobramentos decisivos sobre essa questão encontram-se em *A Questão judaica (op. cit.), onde encontramos a famosa crítica da distinção*

rápido demais à resolução das tensões implicadas pelo reiterado emprego duplo das palavras "humano" e "social" no texto de Marx. Ao tratar de distribuir imediatamente os empregos morais (ou éticos) e descritivos (ou históricos) entre categorias distintas, ela apaga a dimensão *performática* tão acentuada no texto de Marx (que está no cerne do seu "humanismo prático" ou "humanismo real"), para transformá-la em simples *silogismo político*. Marx estaria sugerindo que uma relação autêntica dos sujeitos com seu próprio "ser" ou "essência" (*Wesen*) teria como consequência inevitável transformar de alto a baixo nossa inteligência do que significa "ser (um) humano", pois mostraria que o humano é essencialmente "social", sendo o social ao mesmo tempo uma *condição de possibilidade* de toda vida individual ("o homem é um animal social", como diziam os continuadores medievais de Aristóteles) e uma *realização ideal* das aspirações éticas do homem (em outras palavras, uma vida "comunista"). Engels sugere que a história é um *processo de socialização* do qual surgem afinal as condições que permitem transformar a natureza humana de um modo revolucionário. Essa redistribuição do aspecto ético e do aspecto histórico das categorias do "social" e do "humano" entre os registros

---

"abstrata" entre direitos do homem e direitos do cidadão, enquanto expressão da redução do homem ao indivíduo proprietário privado (inclusive, como havia mostrado Locke, "proprietário de sua pessoa"). Assim como a emancipação religiosa que liberta os indivíduos de sua sujeição a poderes imaginários e transcendentes ainda não é a emancipação política que estabelece a liberdade e a igualdade jurídicas dos cidadãos (dentro das fronteiras do Estado-nação), assim também a emancipação política — embora represente um progresso na história da humanidade — ainda não é a emancipação social que tira os indivíduos de seu isolamento e da alienação causada pelas leis da concorrência, que fazem de todo homem um "lobo" para os outros homens. Só a emancipação social, assim, pode ser considerada plenamente "humana".

ANTROPOLOGIA FILOSÓFICA OU ONTOLOGIA DA RELAÇÃO?
QUE FAZER DA "VI TESE SOBRE FEUERBACH"?

complementares dos *meios* (históricos) e do *fim* (ético) também tem como efeito injetar nas formulações de Marx uma ontologia social que não é necessária a elas (ou que não figura nelas *literalmente*). Em consequência, reduzindo o que fazia a indeterminação das formulações de Marx, ela restringe suas possibilidades de interpretação.[146] É uma grande interpretação, mas não a única possível. Encontraremos a confirmação disso ao examinar o outro enigma de estilo encontrado na VI Tese, a saber, o uso da palavra francesa *ensemble* (sem maiúscula, que seria requerida pelo alemão).

---

146 No momento em que "descobria" o manuscrito das *Teses sobre Feuerbach*, *Engels já estava familiarizado, naturalmente, com o "materialismo histórico" do Marx posterior (que toma forma depois da experiência das revoluções de 1848) e com as análises de O Capital a respeito da "contradição interna" das relações de produção capitalistas. Nessa fase posterior do seu pensamento é que Marx se empenhara em descrever a estrutura da produção material, as relações de exploração e as formas de dominação de classe que elas geram, como uma matriz das transformações da própria individualidade humana. É igualmente nesse contexto que ele postula que o capitalismo supõe (e desenvolve) uma "socialização" (Vergesellschaftung) crescente do processo de trabalho (cooperação, grande indústria, educação politécnica) que — segundo ele — acabará por se tornar incompatível com a forma da propriedade privada dos meios de produção. A ideologia alemã propõe uma interessante formulação intermediária: Marx afirma nesse livro o papel determinante do trabalho na "produção" da "natureza humana", mostrando como o desenvolvimento das forças produtivas corresponde a uma sucessão de modalidades da divisão do trabalho, da qual resultariam sucessivamente a necessidade da propriedade privada e, depois, do comunismo. Mas ele só recorre a "relações de produção" e "modo de produção" periodicamente e em um sentido pouco técnico. Em compensação, faz amplo uso de Verkehr e Verkehrsformen (formas de comércio).*

O Fremdwort: "das ensemble"

Minha sugestão, mais uma vez, é que não podemos nos contentar com uma explicação fraca, como poderia sugerir o exame das circunstâncias e condições em que foram redigidas as *Teses sobre Feuerbach*: na época, Marx estava em Paris ou Bruxelas, falava e escrevia correntemente o francês, e portanto não surpreende que palavras francesas surgissem fluentemente sob sua pena (como aconteceria mais tarde com palavras inglesas nos manuscritos preparatórios da *Crítica da economia política* e de *O Capital*, no exílio londrino). É perfeitamente possível, mas isso não deve nos impedir de examinar o problema *semântico* e *categorial* subjacente a essa escolha. Ora, o que me chama a atenção é que "ensemble" (conjunto) seja, por assim dizer, um termo agressivamente neutro ou minimalista em comparação aos conceitos *especulativos* que desempenham um papel central na dialética hegeliana, assim como no discurso sociológico nascente, obcecado com a *organicidade*: termos como *das Ganze, die Ganzheit* (ou *Totalität*), ou ainda expressões como *die gesamten Verhältnisse*, em outras palavras, todas as expressões possíveis (em alemão) conotando a ideia de que as relações sociais formam uma totalidade, e mesmo uma totalidade orgânica. Na verdade, vemos que Marx evita cuidadosamente toda categoria indicando uma *completude*, no exato momento em que parece imitar o movimento hegeliano que privilegia a "universalidade concreta" frente à "abstração" — não esqueçamos que em Hegel *concreto* e *completo* são noções sinônimas.[147] *Ele separa-se de Hegel*,

---

[147] "Das Wahre ist das Ganze" (o verdadeiro é o todo), prefácio da *Fenomenologia do espírito*.

portanto, no exato momento em que está *mais próximo dele*. Ora, para dizê-lo de maneira mais provocadora, é como se Marx estivesse invertendo a escolha hegeliana do "bom infinito" (aquele que é *real* por estar incorporado à constituição de um *todo*) em detrimento do "mau infinito" (o que é na realidade um indefinido, uma adição ou sequência de termos que permanece aberta, inacabada). Minha hipótese de leitura, aqui, se escora apenas numa palavra, mas uma palavra que é sintomática. E tem, ao que me parece, o interesse de nos levar a reunir todos os elementos lógicos, ontológicos (e mesmo ontoteológicos) de nossa discussão na definição de uma só e única operação.

De fato, acredito que podemos associar três significados *positivos* a essa preferência aparentemente restritiva de Marx pelo neutro barroco e "franco-alemão" *das ensemble*, no lugar da categoria filosófica de "todo" (*das Ganze*), gerando um efeito performático de "destotalização", desconstruindo o *efeito-totalidade* ou, para recorrer à linguagem de Sartre, assinalando que a nova categoria de ser ou essência só funciona como uma "totalidade destotalizada", e até mesmo uma totalidade que se "destotaliza".[148] Quais seriam esses significados?

O primeiro é o que eu chamaria de um significado de *horizontalidade*: as relações sociais se sobrepõem, estão em relação umas com as outras, é a sua soma que "faz o social", mas elas não são *hierarquizadas*, organizadas *verticalmente* de tal maneira que *certas* relações sejam mais determinantes,

---

148 Ver Jean-Paul Sartre [1960], *Critique de la raison dialectique, antecedido de Question de méthode. L'intelligibilité de l'histoire*, reedição corrigida, Gallimard, Paris, *1985*.

mais essencialmente "humanas" que as outras, ou destinadas a comandá-las "em última instância".[149]

O segundo é o que eu chamaria de um significado de *serialidade* ou de abertura indefinida: o que significa que as relações sociais constitutivas do humano formam uma rede aberta, à qual não se deve atribuir nem um fechamento conceitual (por exemplo, na forma de uma definição *a priori* do que distingue o humano do não humano), nem um fechamento histórico (atribuindo *limites* às atividades e relações que abrem possibilidades de desenvolvimento social ao humano, num sentido construtivo, mas talvez também destrutivo).

E, em terceiro lugar, a expressão *"das ensemble"* conota uma ideia de *multiplicidade* no sentido forte, vale dizer, de *heterogeneidade*: as múltiplas "relações sociais" que dão forma ao humano pertencem a vários gêneros, a várias regiões diferentes — ou, como diria Bloch, o mundo que elas formam é um *multiversum* e não um simples "universo".[150] Ao contrário da concepção aristotélica da pólis

---

149   Cabe lembrar que, em *As palavras e as coisas*, Michel Foucault propõe uma descrição das proposições antropológicas que, no século XIX, sucedem à revolução kantiana, estabelecendo a *"finitude constituinte"* da natureza humana ou a desvinculando de seu fundamento teológico. Elas põem em concorrência três *"quase-transcendentais"* suscetíveis de definir o humano (e de servir de objeto de conhecimento a uma "ciência humana" particular): o "trabalho" no caso da economia (ou sua crítica), a "linguagem" no da gramática comparada e da filosofia (mais tarde, da linguística), e a "vida" no da biologia enquanto ciência da evolução explicando as origens do homem. Ele logo de entrada instala Marx e o "marxismo" na primeira possibilidade, assim como Hannah Arendt, em The Human Condition (*1958*), criticara Marx por reduzir o homem a um animal laborans na tradição lockiana. Mas o que nos interessa aqui são as modalidades dessa "escolha" epistemológica e as virtualidades que ela revela além do simples "marxismo".

150   Expressão de Ernst Bloch, empregada em particular em um ensaio de 1955 sobre as "Diferenciações do conceito de progresso"

ANTROPOLOGIA FILOSÓFICA OU ONTOLOGIA DA RELAÇÃO?
QUE FAZER DA "VI TESE SOBRE FEUERBACH"?

— com a qual Marx parece no entanto compartilhar tantos axiomas "anti-individualistas", mas na qual a multiplicidade das relações sociais (simétricas e dissimétricas, em função da condição dos indivíduos) está inteiramente ordenada segundo uma única propriedade antropológica (a disposição da linguagem ou do discurso: *logos*) —, o conceito marxiano faz pensar, isto sim, no que Aristóteles diz do "ser" em sua metafísica: não existe um *gênero supremo*, mas todos os gêneros de seres (aqui: de relações) compartilham simplesmente uma analogia, são distribuídos entre várias regiões ou modos de atividade humana. Não existe "relação social *em si*". Em particular, não se está dizendo aqui que esse "gênero" supremo de relação deva ser o *trabalho*. A práxis, que poderia remeter a essa ideia, não se reduz, contudo, a ela.

É levando em conta todos esses significados ao mesmo tempo (e evitando cuidadosamente supor que alguma coisa seja um "conjunto de todos os conjuntos") que podemos finalmente entender a direção da crítica interna da noção de *essência*, a dissolução das representações "abstratas" do Homem e das noções "humanistas" herdadas da tradição metafísica e retomadas pelos filósofos burgueses para articular uma concepção individualista da economia junto à ideia de uma comunidade moral ou política. Entendemos também por que ela se combina a um uso contraditório da categoria hegeliana de *Wirklichkeit* ou "realidade efetiva". Escrever que "em sua realidade efetiva [a essência humana] não é uma abstração que vem habitar [ou encarnar em] a individualidade singular [isolada das outras], mas o conjunto [aberto, indeterminado] das relações sociais" é fazer um gesto ao mesmo tempo teórico

---

(*Differenzierungen im Begriff Fortschritt*): ver os comentários de Remo Bodei em *Multiversum. Tempo e Storia in Ernst Bloch*, Nápoles, Bibliopolis, *1979*.

e performático, que transforma o sentido dos termos de que se serve ao mesmo tempo em que os emprega. Aplicada de modo "materialista" ao problema antropológico, a palavra "essência" também adquire um significado paradoxal aos olhos dos filósofos — antes mais antiontológico que ontológico no sentido tradicional — e que inverte suas consequências: em vez de unificar uma multiplicidade de atributos para transformá-los em uma totalidade, ele abre um campo indefinido de metamorfoses e transformações históricas. Os indivíduos cuja comunidade de essência é indicada por ele são essencialmente, para falar como Spinoza, *modos* da relação social que produzem ativamente, e entram em relação com todos os outros e, ao mesmo tempo, com suas condições naturais.[151] Essa crítica mostra, assim, a possibilidade de uma alternativa *geral* às diversas noções de individualidade e subjetividade herdadas da metafísica ocidental, mas ao mesmo tempo evita substituí-las por uma nova figura, ainda que secularizada, do "ser supremo" ou da "essência de todas as essências".

"Ontologias" e "antropologias" rivais: um ponto de heresia

Depois de todas essas considerações semânticas e filológicas, voltemos então à dificuldade central: a que diz respeito à relação de Marx com a questão "antropológica", cuja dificuldade de interpretação fica bem demonstrada em toda a

---

151 O que *A ideologia alemã* chama de *"desenvolvimento das forças produtivas no estágio da totalidade"* (ver Karl Marx e Friedrich Engels, *L'Idéologie allemande*, apresentação e notas de Gilbert Badia, Éditions Sociales, Paris, *1976, p. 36 sq.*).

história do marxismo. Resumirei minhas próprias hipóteses da seguinte maneira:

a. Ao discutir as tensões que afetam a ideia de antropologia filosófica e as relações com os ideais do "humanismo", não podemos evitar a intervenção de considerações *ontológicas*. O que nos obriga a situar o debate sobre a antropologia não apenas em seu contexto histórico moderno, "burguês", mas no contexto muito mais amplo da história da metafísica, de suas "revoluções" e do seu "fim" perfeitamente problemático. Quando sugeri, em meu livrinho de 1993, que o materialismo do jovem Marx (em particular o das *Teses sobre Feuerbach*) fosse referido a uma "ontologia da relação" de fundamento não individual, mas transindividual (sempre já incluindo no conceito de indivíduo sua relação de dependência para com outros indivíduos), era naturalmente disso que me tratava implicitamente.[152]

Mas aqui se perfila uma temível ambiguidade. Poderíamos pensar que a questão toda consiste em passar a uma *ontologia social* — assim como, para Bloch e outros leitores, o cerne da invenção de Marx não é a supressão do problema antropológico, mas sua transferência do campo das abstrações metafísicas burguesas para o das determinações históricas e sociais concretas. Ora, uma formulação assim é equivocada. Pode ser entendida como uma *ontologização do social*, o que, mais uma vez, pode querer dizer que a "sociedade" como um todo — como sistema, como organismo, como rede, como desenvolvimento etc.— assume agora o lugar do *ser* em filosofia; ou que o social (na medida em que

---

152 Ver *A filosofia de Marx*. *Em seu comentário das Teses sobre Feuerbach, Pierre Macherey desenvolveu essa ideia à sua maneira, propondo a ideia de que Marx encara a "essência" como uma "não essência". Abraço totalmente essa ideia no presente ensaio.*

se distingue do biológico, do psicológico etc.) surge como uma instância quase transcendental, cujo atributo "essencial" (que pode ser o trabalho, mas também a linguagem, ou a sexualidade, e até o "comum", o "político" etc.) seria "socializar o humano". Ou, então, voltando essas diversas representações contra si mesmas, ela pode significar que tentamos *socializar a ontologia*: não para sujeitá-la a algum princípio social instalado em posição de princípio primeiro (o que inevitavelmente acabaria pondo a Sociedade — ou, como dizia Auguste Comte, o "Grande Ser" — no lugar até então ocupado por Deus), mas para poder "traduzir" toda e qualquer questão ontológica (por exemplo, a individuação e a individualização, a articulação entre "todo" e "partes", a duração e a memória, ou a interpenetração das temporalidades subjetivas e objetivas etc.) em uma questão "social" no sentido mais geral: o das condições ou das relações que *negam a todo indivíduo humano a possibilidade de se isolar dos outros* (exceto na forma de um isolamento social, modalidade particular — "negativa", se quisermos — da própria relação social). Em outras palavras: é uma maneira de pensar o fato de se estar "em relação", ativa e passivamente, como a marca ontológica e a modalidade *relacional* constitutiva do humano.

É de fato o que eu queria dizer ao interpretar então a formulação de Marx na VI Tese. Mas faltava esclarecer o enigma, no mínimo verbal, ligado ao fato de que mais uma vez nos vemos na obrigação de falar do "homem" ou do "humano" no exato momento em que tentamos subtrair nosso discurso ao humanismo teórico, vale dizer, a toda possibilidade de definir o humano *antes* de ter descrito a multiplicidade das *vias diferentes* de se pôr os homens em relação ou de se reportar ao humano — tarefa por definição inacabável. Na realidade, só vejo uma maneira de superar essa dificuldade, que é extrair todas as consequências do fato de que os "seres humanos" (ou os "homens", segundo o uso clássico) *só existem no plural*.[153] O que não redunda apenas em afirmar (tese de Hannah Arendt) que uma pluralidade feita de pessoas ou de singularidades constitui a condição humana como tal, nem mesmo (tese de Antonio Negri) que a figura da existência humana na sociedade e na história é a *multidão*, mas sim que as relações sociais no sentido forte, associando os seres humanos e subtraindo-os ao "isolamento" (senão à solidão...), são também as que *tornam irredutíveis suas diferenças* — sejam diferenças de classe (como quer o marxismo clássico) ou outras mais — que podemos designar tautologicamente como "antropológicas" —, não necessariamente coerentes entre si. Em outras palavras, as relações sociais são sempre internamente determinadas como diferenças, transformações, contradições e conflitos, de maneira suficientemente radical para deixar que subsistam como "comunidade" ou como "ser-em-comum" (*Mitsein*) apenas as *diferenças* e a *própria heterogeneidade* que criam. O que também quer dizer: as diferenças não têm a ver com o isolamento, o individualismo ou o particularismo, mas com a *relação* como tal. As diferenças *põem em relação*. Mas isso na realidade nada mais é que explicar que as relações sociais são "práticas" (ou que a essência da sociedade é a práxis, como afirmava Marx enfaticamente nas

---

153   Seria necessário comparar essa tese com o que Blanchot chama, em um ensaio dos mais densos (não sem relação com suas meditações da mesma época sobre as "palavras de Marx", citadas por Derrida em *Spectres de Marx em 1992), de relação do terceiro gênero (L'Entretien infini, Gallimard, Paris, 1969, pp. 94-105)*, onde encontramos a equação: "O homem, isto é, os homens."

Teses sobre Feuerbach). Pois o traço distintivo das relações (e também a razão pela qual, num segundo nível, elas devem se articular entre si, agir umas sobre as outras, sem por isso formar um só "todo"), é a maneira como *transformam as outras*, como são *transformadas pelas outras* e, afinal, como *transformam a modalidade da própria relação*. Como indica Marx, "relação" e "práxis" são termos estritamente correlativos, não sendo este menos metamórfico ou *veränderbar* que aquele, o que se evidencia a partir do momento em que a noção de realidade efetiva é desvinculada do seu ideal (teológico e espiritualista) de "completude", sendo pensada segundo o modelo de uma "infinidade aberta". A práxis é sem dúvida coletivizante, como quer toda a tradição revolucionária, mas só é coletivizante com a condição de dividir e diferençar seus sujeitos.

b. Mas uma anfibologia talvez ainda mais incômoda "habita" nossas tentativas de interpretar a operação intelectual pela qual Marx desconstrói e redefine o que devemos entender filosoficamente por "essência humana": a que afeta a ideia de uma *transformação* (ou de uma "mudança": *Veränderung*, na terminologia das *Teses sobre Feuerbach*) das relações enquanto propriedade intrínseca dessas próprias relações. Essa transformação seria "interna" ou "externa"? Resultaria de uma mudança na distribuição das condições e das forças, ou deveríamos ver nela o efeito de uma decisão, de um esforço (e eventualmente de um simples *desvio* de conduta) dos sujeitos que desse modo seriam os "autores" de suas próprias relações e de sua história? Velho problema filosófico... Como se dá que aporias assim, parecendo exclusivamente da esfera da metafísica, apesar disso constantemente voltem a se manifestar no discurso "dialético" que — já em Hegel, e depois em Marx — permanentemente denunciava seu caráter "abstrato"? Mais de um discurso marxista foi elaborado para resolver filosoficamente o dilema entre exterioridade e interioridade das causas de mudança nas relações sociais, em particular transportando para esse novo contexto histórico o conceito hegeliano de subjetivação (entendida como uma "interiorização" dialética das relações externas) ou, pelo contrário, procurando alternativas a ele em outras tradições filosóficas. Cabe lembrar aqui as soluções propostas por Lukács, em sentido diametralmente oposto, por meio de uma noção ultra-hegeliana de proletariado como "sujeito-objeto" da história, cuja consciência de classe implica a negação da totalidade das forças sociais que foram transformadas pelo capitalismo em relações de mercadorias, logo, uma *inversão* ativa do fenômeno de "reificação" dessas próprias relações; e por Althusser, num espírito spinozista, radicalmente anti-hegeliano: o mesmo processo histórico *sobredeterminado* é analisado em termos de condições objetivas e necessárias, logo, em "exterioridade", e em termos de "encontros aleatórios" entre seus protagonistas, ou melhor, entre suas próprias ações transindividuais.[154] Para concluir essas observações, então, gostaria simplesmente de mostrar como a anfibologia já está presente no momento das *Teses sobre Feuerbach* (que também é o de *A ideologia alemã*).

---

154 György Lukács [1923], *Histoire et Conscience de classe*, trad. fr. de Kostas Axelos e Jacqueline Bois, Minuit, "Arguments", Paris, 1960. Quanto a Althusser, reúno aqui indicações do "início" e do "fim", que de modo algum me parecem incompatíveis. Sigo nesse ponto as indicações de dois comentadores recentes: Emilio De Ipola, Althusser. *L'adieu infini*, PUF, Paris, 2012, e Warren Montag, *Philosophy's Perpetual War. Althusser and His Contemporaries*, Durham, Duke University Press, 2013.

O que me parece interessante nas aporias apresentadas pelo texto de Marx nesse ponto é que não dizem respeito apenas aos estudos marxianos ou marxiológicos, mas representam um *novo episódio* em uma querela imemorial a respeito da possibilidade ou impossibilidade das "relações internas", que constitui (de Platão a Bertrand Russell) o avesso da querela dos universais entre nominalistas e realistas, mas transpondo-a, justamente, *para o terreno da prática (e da transformação).* Hegel, naturalmente, nos fornece o exemplo privilegiado de uma filosofia para a qual não apenas *existem* relações internas (isto é, relações que não instituem apenas uma ligação contingente, imposta do exterior, entre seus termos ou suportes, mas se refletem na constituição ou na forma dos próprios suportes), como também toda relação (ideia muito mais forte) é *real* se, e somente se, for interna ou *internalizada*. Em sua perspectiva, isso só pode querer dizer que se trata de relações espirituais, que são momentos do desenvolvimento do espírito (*Geist*), ou seja, que elas se realizaram como instituições históricas munidas da consciência coletiva de seu valor, de sua função política etc. Como fazer para criticar essa construção ao mesmo tempo espiritualista e teleológica sem voltar pura e simplesmente a uma representação mecânica e naturalista que elimina o aspecto subjetivo, construindo as relações sociais como relações externas, mas também, no mesmo movimento, transformando os *termos* que as sustentam (sejam indivíduos ou coletivos: nações, culturas, classes etc.) em elementos passivos, "naturais", artificialmente autonomizados em relação ao que os "põe em relação" uns aos outros? Inversamente, contudo, *por que denunciar o primado da exterioridade* (nas formas da espacialidade, da matéria, da disseminação, da contingência...) — de que todos os espiritualismos têm horror, e que, pelo contrário, é reivindicado pela tradição materialista — tentando implantar nele sua própria concepção da atividade ou mesmo da subjetividade? *Por que, em suma, "subjetividade" e "interioridade" seriam noções intercambiáveis?*

Quando levantamos essas questões filosóficas (que são as nossas questões) ante as formulações de Marx a respeito da "realidade efetiva" e do conjunto das relações sociais, parece-me que o que se nos apresenta é uma oscilação permanente entre duas possibilidades de interpretação — uma das quais, sem dúvida, é mais externalista e a outra, mais internalista —, mas sem uma separação radical dos dois pontos de vista. Por um lado, podemos identificar o que Marx chama de "conjunto" com o que mais tarde os filósofos e os antropólogos chamaram de "estrutura", insistindo no fato lógico de que os processos de subjetivação passiva ou ativa (e mesmo revolucionária) dos atores sociais dependem da forma das relações (logo, das "condições") em que são tomados — assim, os movimentos sociais anticapitalistas dependem das transformações do capitalismo que afetam sua ideologia ou, como dizia Marx, suas "formas de consciência" e suas "formas de organização" etc. Mas, por outro lado, podemos reinterpretar a grande dialética hegeliana do reconhecimento ou da intersubjetividade como conflito, tal como é apresentada originalmente na seção "Senhor e servidor" do capítulo sobre a "consciência de si" da *Fenomenologia do espírito*. Ao contrário do anterior, esse modelo evita todo risco de ontologizar a relação enquanto estrutura formal ou abstrata acima das ações dos sujeitos históricos: ele sugere que as formas institucionais da relação social são essencialmente uma cristalização da *dissimetria* essencial que afeta a percepção do outro sujeito por parte de cada sujeito (assim se dá a incapacidade mútua do senhor e do escravo de "ver" o que torna a outra concepção do mundo incompatível com a sua: sacrificar sua vida em vista do prestígio, num caso, e entregar-se ao trabalho em vista do progresso da sociedade, no outro).[155] Mas ele também pode gerar a ilusão de que, em um dado conflito social, tudo o que se produz inicialmente "pelas costas da consciência" (Hegel) dos sujeitos ou que permanece "inconsciente" (*bewusstlos*) será afinal reintegrado ou interiorizado a essa consciência, pois as subjetividades antagônicas não passam de imagens espelhadas de um mesmo espírito, produtos de sua *cisão*. Cabe notar, todavia, para voltar a uma terminologia evocada acima, que cada um desses dois modelos também é, à sua maneira, uma tentativa de pensar em termos de *transindividualidade*, e não apenas da individualidade.

No texto que permaneceu inédito de *A ideologia alemã* (escrito ao mesmo tempo que as *Teses sobre Feuerbach* ou imediatamente depois), Marx manifestamente tentou superar a anfibologia das interpretações externalistas e internalistas da categoria de *relação social*, ou, se preferirem, a flutuação de seu sentido entre um puro estruturalismo e uma pura filosofia da intersubjetividade. Para isso, fez uso extensivo da palavra alemã *Verkehr* (cujos equivalentes em francês e inglês, como lembrei acima, são respectivamente "*commerce*" e "*intercourse*"), pois ela pode ser lida, justamente, dos dois pontos de vista. Mas também vemos que

---

[155] Hegel, *La Phénoménologie de l'Esprit*, op. cit., tomo I, pp. 155-166 (capítulo V, seção A: "Indépendance et dépendance de la conscience de soi, Domination et servitude"). Dentre inúmeros comentários, ver o diálogo recente entre Judith Butler e Catherine Malabou, *Sois mon corps. Une lecture contemporaine de la domination et de la servitude chez Hegel*, Bayard, Paris, 2010.

a dualidade dos pontos de vista retorna com força com os diferentes modos de dar conta da *alienação* que caracteriza as relações e modalidades do comércio mútuo no interior do capitalismo (e, de maneira mais geral, da sociedade "burguesa"): seja como um modo de os sujeitos se tornarem de certa maneira estranhos a seu próprio mundo comum, uma cisão desse mesmo mundo entre "mundos vividos" incompatíveis (um mundo individualista ou egoísta, dominado pelos valores utilitários, e um mundo imaginário onde são restabelecidos os valores da comunidade);[156] seja, de maneira mais estratégica, insistindo na objetividade dos modos de dominação e conflito — logo, de luta política — existentes entre as classes (o que *O Capital* chama, em linguagem hegeliana, de *Herrschafts- und Knechtschaftsverhältnis*, vale dizer, a relação de dominação política que deriva do antagonismo "imediato" entre os trabalhadores explorados e os proprietários dos meios de produção no processo de produção).[157] Entretanto, devemos notar que, em ambos os casos, a multiplicidade e a heterogeneidade originais das relações

---

156 Essa explicação visivelmente é privilegiada nas *Teses sobre Feuerbach, com a descrição da Verdopplung ou "redobramento" do mundo social (IV Tese). Cabe lembrar que, se em francês utilizamos apenas uma palavra (aliénation), o alemão filosófico tem duas: Entäusserung, conotando o fato de ser projetado ou de sair "para fora de si" (no mundo das coisas), e Entfremdung, conotando o fato de se tornar "estranho a si mesmo" ou a "estranheza" (inclusive no sentido de submissão a um "poder estrangeiro", ao poder do outro). Hegel as emprega alternadamente, mas não de maneira indiferente. Na IV Tese, Marx usa a expressão intensiva "Selbstentfremdung", traduzida por Labica e Macherey como "autoalienação"; em seguida, explicita como "dilaceramento de si mesmo" (Selbstzerrissenheit) e como "contradição consigo mesmo" (Sichselbstwidersprechen, que é antes um verbo que um nome).*

157 Ver Karl Marx, *Le Capital*, volume III, capítulo XLVII: "La genèse de la rente foncière capitaliste", § 2: "La rente en travail".

sociais foram reduzidas à unicidade das *relações de trabalho*, que gozam de um privilégio absoluto na constituição da sociedade. Por isso volta ao primeiro plano a *ontologia social* que, justamente, confere ao trabalho a faculdade de socializar os sujeitos, inscrevendo-os em uma divisão do trabalho que cubra todos os aspectos da existência. A sociedade é representada tendencialmente como um grande "organismo produtivo", ainda que comporte, além do trabalho, todo um sistema de instâncias que derivam da produção material ou que a recobrem com um véu ideológico: o que Marx chamaria mais tarde de "superestrutura" (*Überbau*) da construção social. A alienação social em todas as suas formas (psicológica, religiosa, estética) é concebida essencialmente como um desdobramento da *alienação do trabalho*, e o conflito político como um antagonismo entre classes que são funções da organização da produção: classe dos trabalhadores e classe dos proprietários dos meios de produção que vivem do trabalho de outros homens, como afirma logo no início o *Manifesto Comunista* de 1847.

c. Depois do momento de *iluminação* da redação das *Teses sobre Feuerbach*, Marx certamente teve excelentes razões de efetuar essa redução antropológica dos modos de subjetivação aos efeitos do trabalho alienado e, ao mesmo tempo, a uma ontologização do enunciado da VI Tese, que transforma o sentido da ideia de essência humana. Voltemos a dizer, para que as coisas fiquem bem claras: isso não é uma traição da radicalidade filosófica em ação nas *Teses sobre Feuerbach*, mas antes a continuação de seus aforismos e da especulação de alto risco que elas comportam em função da conjuntura, que obriga a *determiná-las*. Ora, o que parecia determinante era a formidável extensão das consequências sociais e das transformações radicais nas próprias formas da

ANTROPOLOGIA FILOSÓFICA OU ONTOLOGIA DA RELAÇÃO?
QUE FAZER DA "VI TESE SOBRE FEUERBACH"?

política (entrando progressivamente na era dos "movimentos de massa" e da "racionalidade estatal") produzidas pela revolução industrial e pelo desenvolvimento do capitalismo. Era, mais ainda, o avesso *negativo* dessas transformações, no qual convergiam a necessidade de resistir à expropriação dos trabalhadores, que os ameaça até em sua própria vida biológica, e o imperativo materialista de valorização das "forças produtivas" frente à hegemonia burguesa e suas formas intelectuais. Se Marx não tivesse associado de modo tão "unilateral" as relações sociais a relações de produção (e ao que delas deriva), talvez ainda acreditássemos que o que faz uma "sociedade" é um espírito, ou uma cultura, ou um regime político... Devemos, contudo, tomar a medida das *consequências antropológicas* dessa redução (sou mesmo tentado a escrever: do "preço a pagar" no campo antropológico por essa redução de complexidade).

A melhor maneira de fazê-lo, talvez, permanecendo no horizonte das *Teses sobre Feuerbach*, é mostrar em que Marx foi levado a propor aqui uma leitura truncada da filosofia do próprio Feuerbach. A principal objeção que ele lhe dirige é que sua concepção da "materialidade sensível" (*Sinnlichkeit*) permanece abstrata ou que lhe falta a dimensão da atividade (o que, significativamente, quer dizer que ela carece ao mesmo tempo de subjetividade e de objetividade: ver a I Tese). Daí decorreria que Feuerbach sempre confina os indivíduos nos limites de uma essência humana que não passa de uma ideia, não obstante suas alegações de volta ao concreto e à experiência. Inversamente, Marx inauguraria um novo materialismo para o qual a essência das relações sociais é a *atividade* (*Tätigkeit*), e a ele incorporaria todo o espectro das ações coletivas que começam com o trabalho produtivo e acabam na sublevação revolucionária, fazendo do trabalhador coletivo (que mais tarde vai se chamar *operário*), em virtude de sua situação objetiva, um revolucionário em potencial, e, inversamente, do sujeito revolucionário moderno, um operário consciente, organizado e por fim invencível, pois portador do sentido da história. Em outras palavras, ele inscreve em seu conceito de atividade tudo o que a filosofia clássica tinha repartido entre os polos da *poíesis* e da práxis, inscrevendo entre os dois uma continuidade que leva ao comunismo, enquanto "movimento real abolindo o estado de coisas existente".[158] Mas essa leitura seria exata? Certamente que não, e por uma razão incontornável: a saber, que Feuerbach não inscreveu a individualidade no interior de uma "noção abstrata de gênero" cuja *dimensão de relação* estivesse ausente, levando assim a fazer do gênero uma instância abstrata "habitando" separadamente em cada indivíduo (ou "encarnando" nele independentemente de todos os outros). Se o gênero confere humanidade aos indivíduos, segundo Feuerbach, é justamente porque é pensado como uma "relação", nos termos de um diálogo entre sujeitos que se distinguem como "eu" e "tu" e que, sobretudo, são sexualmente determinados.[159] Naturalmente, podemos nos perguntar se esse tipo de relação constitutiva da essência humana, segundo Feuerbach, é propriamente *social*. É provável que a palavra *existencial* conviesse mais. Mas, inversamente, o fato de Marx não ver no que Feuerbach chama de relação humana nenhuma dimensão de "relação social" poderia constituir uma decisão arbitrária que acaba identificando as relações sociais *históricas* com um

---

158 Karl Marx e Friedrich Engels, *L'Idéologie allemande, op. cit.*, p. 33.
159 Ludwig Feuerbach, *L'Essence du christianisme, op. cit.*, p. 118, 191 *sq.*, 220 *sq.*

único gênero de relações ou de práticas capazes de "socializar" os indivíduos, em detrimento de todos os outros. Até que ponto, para *ver* certas relações sociais e identificar seu caráter "determinante", seria necessário *estar cego* a certas outras, não menos determinantes em matéria de "socialização do humano", de poder e de dominação, de alienação e de emancipação? É essa, evidentemente, a questão de que não podemos nos esquivar hoje, no exato momento em que tomamos a medida do que Marx mudou irreversivelmente em nossa compreensão do ser humano.

Tentemos ser mais precisos, seguindo as indicações da IV Tese: o que Feuerbach quis fazer em sua *Essência do cristianismo* foi "dissolver" os mistérios da religião cristã, reduzindo as noções teológicas — a começar pelo conceito de Deus — a noções antropológicas que expressassem realidades humanas. Nesse contexto geral, o que o interessa acima de tudo é interpretar o dogma da Trindade nos termos de uma dupla transposição: transposição da instituição "terrestre" da família para a imagem ideal da Sagrada Família, seguida pela transposição da própria Sagrada Família para a ideia ainda mais especulativa de uma "comunicação" das pessoas divinas (ou das *hipóstases*) que supostamente formam Três em Um, ou se reconciliam na Unidade eminente da divindade. Passamos assim de uma primeira tríade ou comunidade: o Pai, o Filho e sua Mãe (a Virgem), a uma segunda: o Pai, o Filho (como Verbo encarnado) e o Espírito Santo (que é a ideia do vínculo entre todos os homens reunidos em Deus). E daí, naturalmente, não falta muito para explicar que todo o "segredo" da teologia cristã é uma *projeção* das relações sexuais existentes entre os humanos (e que os "liga" uns aos outros) em uma imagem de perfeição ideal ou de amor sublimado, que certas passagens do

Novo Testamento chegam a identificar explicitamente com Deus.[160] Ora, uma doutrina dessas, se a levássemos a sério, forneceria evidentemente outras possibilidades de interpretar a formulação da VI Tese: "Mas a essência humana não é uma abstração habitando o indivíduo isolado/singular, [...] ela é o conjunto das relações [sociais]." Aqui, Feuerbach não estaria necessariamente do lado do erro, mas poderia contribuir para sua retificação, sugerindo que o que "possui" os indivíduos e os torna "humanos" é a relação sexual, com o conjunto de suas dimensões afetivas (o amor) e de suas realizações institucionais (a família). É outra maneira de pensar os indivíduos como sendo constituídos *em e por relações*; outra maneira possível de pensar o "comércio" (*Verkehr*) como aquilo que produz e reproduz a forma do humano.

Entretanto, tendo assim imaginado uma "resposta" de Feuerbach a Marx, devemos nos perguntar o que Marx poderia objetar. Provavelmente o que está implícito na IV Tese, e que seria formulado explicitamente em *A ideologia alemã*, a saber, que essa visão da "família terrestre" não é ela própria muito realista: a ênfase que ela dá, de maneira romântica, ao amor, inclusive o amor sensual, é uma maneira de afastar as contradições, muito embora Feuerbach queira ver na imperfeição e na finitude da sexualidade humana a fonte da projeção religiosa (que é uma forma de alienação). Em *A ideologia alemã*, Marx (escrevendo a quatro mãos com Engels, que mais tarde voltaria a essa questão)

---

160   A formulação da primeira Epístola de São João, "Deus é amor", desempenha um papel central tanto na mística cristã como nas interpretações antropológicas do cristianismo desde Spinoza: as duas influências convergem em Hegel (ver meu estudo: Étienne Balibar, "Ich, das Wir, und Wir, das Ich ist. Le mot de l'esprit", *Citoyen sujet, op. cit.*).

explica que a diferença entre os sexos, enquanto diferença de gêneros ou de caracteres no interior da espécie humana, resulta da divisão do trabalho, a começar pela "divisão do trabalho no ato sexual" (*sic*) entre os homens e as mulheres.[161] E no *Manifesto Comunista*, seguindo pelo caminho da crítica feminista dos saint-simonianos, ele afirmaria que o casamento e a família burguesa constituem uma forma de prostituição legal — o que se harmoniza perfeitamente com a IV Tese, postulando que a contradição inerente à "base terrestre" da religião só pode se resolver pela "destruição teórica e prática" da família (burguesa). Esse argumento, evidentemente, tem o seu peso, pois redunda em postular que as noções metafísicas da essência humana não provêm apenas de um distante passado ideológico, mas também são reconstituídas permanentemente pelos processos atuais que sublimam contradições sociais ou inventam soluções imaginárias para elas. Todavia, para o que nos interessa aqui, ele também fornece a confirmação de que Marx tem tendência a *eliminar* certas virtualidades de suas próprias teses. O que também significa evitar o risco de uma *abertura* daquilo que ele próprio chamara, de maneira indefinida, de "conjunto" das relações sociais, dando lugar a todo um espectro de modos de socialização (e de subjetivação) *heterogêneos*. Por isso, enfim, a reconstituição de uma equivalência *quase transcendental* (como diria mais tarde Foucault) entre o "social" (ou a *prática social*) e um atributo *específico*, "essencializado" em um novo sentido, que é o trabalho (ou melhor, o trabalho *produtivo*), em detrimento dos outros. É por meio da revolução que afetar a divisão do trabalho *constituinte* que os sujeitos humanos poderão transformar as relações

---

161   Karl Marx e Friedrich Engels, *L'Idéologie allemande, op. cit.*, p. 29.

que fazem deles seres humanos, e não por uma "revolução" que afete esta ou aquela das relações *segundas*, derivadas da relação de produção, às quais se estende o princípio da divisão do trabalho. E, nesse sentido, queiramos ou não, os poderes metafísicos do Um (como unidade, uniformidade, totalidade) foram reafirmados, com força ainda maior por terem sido associados, nesse ínterim, às próprias forças da emancipação por vir, esse *novum* que contém em si o mundo real e que já o ultrapassa.

GUIA BIBLIOGRÁFICO

Orientar-se na enorme bibliografia das obras de Marx, de seus continuadores e comentadores tornou-se uma dificuldade em si. Ninguém — à parte alguns bibliotecários especializados — pode dizer que domina toda a matéria disponível, mesmo em uma única língua (o declínio de popularidade do marxismo, por sinal muito desigual conforme os países, não ajuda propriamente, pois teve como efeito impossibilitar ou dificultar muito que se encontrem numerosos textos e edições, mesmo recentes, que não sejam necessariamente os piores). Apesar desses obstáculos, tentaremos indicar aqui algumas leituras e instrumentos de trabalho para completar as indicações dadas no texto. Privilegiaremos as obras em francês, mas também serão indicados alguns trabalhos estrangeiros sem equivalente.

1. Obras de Marx

O problema é duplo. Por um lado, a obra de Marx ficou inacabada. Como assinalamos acima, esse fato decorre de restrições que se impuseram ao trabalho de Marx, de dificuldades intrínsecas e de uma atitude intelectual de constante questionamento, que levava o autor a "retrabalhar" os conceitos, em vez de terminar seus livros. Há, portanto, muitos inéditos, alguns dos quais se tornaram *a posteriori* "obras" tão importantes quanto os textos concluídos. Por outro lado, a edição desses textos (a escolha dos considerados essenciais, mas também a maneira de apresentá-los e mesmo de dividi-los) sempre foi objeto de lutas políticas entre diferentes "tendências", poderosos aparelhos estatais, partidários e também universitários. Em duas ocasiões, a edição das *Marx-Engels GesamtAusgabe* ("Obras completas de Marx e Engels", as MEGA) foi brutalmente interrompida: uma primeira vez na década de 1930, quando o regime stalinista liquidou a iniciativa editorial empreendida depois da Revolução Russa por Riazanov; e uma segunda vez quando o "socialismo real" desmoronou na URSS e na RDA, interrompendo (provisoriamente) a concretização da "MEGA II", hoje retomada pelo Instituto Internacional de História Social de Amsterdã. A escolha dessa ou daquela edição, assim, nada tem de neutro: muitas vezes acontece de, sob o mesmo título, não estarmos lidando na realidade com o mesmo texto exatamente. A edição mais habitualmente usada dos textos originais alemães é a das *Marx-Engels Werke*, publicada em Berlim pela Dietz Verlag (38 + 2 volumes), 1961-1968.

A essas dificuldades gerais se soma uma dificuldade especificamente *francesa*: nunca houve uma edição sistemática (não completa, mas cronológica e reunindo às obras publicadas os artigos e a correspondência, como acontece em alemão, em russo, em inglês e em espanhol). As quatro tentativas nesse sentido, todas incompletas e muitas vezes cheias de falhas, obedecendo a critérios opostos, são:

1) a edição das *Œuvres philosophiques, politiques et économiques de Marx et Engels*, traduzidas por Molitor para a Éditions Costes, Paris, 1946 e s. (uma parte das quais foi reproduzida pela Éditions Champ Libre);

2) a série inacabada das *Œuvres complètes de Karl Marx* e das *Œuvres complètes de Friedrich Engels*, mais tarde fundidas em *Œuvres de Marx et Engels*, iniciativa da Éditions Sociales (tendo sido certos textos editados também em formato de bolso, em diferentes oportunidades, pela mesma editora);

3) os quatro volumes de *Œuvres de Karl Marx* publicados sob a direção de Maximilien Rubel pela Bibliothèque de la Pléiade, Éditions Gallimard (*Économie I*, 1965; *Économie II*, 1968; *Philosophie*, 1982; *Politique*, 1994);

4) a série de reedições ou antologias publicadas na década de 1970 por Roger Dangeville na Petite Collection Maspero e na coleção "10/18" (Union générale d'éditions). Levando-se também em consideração, naturalmente, muitas edições ou reedições isoladas.

Globalmente, as traduções das Éditions Sociales (hoje retomadas em parte pela editora La Dispute) e da Pléiade são as melhores, mas há exceções, além de textos importantes que não fazem parte dessas edições.

2. Obras gerais

Não existe uma boa biografia recente de Marx. Não obstante, pode-se recorrer a:

MEHRING, Franz. *Karl Marx, A história de sua vida*. São Paulo, Sundermann, 2014.
RIAZANOV, David. *Marx et Engels*. Paris, Anthropos, 1967.
BRUHAT, Jean. *Marx et Engels*. Paris, UGE, reed. 1971.
NICOLAIEVSKI, Boris e MAENCHEN, Helfen. *La Vie de Karl Marx*. Paris, Table Ronde, 1997.

Será interessante completar essas leituras com a *Correspondance* de Marx e Engels, publicada pela Éditions Sociales sob a direção de Gilbert Badia e Jean Mortier.

Sobre a formação intelectual de Marx, a obra insubstituível continua sendo: Cornu, Auguste, *Karl Marx et Friedrich Engels*, tomo I: *Les Années d'enfance et de jeunesse. La gauche hégélienne 1818-1820/1844* (Paris, PUF, 1955); tomo II: *Du libéralisme démocratique au communisme. La Gazette rhénane. Les Annales franco-allemandes, 1842-1844* (Paris, PUF, 1958); tomo III: *Marx à Paris* (Paris, PUF, 1961); tomo IV: *La Formation du matérialisme historique* (Paris, PUF, 1970).

Sobre a constituição da noção de "marxismo" e as reações de Marx e Engels, ler Haupt, Georges, "De Marx au marxisme", em *L'Historien et le mouvement social*, Paris, François Maspero, 1980; a melhor história geral do marxismo é a que foi publicada pela Einaudi, Turim, em 5 volumes (1978 e s.): *Storia del marxismo*, sob a direção de E. J. Hobsbawm *et al.*; pode-se recorrer também a Kolakowski, Leszek, *Histoire du marxisme*, tomo I: *Les Fondateurs*.

Marx, Engels et leurs prédécesseurs; tomo II: *L'Âge d'or: de Kautsky à Lénine*, Paris, Fayard, 1987; Gallissot, René (dir.): *Les Aventures du marxisme*, Paris, Syros, 1984; e Vakaloulis, Michel, Vincent, Jean-Marie (dir.), *Marx après les marxismes*, 2 vol., Paris, L'Harmattan, 1997.

Uma excelente apresentação da história do marxismo filosófico ocidental é Tosel, André, "Le développement du marxisme en Europe occidentale depuis 1917", em *Histoire de la philosophie*, Paris, Gallimard, "Encyclopédie de la Pléiade", tomo III, 1974.

3. Referências complementares para os capítulos anteriores

Filosofia marxista ou filosofia de Marx

Além das obras mencionadas, pode-se ler:

ASSOUN, Paul-Laurent e RAULET, Gérard. *Marxisme et théorie critique*. Paris, Payot, 1978.

CENTRE D'ÉTUDES ET DE RECHERCHES MARXISTES. *Sur la dialectique*. Paris, Éditions Sociales, 1977.

COLLETTI, Lucio. *Le Marxisme et Hegel*. Paris, Champ Libre, 1976.

GARO, Isabelle. *Marx, une critique de la philosophie*. Paris, Seuil, 2000.

HORKHEIMER, Max. *Théorie traditionnelle et théorie critique*. Paris, Gallimard, 1974.

KAUTSKY, Karl. *L'Éthique et la conception matérialiste de l'histoire*. Paris, reed. 1965.

KORSCH, Karl. *Marxisme et philosophie*. Paris, Éd. de Minuit, 1964.
KOSIK, Karel. *Dialética do concreto*. São Paulo, Paz e Terra, 2007.
LEFEBVRE, Henri. *Métaphilosophie*. Paris, Éditions de Minuit, 1965 (reed. Le Sycomore, Paris, 1979).
LEFEBVRE, Henri. *Problèmes actuels du marxisme*. Paris, PUF, reed. 1970.
MAO TSE-TUNG. *Écrits philosophiques*. Lausanne, La Cité, 1963.
MERLEAU-PONTY, Maurice. *As aventuras da dialética*. São Paulo, WMF Martins Fontes, 2006.
PAPAIOANNOU, Kostas. *Marx et les marxistes*. Paris, Tel/Gallimard, 2001.
PLEKHANOV, Georges. *Les Questions fondamentales du marxisme*. Paris, Éditions Sociales, 1948.
RUBEL, Maximilien. *Marx, critique du marxisme*. Paris, Payot, 1974.
SÈVE, Lucien. *Une introduction à la philosophie marxiste*. Paris, Éditions Sociales, 1980.
STALIN, Joseph. *Matérialisme dialectique et matérialisme historique*. Paris, Éditions Sociales, s.d.

Mudar o mundo: da práxis à produção

Além das obras mencionadas:

ABENSOUR, Miguel. *A democracia contra o Estado. Marx e o momento maquiaveliano*. Belo Horizonte, Editora da UFMG, 1998.
AVINERI, Shlomo. *The Social and Political Thought of Karl Marx*. Cambridge, Cambridge University Press, 1968.
BLOCH, Ernst. *Droit naturel et dignité humaine (Naturrecht und menschliche Würde, 1961)*. Paris, Payot, 1976.
BLOCH, Ernst. *O princípio esperança*. Vol. I. Rio de Janeiro, Contraponto / EdUERJ, 2005.
BLOCH, Olivier. *Le Matérialisme*. Paris, PUF (col. *Que sais-je?*), 1985.

BOURGEOIS, Bernard. *Philosophie et droits de l'homme de Kant à Marx*. Paris, PUF, 1990.

FURET, François. *Marx et la Révolution française*. Paris, Flammarion, 1986.

GIANNOTTI, José Arthur. *Origens da dialética do trabalho*. Porto Alegre, L&PM, 1985.

GRANDJONC, Jacques. *Marx et les communistes allemands à Paris*. Paris, François Maspero, 1974.

GRANEL, Gérard. *L'Endurance de la pensée*. Paris, Plon, 1968.

GRANIER, Jean. *Penser la praxis*. Paris, Aubier, 1980.

HEIDEGGER, Martin. *Lettre sur l'humanisme* (trad. e apresentação de Roger Munier). Paris, Aubier, 1964.

HENRY, Michel. *Marx*, tomo I: *Une philosophie de la réalité*. Paris, Gallimard, 1976.

HYPPOLITE, Jean. *Études sur Marx et Hegel*. Paris, Marcel Rivière, 1960.

LABICA, Georges. *Le Statut marxiste de la philosophie*. Bruxelas, Ed. Complexe/Dialectiques, 1976.

LÖWY, Michael. *A teoria da revolução no jovem Marx*. São Paulo, Boitempo, 2012.

MERCIER-JOSA, Solange. *Retour sur le jeune Marx*. Paris, Méridiens-Klincksieck, 1986.

MERCIER-JOSA, Solange. *Entre Hegel et Marx*. Paris, L'Harmattan, 1999.

MAINFROY, Claude. *Sur la Révolution française. Écrits de Karl Marx et Friedrich Engels*. Paris, Éditions Sociales, 1970.

NAVILLE, Pierre. *De l'aliénation à la jouissance*. Paris, Marcel Rivière, 1957 (reed. como *Le Nouveau Léviathan*, I. Paris, Anthropos, 1970).

FAURE, Alain e RANCIÈRE, Jacques. *La Parole ouvrière. 1830-1851*. Paris, UGE (col. *10/18*), 1976.

SÈVE, Lucien. *Marxisme et théorie de la personnalité*. Paris, Éditions Sociales, 1969.

SLEDZIEWSKI, Élisabeth. *Révolutions du sujet*. Paris, Méridiens-Klincksieck, 1989.

Ideologia ou fetichismo: o poder e a sujeição

Além das obras mencionadas:

ADORNO, T. W. e Horkheimer, Max. *Dialética do esclarecimento*. Rio de Janeiro, Zahar, 1985.

BERTRAND, Michèle. *Le Statut de la religion chez Marx et Engels*. Paris, Éditions Sociales, 1979.

CASTORIADIS, Cornelius. *A instituição imaginária da sociedade*. São Paulo, Paz e Terra, 1982.

HABERMAS, Jürgen. *Técnica e ciência como "ideologia"*. São Paulo, Editora Unesp, 2014.

HABERMAS, Jürgen. *L'Espace public (Strukturwandel der Öffentlichkeit)*. Paris, Payot, 1986.

JAY, Martin. *A imaginação dialética. História da Escola de Frankfurt e do Instituto de Pesquisas Sociais (1923-1950)*. Rio de Janeiro, Contraponto, 2008.

KORSCH, Karl. *Karl Marx*. Paris, Champ Libre, 1971.

MICHEL, Jacques. *Marx et la société juridique*. Paris, Publisud, 1983.

RENAULT, Emmanuel. *Marx et l'idée de critique*. Paris, PUF, 1995.

VINCENT, Jean-Marie. *La Théorie critique de l'école de Francfort*. Paris, Éditions Galilée, 1976.

Mais particularmente sobre a ideologia e a questão do poder:

AUGÉ, Marc. *Pouvoirs de vie, pouvoirs de mort. Introduction à une anthropologie de la répression*. Paris, Flammarion, 1977.

BADIOU, Alain e BALMES, François. *De l'idéologie*. Paris, François Maspero, 1976.

BOURDIEU, Pierre e PASSERON, Jean-Claude. *A reprodução*. Petrópolis, Vozes, 2014.

BOURDIEU, Pierre. *A economía das trocas lingüísticas. O que falar quer dizer*. São Paulo, Edusp, 2018.

DEBRAY, Régis. *Critique de la raison politique*. Paris, Gallimard, 1981.

DELLA VOLPE, Galvano. *Critique de l'idéologie contemporaine*. Paris, PUF, 1976.

DUPRAT, Gérard (dir.). *Analyse de l'idéologie*, tomo I e II. Paris, Galilée, 1981 e 1983.

LABICA, Georges. *Le Paradigme du grand-Hornu. Essai sur l'idéologie*. Paris, PEC-La Brèche, 1987.

LEFORT, Claude. "L'ère de l'idéologie", em *Encyclopaedia universalis*, vol. 18 (Organum). Paris, 1968.

MERCIER-JOSA, Solange. *Pour lire Hegel et Marx*. Paris, Éditions Sociales, 1980.

RICŒUR, Paul. "L'idéologie et l'utopie: deux expressions de l'imaginaire social", em *Du texte à l'action. Essais d'herméneutique*, II. Paris, Le Seuil, 1986.

TORT, Patrick. *Marx et le problème de l'idéologie. Le modèle égyptien*. Paris, PUF, 1988.

Mais particularmente sobre o fetichismo e a questão do sujeito:

BAUDRILLARD, Jean. *Pour une critique de l'économie politique du signe*. Paris, Gallimard (col. *Tel*), 1972.

BIDET, Jacques. *Que faire du Capital? Matériaux pour la refondation du marxisme*. Paris, Klincksieck, 1985.

DEBORD, Guy. *A sociedade do espetáculo*. Rio de Janeiro, Contraponto, 2007.

DERRIDA, Jacques. *Espectros de Marx*. Rio de Janeiro, Relume Dumará, 1994.

GODELIER, Maurice. *Rationalité et irrationalité en économie*. Paris, François Maspero, 1966.
GODELIER, Maurice. *Horizons, trajets marxistes en anthropologie*. Paris, François Maspero, 1973.
GOUX, Jean-Joseph. *Les Iconoclastes*. Paris, Le Seuil, 1978.
HELLER, Agnès. *La Théorie des besoins chez Marx* (trad. M. Morales). Paris, UGE (col. 10/18), 1978.
LEFEBVRE, Henri. *Critique de la vie quotidienne*. 3 vol. Paris, L'Arche, 1981.
LYOTARD, Jean-François. *Dérives à partir de Marx et Freud*. Paris, UGE (col. 10/18), 1973.
MARKUS, György. *Langage et production*. Paris, Denoël-Gonthier, 1982.
POLANYI, Karl. *A grande transformação*. Rio de Janeiro, Contraponto, 2021.
RANCIÈRE Jacques. "Le concept de critique et la critique de l'économie politique des Manuscrits de 1844 au Capital", em ALTHUSSER *et col. Lire le Capital*. Paris, François Maspero, 1ª ed. 1965.
SEBAG, Lucien. *Marxisme et structuralisme*. Paris, UGE (col. 10/18), 1964.
VINCENT, Jean-Marie. *Fétichisme et société*. Paris, Anthropos, 1973.

Tempo e progresso: Ainda uma filosofia da história?

Às obras já citadas, acrescentar:

ALTHUSSER, Louis. "Le marxisme n'est pas un historicisme", em *Lire le Capital*. 1ª ed., Paris, François Maspero, 1965; 3ª ed., Paris, PUF, Quadrige, 1996.
ANDERSON, Perry. "The Ends of History", em *A Zone of Engagement*. Londres e Nova York, Verso, 1992.
ANDREANI, Toni. *De la société à l'histoire*, 2 tomos (I. *Les Concepts communs à toute société*; II. *Les Concepts trans-historiques. Les modes de production*). Paris, Méridiens-Klincksieck, 1989.

BLOCH, Ernst. *O princípio esperança*. 3 vol. Rio de Janeiro, Contraponto / EDUERJ, 2005.

BUKHARIN, Nicolas. *La Théorie du matérialisme historique. Manuel populaire de sociologie marxiste*. Paris, Anthropos, reed. 1977.

COHEN, Gerald A. *A teoria da história de Karl Marx: uma defesa*. Campinas, Editora da Unicamp, 2014.

CORIAT, Benjamin. *Science, technique et capital*. Paris, Le Seuil, 1976.

Correspondance Marx-Lassalle 1848-1864 (apresentação de S. Dayan-Herzbrun). Paris, PUF, 1977.

GORZ, André. *Crítica da divisão do trabalho*. São Paulo, WMF Martins Fontes, 2021.

HENRY, Michel. *Marx*, tomo II: *Une philosophie de l'économie*. Paris, Gallimard, 1976.

LABRIOLA, Antonio. *La Conception matérialiste de l'histoire*. Gordon et Breach, 1970.

MARX/BAKUNIN. *Socialisme autoritaire ou libertaire* (textos reunidos e apresentados por Georges Ribeill). 2 vol. Paris, UGE (col. *10/18*), 1975.

MELOTTI, Umberto. *Marx e il Terzo Mondo. Per uno schema multilineare dello sviluppo storico*. Milão, Il Saggiatore, 1972.

NEGRI, Antonio. *Marx além de Marx*. São Paulo, Autonomia Literária, 2016.

NEGRI, Antonio. *O poder constituinte. Ensaio sobre as alternativas da modernidade*. Rio de Janeiro, Lamparina, 2015.

RAYMOND, Pierre. *La Résistible fatalité de l'histoire*. Paris, J. E. Hallier/Albin Michel, 1982.

SCHWARTZ, Yves. *Expérience et connaissance du travail* (apresentação de Georges Canguilhem, posfácio de Bernard Bourgeois). Paris, Éditions Sociales/Messidor, 1988.

TERRAY, Emmanuel. *Le Marxisme devant les sociétés primitives*. Paris, François Maspero, 1968.

TEXIER, Jacques. *Révolution et démocratie chez Marx et Engels*. Paris, PUF, 1998.

WALLERSTEIN, Immanuel. *Impensar a ciência social. Os limites dos paradigmas do século XIX*. São Paulo, Ideias e Letras, 2006.

WALLERSTEIN, Immanuel. *L'Utopistique ou les choix politiques du XXIe siècle*. La Tour-d'Aigues, Éditions de l'Aube, 2000.

Este livro foi composto com as fontes Baskerville e Minion Pro.
O papel do miolo é o Pólen Natural 80g/m².

A bmf Gráfica concluiu esta impressão para a
Da Vinci Livros, na cidade de São Paulo, em agosto de 2023,
140 anos após a morte de Karl Heinrich Marx, o irredutível.